영혼의 울림, 잃어버린 고향을 찾아서

수행의 본질과 한그

벽공 스님 지음

불광출판부

수행의 본질과 한다

만법은 하나로 돌아간다

우리는 어디로 와서 어디로 가는 것일까?
어떻게 살아야 바로 사는 것인가?
운명의 수레바퀴는 어떠한 모습일까?
우주의 시작은 어디이며 끝은 어디인가?
온갖 법칙의 자연 발생 원리는 무엇인가.?

문답으로 진행이 되는, 소설 형태를 가미해서 독자의 이해를 돕고자 했으나 소설로써만 대하는 독자는 재미가 없을 수가 있습니다.
　그것은 이 글의 목적이, 대장경의 사상을 축약시켜 일부나마 구도 소설 형식으로 세상에 드러내어, 우리의 실제 세상살이와 결부시켜서 하나의 귀결점을 찾으려고 했고, 또 여러 가지 수행법들의 실체를 드러내어 독자들로 하여금 수행의 목적과 근본을 알 수 있게 하는데 목적이 있었기 때문입니다.

이 한 권의 책으로 대장경의 세계, 각종 수행법의 근원, 인과응보의 원리, 인생의 흥망성쇠가 한눈에 들어올 수 있게 하려고 하였으나, 그 넓은 대장경의 바다를 어찌 만분의 일인들 제대로 그릴 수 있겠습니까!

좁은 지면에 너무 방대한 내용들이 밀집되어 있기 때문에 목적 의식이 있는 사람만이 읽을 수 있는 글이라고 말할 수 있습니다. 이 글의 전반적인 내용은 목차만 보아도 대충 드러나겠지만 관심이 뚜렷하고 마음의 여유가 있는 사람만이 끝까지 읽을 수 있으리라 생각됩니다.

이 글은 순수 법문집도 아니면서 감히 논의 성격을 띠는가 하면, 구도소설인 듯하지만 대장경의 세계와 수행 정진을 직선적으로 언급하고 있어서 소설 맛이 별로 안 나는 글입니다. 여러 모로 내용이 특이하게 된 점이 있습니다. 새로운 시도를 한 글이기 때문에 독자들의 취향에 따라서는 부담을 느끼는 경우도 있으리라 생각됩니다.

뜻있는 분들을 위한 글이며, 비유하자면 산속의 계곡과 나무, 바위까지 억지로 그려 보려고 한 것이니 새로운 시각으로 보아 주시기를 바라며, 다만 그 취지를 넉넉하게 살펴 주신다면 감사하겠습니다.

또한 성스러운 경계를 감히 논하는 부분들이 많이 있습니다만, 이는 요즈음 수많은 외래 수행법들이 등장하고 있고 사회의 의식구조가 급변하고 있기에, 법의 개념조차도 잘 모르는 일반인들을 위해서 역량의 한계를 무릅쓰고 부질없이 드러내 보이는 것입니다.

수행법이란, 외관으로는 뚜렷하게 구분이 되는 방식도 속으로는 구분이 안 되는 것이 있고, 외관의 모습은 같아도 내부적으로는 아주 거리가 먼 방식이 있습니다. 하지만 그보다는 낙처가 어디인가가 더 중요한 것이 아닌가 합니다. 그것을 나름대로 나타내느라 때로는 너무 세밀하고 과분하게 주장하는 문구도 많이 있습니다.

그리고 이 시대의 일반적인 상식과 법의 개념을 과감히 뿌리치고 쓴 글이기 때문에 무리가 많이 따르리라고 봅니다. 독자 여러분의 넓은 양해를 구합니다.

이 책에는 신비한 내용들도 많이 있습니다. 사람들은 신비한 이야기를 무턱대고 집착하거나 아니면 이유 불문하고 배타하려고 합니다. 이 글을 보는 분들은 그 두 길을 떠나서 보아 주시면 좋겠습니다. 생각의 세계를 표현하기 위한 수단으로 도입하고 있는 것이기 때문에 그 진행을 이해하시기 바라며 혹시라도 오해 없으시기 바랍니다.

그보다는 어떻게 생각과 행이 창조를 일으키며 또 소멸되는가? 그것이 근본 성품의 바다에서 어떠한 역할을 하는지 살펴보는 것이 좋을 것 같습니다.

그리고 이 글에서 표현되는 스님의 위치가 우리에게는 생소할 수도 있습니다. 그러나 불교가 정상적으로 행해질 때는 당연시되었던 보편적인 스님의 위치일 뿐입니다. 불경이나 어록을 열람해 보거나 다른 불교 국가를 여행해 보면 금방 알 수 있는 것입니다. 생소하게 느낀다면 그것이 오히려 잘못된 것이겠지요.

일찍이 이땅에는 수많은 선각자들이 나타나서 가르침을 남기셨습니다. 때문에 가지가지 사상들이 지금도 연연히 우리와 함께 하고 있는 것입니다. 그 가르침들은 한결같이 우리들을 유익되게 하려는 근본 뜻이 담겨져 있기는 하나 시대가 다르고 사람들의 개성이 다른지라 숭앙하는 방식에 차이가 나서 많은 혼란을 야기시켜 온 것도 사실입니다.

부처님의 교설만 하더라도 너무나 웅비 장엄하여 평범한 사람들은 그 글을 다 읽기도 벅찹니다. 뿐만 아니라 그 참된 뜻을 해득하고 깨닫기란 상당히 어렵다고 보아집니다. 심지어는 불교학을 전문으로 전공하는 학자들도 전 분야의 대장경을 다 보고 연구하기가 어렵습니다. 자기가 전공하는 분야만 집중하는 것이 현실입니다. 우리가 보유하고 있는 것보다 더 많은 경전들이 남방 불교 국가나 티베트 등에 소장되어 있습니다. 그러니 다 열람할 수도 없는 것이 아니겠습니까?

그렇기 때문에 옛부터 열반종·화엄종 아니면 법상종 등, 여러 갈래로 나뉘어 전문화해서 수행하거나 교학을 공부했습니다. 염불을 위주로 수행하는 정토종, 진언을 외우면서 수행하는 진언종, 혹은 신라시대에 대단히 유행한 신비의 종파인 밀언종 등 대단히 많이 있습니다.

지금도 다른 불교 국가들의 수행방식은 저마다 강한 특색을 띠고 있습니다. 우리 나라도 고려 말까지는 그랬지만 조선조에 들어오면서 차차 맥이 끊어지고 제도적으로도 통불교화되고 말았습니다.

우리 조계종은 앞에 표방하는 것이 선불교, 곧 참선 수행을 위주로 하는 종파이지만 그 외에도 여러 가지 수행 방법을 자유롭게 실천하고 있습니다.

선은 인도의 달마 대사가 중국에 전한 후, 오늘날까지 이어지고 있습니다. 처음 달마 대사가 중국에 도착했을 때는 이미 불교가 널리 퍼져서 다른 기존의 여러 수행 방법들이 시행되고 있었습니다.

마음을 보아서 곧장 해탈·성불한다는 달마 대사의 말씀은 오히려 그때는 외면당하고 바른 불교가 아닌 잘못된 수행법 정도로 받아들여졌습니다. 그때 사람들의 사고방식으로 볼 때는 사도나 외도쯤으로 보인 것입니다. 겨우 오조를 지나 육조 혜능대사 때에 이르러서야 비로소 빛을 발하기 시작했고, 마조스님 때에 이르러서 꽃을 활짝 피우게 된 것입니다. 그러나 그때도 교종·율종 등이 성하였고 참선을 하는 사람들은 별로 많지 않았습니다. 우리 나라도 크게 다를 바가 없었습니다. 왜냐하면? 참선이란 마음이 어느 정도 투철해야만 하려는 마음을 내기 때문입니다.

조선 말기에 불교계에서는 큰 일이 있었으니, 우리 나라 선의 중흥조인 경허 스님이 꺼져 가는 선을 다시 일으킨 것입니다. 오늘날 이와 같은 선의 부흥은 그렇게 오랜 일이 아닙니다. 다행히 경허 스님이나 그 외 많은 대선지식들이 이땅에 나오셔서 선의 부흥이 갈수록 더해지고 있는 것입니다.

그러나 선이 부흥하는 반작용으로 교학이나 다른 수행법들이 무시당하기도 하는 반대의 현상이 나타나기도 하고 있습니다. 모두가 부처님의 광대한 가르침의 바다에 들어 있는 수행법인데도 세월이 흐르고 인연이 다르면 서로 반대 해석을 하게 되는 것입니다.

석가모니 부처님은 처음 수행하는 모습을 우리에게 보여 주실 때 외도들의 수행법을 섭렵하였습니다. 짐짓 우리에게 그렇게 보여 주신 것입니다. 거기에는 부정관, 수식관 기타 여러 가지 수행법들이다 들어 있었습니다.

부처님은 외도들의 가르침과 그 결과가 최종 해탈처가 아님을 선언하십니다. 왜냐하면 그들의 수행은 '나'라는 걸림과 미세함을 벗어나지 못하는 수행이었기 때문입니다. 결국 혼자 궁구해서 성불하는 모습을 우리에게 보여 주신 것입니다. 그 후 제자들을 가르칠 때도 사람들의 근기에 맞는 다양한 가르침을 주셨습니다.

역대의 선지식들도 제자들을 갖가지 방식으로 깨우쳤습니다. 그리고 그것이 그 어떤 방법이든지 화두가 성립되게 하고 위없는 깨달음에 들게 하였습니다. 위대한 스승들의 입장에서 보면 화두 아닌 것이 없었던 것입니다. 관법이든 무엇이든 마지막은 화두로 회향되었던 것입니다. 그러니까 딱히 굳어진 모양의 화두는 아니었던 것입니다.

이 책에는 스승이 제자를 능동적으로 각성시켜 나가는 옛 스승들의 다양한 방법을 보여 주고 있습니다. 그리고 다른 방편을 곁들이면서 화두를 바탕으로 해서 궁극적으로 깨달음에 나가는 내용으로 전개되고 있습니다.

진정한 화두는 빼어난 스승이 있고 제자의 신뢰가 강하고 의문이 투철할 때 성립되는 것입니다. 그렇지 못한다면 부처님과 선지식들의 가르침을 바탕으로 의문을 일으켜서 근본에 계합하든지, 삼라만상의 인연을 살피는 속에 스스로 성품을 볼 수도 있을 것입니다.

스승은, 인연과 생각의 원리를 제대로 알아야만이 화두가 빛이 나고 제자를 능동적으로 각성시킬 수 있는 것입니다. 이 책에는 그 모습들이 담겨져 있습니다.

사람들은 저마다 특성이 있습니다. 생각을 허공과 같이 비워서 체감해 들어간 후, 다시 절대적인 의문을 일으켜서 양쪽을 하나로 만들어야 하는 사람이 있는가 하면, 처음부터 절실한 의문을 일으켜서 체감한 후, 다시 생각을 허공과 같이 비워서 양쪽을 초탈해야 되는 사람들이 있습니다. 그런 까닭에 방편은 다양할 수밖에 없는 것입니다.

이 책에는 천상이나 지옥 기타 다른 삼천 대천세계의 이야기를 대장경에 있는 내용과 같이 그대로 재구성하면서 원리적으로 설명하고 있습니다. 그리고 다른 수행법들과 종교, 사상들도 단편적으로 그 뿌리를 드러내 보여 주고 있습니다. 그러나 결코 어느 것이 훌륭한 수행법이라고는 말하지 않습니다. 그리고 곁들여 인과응보의 원리는 무엇인가를 설명하고 있습니다. 팔만대장경에 담고 있는 부처님의 중도사상을 일상 생활에 연관시켜서 문답형식을 통해서 읽으면서 자연스럽게 파악할 수 있도록 구성되어 있습니다.

아무튼, 이 책에는 불경에 있는 대승사상뿐만 아니라 소승의 사상, 그리고 여러 가지 선(禪)·관(觀)·기(氣)의 수행법이 언급되고 있습니다. 또 중도사상에서 본 우리의 세상살이가 여러 분야에서 다루어지고 있습니다. 그리고 광대한 우주와 미세한 세계까지 두루 등장하고 있습니다. 그리고 전생에서부터 과학의 세계까지 함께 전개되고 있습니다.

이렇게 번다해도 알고 보면 하나로 통하고 근본은 불생 불멸의 세계입니다. 대다수의 내용은 경전에 있거나 과거로부터 현재까지 세상에 실재하는 것이며, 더불어서 비전으로 내려오는 일부 수행법이 담겨 있습니다. 그러나 지면상 구체적인 것은 생략되어 있고 포괄적인 내용이 주로 들어 있습니다. 또 불교 용어가 다수를 이루고 있지만 끝까지 읽어가다 보면 자연히 그 뜻을 알 수 있고, 또 반복해서 읽으면 그 근본 취지를 이해할 수 있다고 보아서 주해를 생략했습니다.

자기가 신봉하는 종교나 사상을 잠시 떠나서 읽어 주시기 바라며, 처음부터 차근차근하게 반복해서 읽으시면 생소한 분이라도 이해가 쉬울 것입니다. 아무쪼록 뜻에 맞지 않는 부분이 있더라도 가벼운 마음으로 읽어 주시기 바랍니다.

그럼 항상 즐겁고 보람된 나날이 되십시오.

태평산 천목당에서 벽 공 합장

차 례

제1장

수행의 목적과 전개

근본을 찾아서

"스님, 제 마음이 정말 편치 않습니다. 웬지 짜증이 나고 집중이 안 됩니다. 좋은 방법이 없겠습니까?"

혜명 선사에게 진지하게 묻고 있는 철민이란 청년은 며칠 전에 이곳에 왔었다. 여기는 혜명 선사가 3년 전에 조그만 집을 짓고서 청진암이라고 이름을 붙여 놓았는데, 숲속에 달랑 집 한 채가 전부다. 찾아오는 사람들도 별로 없었다.

스님은 동네 사람들과 잘 어울리지 않았다. 그래서 그런지 동네 사람들은 그를 상당히 어려워했다. 이 청년은 옛 친구의 아들인데 우연히 서로 연락이 되어 찾아온 것이다.

"그래, 나에게서 무슨 말을 듣고 싶으냐? 약이라도 일러주랴? 아니면 위로라도 해 줄까?"

"스님, 저는 심각하다고요. 약이 필요하면 병원이나 약국으로 가지 왜 여기에 왔겠어요?"

"글쎄, 그렇기도 하군! 그러나 나는 특별한 방법이 없는 것 같구나."

"아니에요. 아버님의 말씀이 스님께 가면 좋은 방법을 가르쳐 줄 것이라고 했습니다.”

“네 아버님이 무슨 괜한 말씀을 하였는지 알 수는 없으나 가만히 잘 있는 사람을 애 먹이는구나. 그래 좋다. 네가 내 말을 잘 듣고 나를 잘 대접한다면, 때로는 너에게 경험담이라도 일러주기는 하마. 나는 공짜로는 안 가르쳐 줄 것이야. 왜냐하면 배우려는 자가 공짜를 좋아하면 잘못되기 싶지! 그리고 이 세상은 서로 상부상조해야 되는 거야.”

“네, 알았어요. 제가 어떻게 스님을 돕죠 ?”

“그야 네가 알아서 해야지. 그것까지 일일이 이야기를 해야 알겠느냐? 하여간 여기 있으면서 밥값부터 해봐라.”

철민은 조심스러운 마음으로 아침에 일찍 일어나 밥을 지어 놓곤 등산을 한다, 마당을 쓴다, 바쁜 나날이 시작되었다.

스님은 틈나는 대로 일을 시켰다. 알아서 밥값을 해라! 해 놓곤 작정한 듯 부려먹었다. 그렇지만 철민은 인연이 맞는지 후련하고 즐거운 마음이 일어났다. 그리고 선사님의 한마디 한마디가 정감 있게 들렸다.

철민의 성격은 원래 내성적이고 고집이 보통이 아니었다. 매사에 노력은 하지만 그렇다고 부지런해서가 아니다. 남에게 지기 싫어서다. 또한 성격이 세밀해서 남의 마음을 잘 살핀다. 그러나 항상 자기 위주인지라 무시해 버리는 못된 성격도 가지고 있었다. 그래도 선근은 있는지, 자기를 개선하려는 욕망이 강하고 탐구 정신이 좋았다. 또 자기보다 훌륭한 이를 친근하고 받들어서 배우려는 장점도 가지고 있었다.

이 철민이란 녀석은 좀체 남의 말을 잘 안 듣는 편인데, 어찌된 일인지 혜명 선사의 말은 몽땅 군소리 없이 받아들였다. 벼락같이 행동에 옮기는 것이 꼭 훈련병 같았다. 그를 아는 사람이 보면 웃음이 나올 만했다. 온갖 핑계로 제 멋대로 행동하는 물건이 청진암에 와서는 하루종일 뺑뺑이를 돌았다. 때문에 밤이 되면 몸이 아련히 늘어져 깊은 잠이 들었다.

며칠 후.

"철민아, 잠깐 이리 오도록 해라."

"네."

"거기 의자에 편하게 앉아라."

"지낼 만하느냐?"

"네."

"그래, 혼자 좌선을 하는 것 같던데?"

"네. 저도 수행 좀 해보고 싶어서요."

"뭐가 달라지던가?"

"모르겠어요. 그냥 해봤어요. 아무것이라도 흉내내 보고 싶어서요."

"하하, 수행을 한다고? 그게 아무나 한다고 되겠느냐!"

"그래도 해보고 싶은데요."

"한 가지 물어 볼까. 왜 그런 생각을 했는가?"

"저는 전부터 궁금한 게 있어요. 나의 근본은 어디로부터 시작되었는지! 또 왜 세상은 선하기도 하고 악하기도 하는지! 행복한 이도 있고 불행한 이도 있는지! 왜 사람들은 마음 씀이 한결같지 않는지! 알고 싶은 게 너무 많아요. 과거 생과 내생이 과연 있는지! 이 우주는 왜 이렇게 복잡한지요?”

“너의 수행하고자 하는 목적이 그것이라면 수행하고는 거리가 멀다. 지식욕의 충족은 되겠지. 그게 너에게 도움이 될까?”

“어떤 것이 수행인가요?”

“그것이야 네가 궁구해 보아야지. 그것보다도 너의 건강은 어떠냐?”

“집에 있을 때보다는 좋아진 것 같습니다.”

“다행이로구나. 수행이란 누구나 다 할 수 있단다. 출가한 스님이든 세속에 있는 일반인이든 남녀노소 누구라도 말이다.

처한 위치가 수행하기에 적합하지 않는 사람도 있을 것이다. 수행자의 마음가짐이나 근기에 따라 성취의 정도가 늦고 빠름도 있을 것이다. 그렇지만 할 수 있는 사람, 할 수 없는 사람 구분은 있을 수가 없다. 진정한 수행은 시간하고도 상관이 없어서 시간이 없어서 못한다느니 하는 법도 없다. 어렵기 때문에 닦을 수 없다는 말도 맞지 않는 말이다. 일상 생활이 수행이기 때문이다. 그런데도 그렇지 못함은 수행 아닌 것을 붙들고서 수행이라고 애를 쓰고 있기 때문이다. 이 말은 네가 제대로 수행을 해 보면 알 수 있을 것이다.

내가 보니 너는 열정과 의지는 있으나 망상이 많구나. 알고 싶은 것도 많고 욕구 불만도 많구나. 그런 것은 닦는 자의 입장에서 볼 때는 장애가 된다. 그러나 이 장애의 바다를 건너서 집착을 놓아 버린다면 깊은 자각에 도움이 될 수도 있을 것이다. 욕구 불만을 잠재우

고 장애를 극복하는 것이나, 무엇을 안다고 하는 것은 진정한 정진
은 아니다. 하지만 장차 실다운 정진을 하기 위해서 예비 단계로 필
요하다는 생각도 드는구나. 예비 정화가 필요하다는 말이다. 저녁 8
시쯤, 여기에 다시 오너라.”

철민은 혜명 선사의 말씀을 듣고 있는 동안, 온몸이 청량한 기운
에 휩싸이는 듯했다. 새로운 기대감이 물결쳐 왔다. 이런 일이 전에
는 없었는데 참 알 수 없는 일이었다.

아직까지는 제자의 예를 갖추지는 않았다. 혜명 선사님을 스승으
로 받들어서 일심으로 배우려는 마음이 용솟음쳐 왔다. 처음부터 여
기에 온 목적이 본격적으로 어떻게 하려고 온 것은 아니지만, 미리
준비라도 된 듯 묘하게 일이 진행되고 있었다.

밤이 깊어가고 적막함이 청진암 주위를 감쌀 때, 간간이 짐승의
우는 소리도 들리고 낙엽이 쏴르르 구르는 소리가 들려 온다. 청진
암의 바로 아래에 큰 동네가 있었다. 차소리가 들려 오기는 하지만
아래 둔덕에 가려서 크게 들리지는 않았다.

저녁 8시가 다 되자 철민은 스님의 방문을 가만히 두드렸다.

“들어오너라.”

“앉아라.”

철민이 앉자, 스님은 말씀하셨다.

“이미 지금도 그렇지만 앞으로는 온 세계가 한 집과 같을 것이다.
좋은 점도 있겠지만, 저마다 진리라고 주장을 하기 때문에 확고한
믿음이 없으면 한 길로 매진할 수가 없다. ‘이건가 저건가?’ 하다 세

월만 다 보낼 것이다. 그렇기 때문에 맹목적이고 무지한 신심은 곤란하단다. 너의 성격으로 보나 법의 인연으로 보나, 나는 너에게 밝은 수행법을 가르치기 전에 먼저 선(禪)·관(觀)·기(氣)의 모든 세계를 겪도록 하겠다. 이 특수 행법은 마하금강선법으로 그 인연은 차차 이야기하겠다. 한 번 해 보겠느냐?"

"예."

"우선, 나에게 제자로서 예를 다하라."

철민은 혜명 선사에게 절을 하고 스승으로서 받들 것을 서약했다.

"앞으로, 스승으로 받들어 어떤 경우라도 거역함이 없을 것입니다."

"좋다. 오늘 이 시간부터는 너의 이름을 거울 경(鏡)자와 눈 안(眼)자를 써서 경안(鏡眼)이라고 부르겠다. 어려운 난관이 있더라도 이 공부를 중도에 그만두지 않겠습니다. 하라."

"어려운 난관이 있더라도 이 공부를 중도에 그만두지 않겠습니다."

"좋다. 이날 이후로는 내가 스스로 공부를 지어가도록 허락하기 전까지는 혼자 판단이나 계산을 하지 말아야 한다. 초심자가 공부를 지어감에는 두 길이 있으니, 하나는 일체의 자기 판단과 모든 생각을 놓아서 허공과 같이 하면서 스승의 인도를 받는 길이 있다. 또 하나는 의문을 일으켜서 적극적으로 몰두해 들어가는 길이 있다.

사람들은 생각은 할 줄 아는데 비울 줄 모르는 사람이 있는가 하면, 생각은 잠시 쉴 줄 아는데 궁구하여 일으킬 줄 모르는 사람들이 있기 마련이다.

처음 스승의 인도를 받아 생각을 허공같이 비워서 체감을 한 사람은 일정 단계 위로는 다시 의문을 일으켜서 한다. 처음부터 의문을 일으켜서 쫓아 들어가는 사람은 장차는 허공과 같이 비움으로 나가서 양쪽을 초월해야 하는 것이다. 이때부터 비로소 공부라 할 수 있는 것이다. 그 방법은 사람 근기 따라서 다르다. 너는 비움으로 시작해야 할 것 같다. 그러므로 오로지 내가 하라는 대로만 해야 된다. 간혹 어려움이 닥치더라도 믿고 시키는 대로만 하면 별일은 없을 것이다. 이것은 중요한 것이다. 그렇게 하겠느냐?”

“예. 명심하겠습니다.”

“너는 공부 이야기를 내 허락 없이는 어느 누구에게도 말하지 말아라. 그렇지 않으면 공부에도 장애가 오고 이해가 깊지 않은 사람들의 의혹을 불러 일으킬 것이야. 선근이 깊은 사람들은 환희심을 낼 것이지만, 그렇지 못한 사람들은 자기의 소견으로 판단을 짓고서 선이 어떻고 후가 어떠니 하면서 사설을 늘어 놓아 업을 쌓게 되는 것이다. 알겠느냐?”

“명심하겠습니다.”

분위기는 매우 엄숙하였다. 방안에는 촛불이 고요하게 혼자 타오르고 경안은 마음을 모아서 스님의 말씀을 하나라도 빠뜨릴세라 온몸이 긴장되었다.

침묵이 흐른 후.

“마음의 긴장을 풀고 몸가짐을 편안하게 하여라.

마음에 어떠한 생각도 두지를 마라.

생각과 느낌은 나는 대로 두고 염두에 두지를 마라.

어떤 인위적인 생각도 두지를 마라. 인식하지 말아라.

생각이 나는 대로 내버려 두어라.

내가 처한 모든 형편을 있는 그대로 놔두어라.

그대로 두어라, 상관이 없다.

다만, 나의 말을 귀담아 듣기만 하여라.

몸과 마음은 둘이 아니고 하나다.

마음은 본래 편안하고 고요한 것이다.

애를 쓸 필요가 전혀 없다.

그렇게 하면 자연히 점점 근본의 편안함으로 돌아갈 것이다.

누구나 처음부터 맑고 밝은 영원히 변치 않는 성품을 갖고 있다.

우주와 더불어 둘이 아니요, 나의 근본이며 생명이요, 멸하지 않는다.

어디에도 물들지 않는다.

더 이상 구할 바가 없으며 부족함이 없어서 구족이라 한다.

너는 이 순간 어떤 생각도 느낌도 다 놓고 그것을 바라보기만 해라. 온몸으로 바라보아라. 그리고 주변에 무슨 소리가 들리든지 마음에 두지를 마라. 그러면 점점 그로부터 아득히 멀어질 것이다.

지금 이 순간, 세상도 놓고 마음이라는 생각과 공부한다는 생각까지도 다 지워 버려라. 너의 몸도 멀리 놓아 버려라.”

경안은 스님의 말씀 따라 몸도 마음도 모조리 저 멀리 던져 버리자, 포근한 구름 속에 싸인듯 한없는 안락감 속에 빠져 들어갔다. 스승의 충만한 힘과 합일을 느끼면서, 집착의 사고에서 벗어나기 시작했다.

시간이 흐른 후.

스님은 조용히 말씀하셨다.

"밝고 걸림 없는 무한대의 이 마음은 삶도 죽음도 존재하지 않는다. 여기에 한 가닥 뿌리 없는 '양의 구름이 있으니,' 보고 듣고 또는 싫어하고 좋아한다. 그리고 기억하는 힘도 강하고 절제력도 강하다. 하나는 집중이 되나 둘 셋은 동시에 생각할 수 없다. 이를 일러서 현재의식이라 한다.

또 '음의 구름이 있으니,' 과거 생의 습과 업을 모두 간직하고 깊은 바탕에 엷게 기억하고 있다. 우주의 모든 중생계와 종횡으로 연결되어 있어서 서로 보고 듣고 느끼고, 하나와 같이 움직인다. 또한, 하나든 둘이든 백이든 천이든 동시에 보고 듣고 생각하는 능력이 있다. 그렇지만 절제력이 없다. 그러한 까닭에 어디서나 융화를 하고 안 된다는 기준이 없다.

현대인은 현재의식인 양의 구름이 잠재의식인 음의 구름보다 7대 3 정도로 비교적 강하다. 마음의 구조가 절름발이와 같은 것이다. 그 까닭에 항상 불안을 느끼고 이기적이고 탐욕스럽기도 하다. 또한 일체가 한 몸인 것을 느끼기가 어렵다. 반면에 기억력이 강하고 조직적이다. 때문에 합리적인 사고를 하여 과학을 발달시키고 그 세계에 살고 있는 것이다.

현재의식과 잠재의식이 균형을 이룰 때에 정진의 기초 바탕이 마련된다. 이러한 이치를 모른다 해도 자연스러운 정진을 하면 자기도 모른 사이에 저절로 균형이 이루어지는 것이다. 그것이 쌍으로 상승을 거듭해서 걸림이 없는 단계에 이르면 인천의 최고가 될 수 있지만 그래도 그 정도로 '나'라는 것을 초월할 수는 없다.

이 과정 중에서 마에 들기도 하고 온갖 경계를 맛보기도 하며 일반적인 것은 다 성취를 하게 된다. 나타나는 양상은 그 사람의 업식이나 믿는 종교가 다르면 모양도 다르게 되는데, 그것은 생각의 차이가 나기 때문이다. 선도나 요가의 수행은 여기서 끝이 나고 '나'라는 것을 초월하지는 못한다. 왜냐? 그것은 나를 바탕으로 닦기 때문이다. 그래서 최종 해탈은 아닌 것이다.

불교의 바른 수행은 결국 최종 '나'라는 것을 초월해서 해탈에 들어간다. 그때 그 과정을 거치기도 하고 안 하기도 하는데, 특히 화두법은 곧바로 성품을 보아 일을 마치는 것을 목표로 한다. 그렇지만 내부적으로는 미묘하게 연관이 없는 것은 아니다. 그러한 차이는 차차 알게 될 것이다.

이 현재의식은 안·이·비·설·신·의 육식을 말하는 것이며, 잠재의식은 아마라식과 아뢰야식을 말하는 것이다. 이 두 의식은 서로 넘나들면서 짝을 이루고 견제를 주고받는다.

인간계는 다른 중생계와는 달리 대체적으로 균형을 이루고 있다. 유일하게 생사 해탈을 할 수 있는 곳이다. 이 두 의식은 온몸, 그리고 우주와 하나로 움직이고 있으며, 좌우 뇌와 교감신경과 자율신경이 그 움직임을 내포한다. 몸의 좌우 신경계가 교묘하게 둘이 아니면서도 역할이 나누어져 있는 것이다.

천상의 천인들은 인간계와는 다르게 잠재의식인 음의 구름이 현재의식을 완전히 압도한다. 마음이 한없이 편안하고 온 우주를 하나같이 느끼고 보기는 하지만, 그 반면에 기억력과 절제력이 약하다. 결국 복은 인간보다는 수승하나 위없는 깨달음은 성취할 수가 없다.

나는 너의 각박하고 계산적인 생각을 비우게 하려고 한다. 일단

잠재의식을 개발하고 마음이 균형을 이루어서 밝음으로 나아가게
할 것이다. 그러면 저절로 좌우 신경계와 양쪽 뇌가 균형을 이룰 것
이다.”

경안은 스님의 인도에 힘입어 마음이 한없이 침잠되어 평화롭고
환희로운 상태에 들어가 있었다. 스승의 한마디 한마디가 처음 듣는
말씀들인데도 별 어려움 없이 그대로 이해되었다.

“사람은 누구나 스스로 마음의 벽을 만들어 ‘될 것이다, 안 될 것
이다’ 집착을 한다. 그러한 마음을 버리면 무한대를 성취한다. 사람
은 누구나 스스로 ‘안다, 모른다’ 마음의 선을 긋는다. 그 집착을 버
린다면 본래의 지혜로움이 드러난다. 태초에 갖고 있던 지혜가 드러
나는 것이다. 모든 것은 환이요 생각의 변화일 뿐이다.

모든 대상은 파동이 있고 힘이 있다. 그 힘은 생각에 힘을 느끼면
있고 안 느끼면 없는 것이다. 먼저 너의 온몸을 느껴라. 또 눈앞의
모든 사물을 온몸으로 느껴 보아라.

그리고 한량없는 우주와 한 몸이 돼라. 방안의 물건도, 방도, 그리
고 집도, 산도, 나무도, 물도, 바다도, 바람도, 구름도……. 그들의 힘
차고 따뜻한 기운을 느껴라. 느껴지느냐?”

“네.”

“그 기운을 머리 꼭대기로부터 타고 내려와서 천천히 얼굴·목·
가슴·아랫배·단전에 가득히 모이게 해라. 곧 가득해짐을 느낄 수
있을 것이다.”

이때 경안은 스님을 깊이 신뢰하는 순수 상태에 있었다. 평상시

같으면 상상도 못할 기운이 주위에 가득함을 느꼈으며, 그 기운이 실제로 백회를 타고 단전에 모이기 시작했다. 그런데 가슴에서 정체되는 곳이 있어서 답답해졌다.

"스님, 가슴 중간에서 걸리는데요?"

"그래, 생각을 가슴에 집중하여라. 숨을 가슴으로 들이쉰다고 생각하고 들이쉬어라. 다시 천천히 내쉬면서 아래 단전 쪽으로 밀어내듯이 내쉬어라. 이때 코의 구멍은 반쯤 막는 듯이 해야 된다. 그러면 코에서 약간 소리가 느껴진다. 강하게 밀어내릴 때는 조금 더 혓바닥을 올려붙이고, 약하게 밀 때는 혓바닥을 살짝만 올려붙이면 된다. 그러나 코는 전혀 염두에 두지 말아야 된다.

(느낌으로) 숨을 가슴으로 들이쉬되 밖으로 내쉴 때는 가슴 아래로 밀어내려라. 그것을 시원해질 때까지 반복해라. 너무 강하게 하면 안 된다. 그러면 뭉칠 수가 있기 때문이다. 만약 뭉치면 가볍게 생각으로만 내리 밀어서 풀어주고 중지하면 된다."

경안은 스님과 교감이 이루어지고 있었으므로 이 말을 쉽게 이해했다. 그대로 해보니 기가 아래로 내려감을 느끼면서 가슴이 통렬하게 시원해졌다. 그뿐만 아니라 전에 늘 답답하고 짜증나던 현상이 이 순간 일시에 사라졌다. 그리고 기가 단전에 가득히 모였다.

"스님, 하복부에 쓰레기가 가득 모인 것 같은 느낌이 드는데요?"

"그렇다면 이번에는 단전으로 숨을 들이쉰 후 길게 천천히 입으로 토해내 버려라. 천천히 편안하게 반복해라."

경안이 스님의 말씀 따라 몇 번 시행하자 쓰레기가 가득한 느낌이 사라져갔다.

“다시 온몸의 탁한 기운을 토해내 버려라.”

경안은 온몸을 응시한 후 입을 통해 탁기를 배출했다. 탁기가 빠져나가는 것을 생생히 느낄 수가 있었다.

“됐다. 이제는 불쾌한 기운이 어디에서 느껴지는가 살펴보아라.”

“단전 아래가 조금 안 좋은 것 같은데요.”

“이번에는 호흡을 단전에 모은 후 내쉬되, 양다리로 해서 발바닥 밖으로 밀어내 버려라.”

경안이 그 방식을 실행하자 어김없이 잔여 탁기가 발바닥을 통해 사라지고 온몸은 가뿐함을 느낄 수 있었다.

머리 쪽으로부터는 끊임없이 맑은 기운이 들어와서 온몸 구석구석으로 퍼져 갔다. 시간이 흐르자 온몸에 기운이 축적되고 머리가 더욱 맑아졌다.

시간이 흐른 후.

스님의 특별한 도움을 받자 경안은 수십 배 더 맑고 힘찬 기운의 팽창을 느꼈다.

“몸안에 가득한 기운이 황금빛으로 빛난다고 관해라.”

스님의 말씀 따라서 그렇게 하자 머리끝부터 발끝까지 황금빛이 선명하게 빛나기 시작했다. 마음의 눈으로 보고 느끼는 것이지만 선명하게 볼 수가 있었다.

황금빛이 몸에서 점점 뻗어 나가서 방안을 비추고, 다음으로 집을 비추고…….

그리고 점점 방안도 집도 황금빛 속으로 사라진다.

황금빛만이 있다.

산과 바다로, 허공으로, 황금빛은 하염없이 뻗어 나간다.

모든 것이 황금빛 속으로 사라진다.

황금빛만이 있다.

몸도 사라졌다.

무엇도 존재하지 않았다.

오로지 황금빛만이 천지를 싸고 있었다.

점차 황금빛도 사라졌다.

이것은 무어라 말할 수 없는 세계였다.

적막 아닌 적막이 전개되는데……!

스님이 말씀하셨다.

"황금빛이 다시 세상에 가득함을 관하여라.

그 황금빛이 몸안으로 흡수됨을 관하라."

점차 세상이 다시 나타났다.

황금빛은 천천히 몸으로 완전히 흡수되었다.

집중시 주의점

"오늘 행한 행법을 매일 스스로 익히도록 하여라. 오늘은 이만 하도록 하자. 그리고 주의할 점 몇 가지를 말해 주겠다. 가슴이나 배에서 탁기를 몰아내는 행을 할 때 너무 많이 시행하면 부작용이 난다. 폐에 부담을 주고 몸 전체가 차가워져서 더욱 기혈이 막힌다. 무언가 잘 안 될 때는 즉시 중단을 해야 할 것이다.

실제로 탁기를 몰아낸다는 것도 알고 보면 불필요한 것이다. 막힘이 있고 답답함이 느껴지는 것은 기혈 흐름에 무리가 따르기 때문인데 그 원인은 생각과 몸의 차고 더움으로 발생한다. 그 치료 방법은 마음을 편안하게 하고 몸의 차고 더운 것을 조정해 주는 것이 완고한 방법이 된다. 그러나 호흡으로 치료하는 방법은 원리를 파악하는 차원에서 한 번 해보는 것이다.

너는 앞으로 호흡법은 닦지 않을 것이기 때문에 해당이 되지 않지만, 그래도 참고로 알아두어라.

호흡을 들이쉬어 축적하는 행을 하는 사람이 무리하면 거꾸로 허열이 발생해서 건강을 해치게 된다. 그리고 앞서 이야기 하였듯이 탁기 배출을 많이 하면 몸이 차가워진다. 그래서 한꺼번에 효과를 보려고 하지말고 나누어서 시행해야 된다. 하루에 이삼십 분을 넘지 않아야 될 것이다. 그리고 전체 집중 수행까지 합해서 하루 2~3시간 이상 넘으면 좋지 않다. 그 까닭은 천천히 말해줄 것이고 해보면 알 수 있을 것이다. 절대로 욕심은 금물이다.

몸에 기혈을 조절할 때 막힌 부분을 응시하고 그 부분으로 호흡하듯이 느끼면서 들이쉬어야 한다. 그리고 약간 호흡을 멈춘 후 천천히 내쉬는 숨으로 밀어내야 한다. 미는 방향은 그 지점에서 위나 아래로 민다. 이때 거리는 느낌으로 정하면 될 것이다. 그것을 몇 번 반복해야만 된다.

만약 그래도 열리지 않으면 그 아래쪽으로 자리를 옮겨서 반복해서 내쉬는 숨으로 밀어내려야 된다. 어느 정도 밀고 나서는 다시 원래 막힌 곳을 재차 밀어야 한다. 그러면 쉽게 열리게 된다. 이때 코로 숨의 강약을 조절해 줄 필요가 있다. 강하게 밀 때는 숨을 약간 더 닫고 약하게 밀 때는 약하게 닫으면 된다. 너무 강하게 닫고 강하게 밀면 좋지 않으니 조심해야 한다.

(호흡법으로 기혈을 운행하면, 막히고 잘 안 움직이는 신경을 풀 수도 있다. 따라서 질병을 치료할 수도 있는 것이다. 그 효과는 강력한 침을 맞은 것과 같은 효과가 있다. 그러기에 잘못 움직이면 신경계에 부작용을 초래할 수도 있다. 부작용이 있을 때는 중지하여 안정을 취하고 몸의 차고 더움을 조절해서 중립으로 유지해 주면 치료가 된다.)

더 쉬운 방법은 손바닥으로 쓸고 내려가면서 위의 방법과 같이 집중과 호흡을 병행하는 것이다. 그러면 아무리 막힌 혈도라도 쉽게 열리게 된다.

몸 속에 염증이 있는 사람이 기혈이 잘 순환되지 않아서 답답하고 열이 나거나 차가울 때가 있는데, 이때 무조건 기혈을 열려고만 하면 안 된다. 잠시 열려 있다가도 몇 시간이 지나면 곧 닫히고 만다.

이러한 사람은 먼저 치료부터 해야 한다. 질환이 있는 사람은 절대로 집중이든 호흡법이든 하지 말아야 한다. 욕심에 함부로 하면 부작용이 나고 병이 다른 곳으로 전이되어 버린다.

몸은 어느 부분이 안 좋으면 그 주변에 기혈이 잘 안 흐르고 차가워지거나 열이 발생하게 되어 있다. 그런데 억지로 순행을 시키면 일시적으로 폐쇄된 통로가 열리고 병증이 다른 곳으로 전이되어 버린다. 마을에 병이 창궐하면 마을에 들고나는 통로를 방역 당국에서 폐쇄하게 되는데, 이것을 억지로 열어 버리는 것과 같다.

몸속에 염증이 있으면 아무리 기혈을 순행시켜도 이상 증세가 다른 곳으로 옮겨갈지언정 없어지지를 않는다. 열이 필요 이상으로 나는 사람이 있다면 그 열이 이곳 저곳으로 옮길 뿐이다. 역으로 몸이 찬 사람은 담이 되어서 이리 저리 옮겨 다닌다.

질병이 없는 사람이라도 호흡을 하거나 집중을 하는 사람은 주의해야 할 점이 있다. 장시간 하면 안 된다는 것이다. 호흡법을 너무 장시간 하면 가슴이 답답해진다. 또 위장병이 생기고 무리하면 기혈이 되려 막힌다. 특히 폐에 무리가 따르게 마련이다

흔히 우리 주변에 단전 집중을 많이 하는 것을 본다.

우리 몸의 기혈은 생각이 집중되는 곳으로 몰리거나 사용중인 곳으로 몰리기 마련이다. 머리 신경을 많이 쓰는 사람들이 앉거나 아

니면 활동 중에라도 단전집중을 하면 머리 쪽으로 몰렸던 기혈이 아래로 내려가면서 마음이 한결 안정되고 편해진다. 그리고 두려움이 없어진다.

다른 예로, 평소에 미소짓기를 좋아하고 또는 마음을 한가롭게 가진 사람이 여러 사람 앞에 나가면 온몸이 떨리는 수가 있다. 특히 시험을 볼 때 떨리는 수가 있는데, 이때 미리 단전이나 허리 쪽으로 생각을 오래 모아주면 몸의 떨림이 없고 마음이 안정된다. 그러나 이러한 집중도 너무 오래하면 머리가 멍해지고 생각의 회전이 느려진다. 더 오래하면 머리가 차가워져서 두통이 생긴다. 이 현상은 기혈이 고루 안 돌고 밑으로만 집중이 되어 한쪽은 부족하고 한쪽은 넘치기 때문이다.

또 간혹 가슴에 집중을 하는 사람들이 있다. 적당하면 겁이 없어지고 용기가 생기거나 팔에 힘이 생긴다. 하지만 오래하면 짜증이 나거나 화가 잘 난다. 이것은 기혈이 가슴에 정체되었기 때문이다. 너무 오래하면 두통이 생기고 위나 기관지에 병이 생길 수도 있으니 주의해야 된다.

손바닥에 집중을 하면 어떨까? 그렇게 하면 가슴에 집중하는 것과 같은 효과와 부작용이 생긴다.

그리고 발바닥에 집중을 하면 어떨까? 지나치지 않으면 복잡한 머리가 시원해지고 눈이나 머리의 상기가 내려간다. 그러나 지나치면 역으로 두통이 오고 눈이 시리다. 또 상기가 생긴다. 다리가 무거워져서 앉은 정진을 오래 할 수 없게 되는 단점도 있다. 힘이 몰려 있는 것에 따라서 몸의 작용이 달라진다는 것을 알 수 있다.

머리에 기혈이 지나치게 집중되면 머리가 탁해지고 두통이 온다. 그렇지만 조용하고 즐겁게 머리에 힘이 몰려 있으면 오히려 시원하고 연구가 잘된다. 그때는 머리 회전이 신속해진다. 폐단이라면 아래 하초가 약해지거나 겁이 많아지고 성격이 예민해진다는 것이다.

또 기운이 가슴에 지나치게 몰려 있다면 더위를 잘 타고 짜증이나 화가 잘 난다. 생활 속에 싸울 일이 잘 생긴다.

기운이 단전 아래에 몰려 있다면 편안하기는 하겠지만 지나치면 성욕이 과대해지고 머리의 회전이 둔해지게 된다.

장시간 집중은 어디라도 하지 않는 것이 좋다.

좌선할 때 심하게 졸리거나 번뇌 망상이 많은 것도 기혈의 흐름과 연관이 있다. 등과 다리에 통증이 있는 것도 역시 같으니, 흐름이 원만하지 못할 때나 기운이 어느 한곳에 집중될 때 일어난다.

오장육부에 병이 없고 기혈 흐름이 온전하다면 초보자도 좌선할 때 허리나 다리가 아프지 않는다. 결국 몸의 기혈은 항상 통쾌하게 고루 돌아야 한다. 이것이 요점이다. 그렇게 되려면 욕심을 버리고 마음을 평화롭게 해야 된다. 그러나 이 각박한 세상에서 수행을 위주로 하지 않는 평범한 사람들은 쉽지 않을 것이다.

그래도 방법은 많이 있다. 한 가지만 예를 들어보기로 하겠다. 어떤 사람이 돈을 벌어야 하는데 자꾸 손실만 입으면 절망이 되고 세상 살 맛을 잃어버릴 때가 있다. 그러면 상실감과 자괴심으로 몸과 마음이 병이 들게 된다. 그러면 기혈이 가슴에서부터 정체되어서 울화가 싸이게 된다. 그대로 가면 모든 것을 잃게 될 수도 있다.

이때는 일단 마음을 비우고 안정하려고 하여도 잘 되지 않는다.

그러나 방법은 있다. 이때는 '돈을 다시 벌 수 있다' 하고 직설적으로 계속 반복 생각하는 것이다. 그러면 어느덧 모든 증상이 사라지고 몸의 기혈이 바로 흐르게 된다. 다른 경우라도 언제나 자기의 최대 관심사를 붙들고 역으로 생각을 바꾸어서 마음 속으로 반복하면 된다.

이 방법은 간단하고 쉬우면서도 효과는 확실하다. 또 부작용도 별로 없다. 아무튼 너와 내가 둘이 아니고 주변과 화합하고 넉넉한 마음으로 살아가는 것이 기혈을 바로 돌게 하는 비결이다.

생각과 몸은 불가분의 관계에 있다. 무엇을 보고 듣거나 일을 할 때도 어떠한 목표나 뜻을 두지 말고 한가롭게 행해야 된다. 그러면 더 집중이 잘 되고 몸의 기혈은 제 철을 만난 듯이 활발하게 돌게 될 것이다.

어떠한 일에 몰입하는 것은 좋지만 절대적인 목표를 마음에 두지 말아야 할 것이다. 그렇지 않으면 한가로움을 해치기 때문이다.

정진 잘하여 마음을 호쾌하게 쓰고 몸을 차거나 덥지 않도록 조절을 해주면 막힌 기혈은 자연히 열린다.

이치를 터득하면 지난날의 노력이 참으로 허망한 것을 알 수 있다. 사람들은 기혈은 특별하고 우리와는 먼 신비한 존재인 줄만 알거나 무한히 노력을 해야 어떠한 결과가 얻어지는 것으로 착각하기 쉽다.

그러나 알아야 한다. 누구나 사용하고 있는 생활 속의 일인 줄. 다만 사람마다 약간의 차이가 있고 간혹 특별한 경우가 있을 뿐이다. 그래서 평범한 사람들을 위해서 내가 이런 말을 하고 있는 것이다.

경안아, 너도 결국 애쓰는 것을 멀리 할 날이 있을 것이다.”

(기혈을 여는 보조적인 섭생과 치료법은 ‘스트레스’를 말한 편에 있다. 그리고 몸의 어느 부분이 어떻게 막혔는가는 마음이 맑은 사람은 눈으로 보듯이 알 수가 있다.

그렇지 못한 사람이라면 몸의 일정한 부위를 선정해서 마음으로 응시를 한 후에 코를 입속에서 약간 눌러 닫은 후 숨을 내쉬어 본다. 그곳이 가슴이라면 단전 쪽으로 밀어서 내려본다. 생각으로 밀어보면 막히지 않았으면 편하게 숨이 내려간다. 막혔으면 반대로 잘 내려가지 않는다. 다른 곳과 비교해 보면 알 수가 있다. 그 차이점을 비교해서 살펴야 된다.

숨이 잘 안 움직이는 부위와 연관된 장기 중에 질환이 있거나 질환이 없더라도 약한 곳일 수가 있다. 그곳을 만져보면 반드시 다른 부위보다 차거나 덥거나 할 것이다.

그 부위가 차가우면 따뜻하게 해 주고, 다시 호흡을 내려보면 쉽게 흐름을 알 수가 있을 것이다. 그것을 연구해 보면 기혈의 성질을 알게 된다. 어떻게 하면 기혈의 흐름을 원할하게 할 수 있는지, 무엇이 기혈의 흐름을 장애하는지를 알 수 있을 것이다. 생각과 음식, 그리고 외부적인 온도, 운동 등이 어떠한 영향을 미치는지 연구하면 그 개선책을 알 수 있는 것이다. 일반적인 방법은 ‘스트레스’를 이야기하는 편에 있다.

만약에 부작용을 겪고 있는 사람은 곳곳에 치료 방법을 이야기하고 있으니 참고를 해야 할 것이다. 머리가 무겁거나 두통이 있는 사람, 눈

이 충혈되고 가슴이 무겁거나 답답한 사람, 등이 아프거나 성욕이 시
도 때도 없이 발동하는 사람, 식욕이 없거나 한 사람은 더 이상 진행되
기 전에 깊이 참고로 해야 할 것이다.)

바른 좌선법

"스님, 좌선하는 법에 대해서도 말씀해 주십시오?"

"정진하는 사람들이 상당히 중요하게 생각하는 것이 좌선이다. 좌선이란 글자 그대로 앉아서 정진하는 것을 말하는데, 참선하는 사람들이 많이 행하는 방법 중의 하나라고 할 수 있다.

정진이란 어묵동정에 부단히 하는 것이다. 때문에 좌선만이 수행 정진은 아니겠지만, 그래도 정진하는 사람들은 필수적인 방법이다."

"좌선 시간은 하루에 얼마가 적당할까요?"

"사람마다 다르겠지만 전문적으로 해도 하루에 6시간에서 8시간이면 적당하다. 그렇지만 일상 업무를 보면서 하는 사람은 하루에 한두 시간이라도 무방하다고 할 수 있다. 그런데 한두 시간 앉아 가지고 무엇이 되겠는가? 하고 의문이 날 수도 있을 것이다. 정진 자체가 좌선이래야 된다면 한두 시간 가지고는 안 될 것이다. 그러나 어묵동정에 부단히 정진하는 것이기 때문에 한두 시간도 부족하지 않는 것이다.

전문적으로 좌선을 하는 사람이라도 하루에 무리하게 많이 앉아 있으면 마음이 급박해진다. 또한 몸의 기혈이 여기저기 막히는 스트레스 현상이 나타나게 되는 것이다. 따라서 병을 얻기 쉽다.

간혹 오래 앉아 있어서 좋은 사람도 있겠지만 그것이 보편성은 없는 것이다. 왜냐하면 오래 앉는 것이 목적이 아니기 때문이다. 오로지 좌선은 정진의 수단일 뿐이다.

간혹 생각이 가물가물해지고 한 차원 다른 경계에 들어가는 것을 수행이라고 생각하는 사람도 있다. 그렇기 때문에 무리하게 이성의 경계를 넘어서 몰아치는 수행을 하는 것을 종종 볼 수 있다. 합당한 수행은 아니다.

사람들은 불교나 수행을 너무 어렵게만 생각한다. 다른 노력의 절반의 절반만 해도 좋을 것인데, 다만 오르지도 않고 산이 높다고 하는 것이다. 또 엄청난 노력 끝에만 얻어지는 것으로 생각하는 것도 때로는 병폐가 된다. 어렵다 생각하면 실제로 어려워진다.

몸이란 오장육부에 병이 없고 마음이 안정되어 있다면 당연히 기혈이 순조롭게 돌게 되어 있다. 그때는 초보자라도 허리나 다리가 아프지 않다. 몸이 온전하지 못하면 오래 숙달된 사람들도 몸이 번거롭고 아프게 되어 있는 것이다.

보편적으로 건강한 사람은 약 반달 정도만 애를 쓰면 된다. 그 다음부터는 무리 없이 앉아 있을 수 있다. 그런데 몸이 많이 안 좋으면 석 달, 넉 달을 앉아 있어도 등과 다리가 아프게 된다. 더욱 몸이 안 좋은 사람은 오분만 앉아 있어도 다리가 저리고 아프게 되어 있다.

만약 오래 앉아 있기를 바라는 사람이 있다면 몸의 기혈 흐름을 온전하게 하고 마음을 안정시켜야 할 것이다.(스트레스 편 참조) 그러면 오래 앉아 있어도 병이 나지 않을 것이다.

마음에 스트레스가 많은 사람은 오래 앉아 있을 수가 없다. 그러나 억지로 곤두세우거나 졸면서는 될 것이다.

스승이 있어서 단계적으로 점검을 받으면 다르다. 진전도 빠르지만 경계의 바뀜이 자주 일어난다. 그때는 오래 앉아 있으면 장애가 될 수도 있다.

이도 저도 없는 사람이면 어떨까? 오래 앉아 있다고 소식이 빨리 오지는 않는다. 하루에 한두 시간만 앉아도 매일 지속적이면 더 빠를 수도 있다. 그렇지만 초심자가 아주 앉지를 않으면 안 된다. 적절해야만 할 것이다.

좌선을 하는 방법은 이미 보편화되어 있으므로 긴 이야기는 하지 않겠다. 결가부좌 자세가 제일 원만한 방법이지만, 다리가 짧고 굵은 사람은 결가부좌가 잘 되지를 않는다. 억지로 하면 무리만 따르니 반가부좌도 상관이 없겠다.

허리는 펴고 편안하게 하되 굽은 허리를 억지로 펴지는 말아야 한다. 그러면 등에 열이 나고 답답해서 지장이 오기 때문이다. 그러나 머리를 숙여서 등을 굽히는 것은 삼가해야 한다.

그보다도 주의를 해야 하는 것은 졸릴 때 고개를 옆으로 넘어뜨리고 앉아 있는 것이다. 매우 좋지 않게 된다. 그것이 습관이 되면 등이 앞뒤가 아닌 옆으로 휘게 된다. 특히 잠을 안 자고 용맹정진을 하면서 여러 밤을 세우면 정신이 흐려지고 지쳐서 고개가 옆으로 넘어간다. 그럴 때는 옆에서 바로잡아 주어야 한다. 그렇지만 당사자는 정상적인 각도인줄 착각을 한다. 정신이 지치면 중추신경계에 착각이 와서 중심을 엉뚱하게 잡게 되는 것이다. 바로 잡아주지 않으면 등이 휘고 말게 된다.

등뼈에는 오장육부의 모든 신경계가 뇌와 연결이 되어 있다. 답답하거나 마음이 성스럽고 맑은 것을 느끼는 것이 등뼈에 의해 보호되고 있는 신경계의 작용이라고 보면 된다. 그렇기 때문에 오장육부에 병이 있으면 등뼈에 반응이 있기 마련이다. 심하면 평시에도 통증을 느끼게 된다.

또한 등뼈에 이상이 있으면 바로 오장육부와 정신에 영향을 미친다. 그래서 자세를 바로 하고 적당한 운동을 해주는 것이 좋다. 그러나 무리하게 운동을 해서 등뼈에 탈이 나게 하면 안 될 것이다.

눈을 감고 뜨는 것은 어떻게 하면 좋을까? 스승의 지도 하에서는 눈을 떠도 상관이 없고 감아도 상관이 없다. 그때는 스승의 가르침에 따르면 되기 때문이다.

그러나 일반적으로는 눈을 자연스럽게 뜨고 앉아 있으면 된다. 억지로 반개를 하려고 애쓸 필요가 없다. 정신이 흐려지면 그때는 눈을 크게 떠주고 생각이 너무 사무치면 잠시 감아 주는 것도 좋다. 어느 정도 지나면 눈에서도 마음을 떼야 된다. 있는 그대로 상관하지 않는 것이다.

늘 졸리기만 하는 사람은 결국에는 맑음으로 나가야 하고, 마음이 억세기만 하는 사람은 다시 고요함으로 들어갈 줄을 알아야 한다. 항상 화두가 성성한 사람은 졸리든 억세든 상관하지 않아도 된다. 그렇지만 스승이 옆에 있을 때는 아무 상관이 없으나 그렇지 못할 때는 때가 되면 두 길을 벗어나야 한다.

좌선이란 잘하면 보약과 같다. 또 인생의 활력소가 되는 것이며 깨달음을 얻고자 하는 수단이다. 그렇지만 지나치면 역효과가 난다.

힘든 것을 다반사로 하고 그렇게 가르치게 되면 어떤 문제가 있을까? 좌선에 특별한 인연이 있는 사람이라면 모르되, 그렇지 않은 사람은 지레 겁을 먹고 달아나 버릴 것이다. '좌선은 어렵다' 하고, 처음에는 호기심이나 관심을 가졌던 사람도 멀리 외면해 버리는 것이다. '그것은 우리가 할 짓이 아니고 전문가들이나 할 짓이라고 하면서.'

앉아 있는 동안은 어떻게 할 것인가? 눈은 무릎에서 석 자 앞 정도에 가볍게 두어야 한다. 마음은 지극히 평범하게 가져야 된다. 모든 생각과 사물을 있는 그대로 내버려 두고 앉아 있으면 되는 것이다. 일부러 어떠한 애도 쓸 필요가 없다. 몸의 어디라도 집중은 하지 말아야 할 것이다. 그리고 저절로 사무치는 화두를 붙잡으면 되는 것이다.

화두란 모양이 없고 형상이 없지만 매우 담담하고 절박하다. 단번에 대의문에 휩싸이고 맹렬해서 또 다른 여가가 없는 것이다. 정진이 되고 있는지, 마음이 고요한지 아니면 맑은지, 또는 도가 터지는지 성불이 가까워지는지, 그 무슨 이익이 있는지 알 수도 없고 한가하지도 않는 것이다.

부처님이 현신해서 수기를 하고 방광을 하여도 마찬가지다. 뛸 듯이 기뻐하거나 두려워해서 멀리 하지도 않는다. 주변이 시끄럽든 조용하든 있는 그대로 놔둔다. 정진이 되는지 안 되는지 알 바가 아니다.

이때가 거칠지만 화두가 성립되는 것이니, 다만 스승의 급박한 호흡만 남아 있다. 이 뭐꼬, 무(無) 이전에 화두를 들고 있는 것이다. 그런데 그 무슨 손을 생각하고 다리를 생각할 것인가? 또 어디를 집중하겠는가? 때가 되면 진리도, 선도, 악도, 성스러운 목표도 사라져서 여유있고 한가할 것이다.

평상심은 멀리 있지 않다. 한 번도 나를 떠나본 적이 없기 때문이다. 사람들은 분주히 편안함을 찾고, 고요함을 선정으로 알아서 깊이 들어가는 것을 즐긴다. 한편으로는 또 다른 생각을 쫓아서 모양을 만들면서 거기에 빠지거나 '참나'가 무엇인가 되려 찾는다.

그러나 때로는 방편이 필요한 사람도 있다. 앉은 시간이 짧은 사람은 집중을 해도 상관이 없다. 그러나 하루 총 집중 시간이 두 시간을 넘지 않아야 한다. 곧 앉아서 집중한 사람은 움직일 때는 집중하지 말아야 한다.

하체 운동을 많이 한 사람은 단전보다는 머리에 집중하는 것이 좋다. 그러나 머리에 열이 많이 나는 사람은 단전에 집중을 해야 한다. 그와는 반대로 머리가 차면서 두통이 있는 사람도 있다. 그런 사람은 머리에 집중을 해 주면 좋다. 그리고 가슴이 차갑고 안 편한 사람은 가슴에 집중해야 된다. 그러나 가슴에 열이 많거나 머리가 아픈 사람은 집중하면 안 된다.(단전이란 머무른 바 없는 생각이 단전이지만, 여기서는 배꼽 아래 세 치를 단전이라고 이름하고 있다.)

그렇지만 열이 많이 나는 사람이라도 가슴이나 머리를 보온해 주면 느낌이 좋은 사람도 있다. 이때는 머리나 가슴에 집중해야 되는 것이다.

또 생각을 많이 하는 사람, 눈이 피곤한 사람은 단전 집중이 좋다. 그러면 자세가 안정되고 편안할 것이다.

어디라도 오분 이상 집중해 보면 안다. 그래서 마음과 몸이 편안하고 들뜨거나 착 가라앉지 않으면 제대로 된 것이다. 그렇지 못하면 반대 부위로 집중처를 옮겨야 된다. 그리고 좌선 중에 극심하게 몸이 번거롭고 졸릴 때가 있다. 이때는 무릎을 집중하면 좋을 것이다. 그러나 장시간 좌선시는 부위를 바꾸어 주어야 한다.

집중은 어떻게 할 것인가? 아주 가벼운 마음을 가지고 생각을 하면 된다. 억지로 마음의 눈으로 응시하려고 애를 쓰면 안 된다.

좌선 중에 등이나 다리가 아플 때가 있다. 또 짜증이 나고 가슴이 답답할 때도 있을 것이다. 그때는 어떻게 할 것인가?

몸의 상태가 안 좋은 사람은 치료를 하는 것이 좋겠지만, 여의치 않을 수도 있게 마련이다. 마음을 한가롭게 하고 몸은 차고 더운 곳을 조절해 주어야 한다. 그러면 등이나 다리의 통증을 치료할 수 있다.

그런데 보다 중요한 것은 오장육부다. 그곳의 부조화를 단속해야만 한다.(스트레스 편 참조)

소변이 잦고 대변이 무른 사람은 배에 복대를 해 주면 좋다. 그리고 방을 따뜻하게 한다든지 옷을 더 많이 입어야 될 것이다 . 또 채소를 많이 먹는 편이라면 일체의 과일을 끊어야 할 것이다. 그렇게 해야 몸의 기혈이 안정되고 쉽게 통증을 없앨 수 있다. 그리고 차를 많이 마시지 말아야만 한다. 역으로 기름진 치즈 등을 상용하면 위가 편해지고 장이 안정될 것이다. 그러면 통증도 사라질 것이다.

오래 앉아 있어서 가슴이 답답하고 변이 딱딱한 사람은 어떻게 할 것인가? 이런 사람은 방안의 온도가 높으면 답답증이 나고 숨이 턱

턱 막힐 것이다. 이때는 방안의 온도를 낮추고 습도를 높여 주면 될 것이지만 대중에서는 그것도 여의치 않을 것이다. 그럴 때는 가슴 쪽의 옷을 열어 주면 상당히 효과를 볼 수 있다. 밤에 잘 때도 잔기침이 나면 가슴 쪽에 이불을 덥지 않으면 기침이 멈출 것이다.(반대로 가슴이 차가워서 날 때는 덮어야 한다.) 음식은 몸이 차가운 사람과는 반대로 섭취해야 하는 것이다.(가슴이 찬 사람은 손을 얹거나 다른 것으로 따뜻하게 해주면 위가 쓰리는 것을 막을 수 있다. 또 짜증이 나는 것도 막을 수 있다.)

그런데 배나 다리, 그리고 손발이 찬데 가슴이나 머리에 열이 많은 사람은 어떻게 할까?

가슴이나 머리는 시원하게 해주어야 한다. 그러나 음식은 몸이 차가운 사람이 섭취하듯이 과일 등을 절대로 금하고 기름지게 먹어야 한다. 그리고 배에 복대를 해 주는 것이 좋다. 왜냐? 그런 사람은 위장에 염증이 있기 때문이다. 아니면 신장이나 방광이 약하다. 그렇다고 뜸을 뜨거나 하면 안 되고 사우나도 좋지 않다. 그리고 인삼 등도 역효과가 나니 먹지 않는 것이 좋다. 이때는 기혈운행을 도와 주는 약을 복용하면서 음식이나 환경으로 치료를 하면 근본적인 치료가 된다.

몸의 차고 더움을 조절할 때, 온도는 체온이나 그보다 조금 높거나 낮아야 한다. 그리고 지속적이어야 한다. 때문에 목욕탕의 사우나는 해당이 안 된다.

좌선시 방안의 온도는 어찌하면 될까?

방바닥은 좌복을 깔지만 체온보다 차가우면 안 되니 여름에도 잠깐씩 불을 넣어야 한다. 그리고 겨울에는 방바닥이 너무 뜨겁지 않아야 된다 그저 체온보다 조금 높으면 좋은 것이다. 바닥이 너무 뜨거우면 발을 깔아야 된다. 그 위에 좌복을 놓아서 앉으면 좋다. 왜냐하면 뜨거운 곳에 오래 앉아 있으면 하복부의 체온이 기중되어서 엉덩이가 아프고 장에 영향을 주기 때문이다.

실내 온도도 중요하다. 최고 혹한의 겨울 날씨에는 눈높이에 걸린 온도계로 볼 때 18도가 적정하다. 그러나 보온이 너무 잘된 방은 18도인데도 방바닥은 차가울 수가 있다.

방바닥은 언제라도 체온과 같아야만 한다. 그리고 겨울이라도 최저온도가 5도 미만이면 껴입었던 옷을 한 겹 벗기 마련이다. 이때는 약 19도 선이면 습도가 자연히 맞고 몸도 쾌적하게 된다.

문이 창호지로 된 한옥이라면 이렇게 온도를 맞추어야 한다. 그렇지 않으면 어지간히 습도 공급을 해 주어도 건조해서 감기에 걸리기 쉽다. 온도라도 높으면 감기를 면할 수 없게 된다.

요즘은 난방 시설이 잘되어 있어서 감기 걸린 사람 대다수가 덥고 건조해서 걸린다. 유리로 문이 된 아파트는 온도가 조금 높다해도 습도는 보존이 잘 된다. 그러나 이때도 온도가 너무 높으면 어쩔 수 없게 된다.

온도가 적정하다면 밖에서 입던 옷을 그대로 입어도 아늑하게 느껴질 것이다. 그러면 적정 온도를 유지하고 있다고 보면 된다. 그렇지만 한겨울에 속옷만 입고 방안에 있다면 온도가 너무 높은 것이다. 이때는 필히 습도를 적당하게 공급해야 감기에 걸리지 않는다.

날씨가 포근해지면 방안의 온도를 20도 정도로 올려야만 된다.

봄·가을에는 22도~23도로 점점 올라가야 한다. 또 한여름에 더울 때는 방안의 냉방 온도를 25도 정도로 올려야 한다. 그리고 아주 바깥이 더울 때는 26~27도 이상으로 올려야 감기에 걸리지 않는다.

요즘은 여름에는 추워서 감기에 걸리고 겨울에는 더워서 감기에 걸리는 수가 많다.

감기는 특징 따라서 치료법이 정 반대가 된다. 그것을 잘못 치료하면 더 심해지게 되는 것이다. 증상이 미묘하게 차이가 나서 치료할 때 분간하기가 쉽지가 않다.

덧붙여서 토굴에서 혼자 수행하는 것에 대해 말하겠다. 바윗굴이나 흙굴에서 앉아 있는 사람은 점차적으로 몸에 배어드는 냉기를 조심해야 한다. 몸에 냉기가 가득해지면 기혈이 막히고 병이 들기 때문이다. 꼭 불을 때고 정진해야 된다. 그렇지 못할 때는 운동을 많이 하고 열이 나는 약초를 캐먹고 정진해야 된다. 몸이 차가워지는 약초는 한사코 금해야 한다.

또 생식을 하는 사람도 볶은 미숫가루를 먹지 말아야 한다. 음식을 고루 섭취하되 무독하고 열이 많이 나는 약초를 간혹 캐먹어야 된다. 그리고 소금은 꼭 섭취해야 한다. 소금을 섭취하지 않으면 맑아진다고 하지만 그것하고 공부는 상관이 없는 것이다."

다른 수행법

"스님, 옆에 스승이 없을 때 일반적으로 할 수 있는 수행법을 말씀
해 주십시오."

"여러 가지가 있다. 그 중 하나가 경전을 반복해서 읽는 것이다.
스승이 없고 특별한 지혜도 없으며 공덕이 없는 사람이 하기에 적합
한 것이다. 집에서 혼자하기에 용이한 것이다. 그러나 최종적으로는
스승을 만나야만 한다.

독송하는 경전은 사람마다 업이 다르고 특징이 있기 때문에 달라
야 한다. 남자나 여자나 성별은 상관이 없다.

성격이 집착이 강하고 마음이 활달하지 못하거나 용기가 부족한
사람은 마음을 다루는 경전이 좋다. 우리가 흔히 접할 수 있는 『금강
경』이나 『원각경』이 좋고 조사 어록도 좋다. 조사어록은 마음의 용
기를 길러 주는 힘이 있다. 너무 고집이 세고 일이 잘 풀리지 않는
사람은 『법화경』이나 『열반경』 등을 독송하면 좋다. 또 『아함경』도
좋다. 욕심이 많고 걱정이 많은 사람은 『보현행원품』이나 『이산 혜
연선사 발원문』을 읽으면 좋다.

수행자 중에 신심이 떨어지고 용기가 떨어진 분들은 역대 조사의 일대기를 독송하는 것도 좋을 것이다.

흔히 무슨 경이 최고다 하고 말들을 하는데 그것은 부질없다. 약도 몸에 맞아야 하는 것이다. 인삼·녹용이 좋다 해도 안 맞으면 독이 된다.

지금부터 독송법을 말하겠다.

먼저 독송자는 몸과 마음을 정갈하게 해야 된다. 살아 있는 부처님이나 조사님을 면전에 대하듯이 공손하고 절박하게 받들어서 읽어야 한다. 이때 시간은 한두 시간이면 되며 자기의 형편에 맞게 해야 된다. 욕심을 내지 말아야 한다.

또한 마음으로 신비한 것을 구하지 말아야 할 것이다. 기필코 경전의 내용과 같이 부처님의 참 뜻을 깨우칠 수 있다고 굳게 믿고 매진해야 된다. 굳게 믿지 않으면 심성이 움직이지 않는다. 그것도 못할 사람은 자기의 원하는 바 한 가지만은 꼭 이룰 수 있을 것이라는 믿음을 가지고 독송하면 될 것이다.

되도록이면 한글 번역본으로 독송해야 된다. 독송하되, 그 내용을 애써 알려고 하지 말아야 한다. 그저 독송하면 자연히 체감으로 알게 되기 때문이다. 잡념이 있어도 상관이 없고 집중이 되어서 고요해도 거룩한 것이 아니다. 애써 무심하려고 하지도 않는다. 그저 생각나는 대로 내려두고 한가로운 마음으로 읽을 뿐이다. 읽는 횟수는 기한이 없다. 자기의 양대로 정해서 읽으면 된다. 책의 활자는 클수록 좋고 속으로 읽는 것보다는 소리 내어서 읽는 것이 더욱 좋다.

간경은 어리석은 이는 지혜로워지고 다생겁의 업장을 녹인다. 또 바라는 것을 빨리 성취한다. 그리고 스승을 만나면 신속하게 깨달을 수가 있으며 항상 성스러운 가호를 받는다. 또 몸에 병이 떠나간다.

간경을 할 때는 반복에 반복을 거듭해야만 한다. 소설 읽듯이 한 번 읽고 그 뜻만 알려고 하면 안 되는 것이다. 그렇게 아는 것은 아는 것이 아니고 한갓 알음알이일 뿐이다. 아는 것이 목적이 아닌 줄 알아야 할 것이다. 다만 간경할 뿐 고요하거나 맑든 밝든 마음에 두지도 않는다. 또 목표도 없으며 욕심이 없어져도 즐거워하지 않는다.

다음은 염불법에 대해서 말하겠다.

염불하는 마음도 간경하는 마음과 대동소이하다고 볼 수 있으니 참고로 하면 되겠다.

염불이란, 말 그대로 부처님을 생각하는 것이다. 항상 생활 속에서 부처님의 가르침을 생각하는 것이 염불이다. 또 그 행을 본받아 실천하는 것도 염불이다. 그리고 기필코 깨달음에 들어가려는 원력을 세워 실천하는 것이 염불이라고 할 수 있다.

그래서 염불을 제대로 하려면 널리 경전을 보고 법문을 듣지 않으면 안 된다. 그렇지 않고 멋대로 부처님을 생각하거나 그저 '아미타불,' '관세음보살' 하고 외우기만 한다면 큰 이익이 없다. 그 염불 때문에 더욱 무식하고 부처님 법을 모를 수 있는 것이다.

염불을 하는 사람들은 꼭 책을 많이 보고 법문을 많이 들어야만 한다. 그도 저도 못할 사람들은 외우기라도 해야 할 것이다. 여기서도 이룰 수 있다는 믿음이 가장 중요하다.

염불의 원칙은 그렇고, 그 종류는 다양하다.

부처님의 32상과 80종호를 생각하고 관하는 관상 염불이 있는가

하면, 부처님의 명호를 외우고 생각하는 흔히 주력이라고 하는 염불
이 있다. 지금 우리는 주력을 많이 하고 있는데 이 염불만 해도 가지
가 많다.

염불도 시대마다 선호도가 다르다.

외우는 것으로는, 아미타 부처님의 명호를 외우는 것이 근본이라
할 수 있다. 그런데 지금은 관세음보살이나 지장보살을 많이 외우고
있다. 무엇을 외우고 관하든지 기필코 그 원이 성취됨을 굳게 믿어
야 한다. 그 깊은 믿음이 밤낮없이 지속이 되면 그 사람은 언제나 염
불을 하고 있는 것이 된다. 그렇지만 무리하게 항상 외우는 것만으
로 종을 삼지는 말아야 할 것이다. 이것도 하루에 한두 시간이면 충
분한 것이다.

아무튼 염불을 하면 업장이 소멸되고 병이 낫고 소원이 성취된다.
그리고 스승을 만나면 빠른 깨달음에 들어갈 수가 있다. 그리고 늘
성스러운 가호가 따른다.

밤낮없이 이어질 것은 마음 깊이 있는 순수한 믿음이지 외우는 것
만은 아니다.

기도·염불하는 사람들의 심리가 문제가 되는 것은 염불의 근본
을 도외시하고 구하기만 한다는 것이다. 모두 그런 것은 물론 아니
다. 다급하면 매달리는 것이 사람의 본성이겠지만 그것이 염불의 근
본은 아닌 것이다.

자기의 원이 성취되기를 바란다면 베풀어야 할 것이다. 그런데 베
푸는 것도 잘못 이해를 하면 그것도 대가를 바라는 마음으로 베풀기
때문에 공덕이 온전하게 되지 않는다.

염불을 하는 사람들은 꼭 법문을 많이 듣고 경을 많이 읽어야 한다. 그리고 베푸는 것을 익혀야 한다.

아무튼 염불하는 사람들에게 어려운 것이 집착을 버리는 것이다. 또 경전을 많이 읽고 배우는 사람의 폐단은 생각이 복잡하고 잘다는 것이요, 참선자의 폐단은 막무가내가 되는 것이다. 누구나 그럴 리는 없고 다만 특성상 그런 현상이 나올 수 있다는 말이다.

또 다른 수행법이 있다.

현 시대의 사람들은 듣는 힘이 가장 발달되어 있다. 즉 소리에 감응을 빨리 한다는 것이다. 그래서 소리로 듣고 배운다.

깨달음도 지금 사람들은 소리로써 가르치고 배운다. 이것은 시대마다 조금씩 다르다. 그 까닭에 어떠한 음으로 마음을 다스리고 병을 치료할 수 있는 것이다.

왜냐하면 소리는 파동이고 파동은 생각이기 때문이다. 모든 수행법이 처음 발심했을 때는 생각을 타고 앞으로 전진한다. 다음에는 생각마저 초월하는 것이다. 따라서 소리로 마음을 다스릴 수 있는 것이다.

소리마다 작용하는 부위가 다르다. '파'는 머리에 작용을 하고, '으'는 목에 작용을 한다. '아'는 가슴속에 작용을 한다. 그리고 '하'는 몸 표면과 의식에 주로 작용을 한다. 또 '마'는 위에 작용한다. '바'는 아래 몸통에 작용을 하고, '크'나 '카'는 장부와 신장에, '자'는 아랫배에 작용을 한다. 그리고 '차'는 무릎과 발에 작용을 한다. '다'는 등 위 목쪽이고, '타'는 아래 척추다. '가'는 입이고 '나'는 혀다. '라'는 허리다. '오'는 눈이다. '이'는 코다. '사'는 몸 표면이다.

이러한 소리들을 적절하게 배합해서 외우면 마음이 맑아지고 질병도 치료할 수 있다. 귀에도 '자'가 작용한다.

소리의 작용은 매우 강력하다. 일종의 진언과 같은데 단순하게 소리로만 작용을 하지만 강력한 힘을 가지고 있다.

소리 배합법은 다음과 같다. 세 자나 다섯 자를 형편 따라서 같이 외우는데, 안 좋은 해당 부위의 소리를 외우는 것이다. 강조할 때는 다른 자를 한 번 외울 때 두 번이나 세 번을 외우는 것이다. 전체 배합 자수도 알아서 정하면 된다.

이 배합이 적절해야만 된다. 다시 말해서, 무슨 자를 외울 것인가? 일단 자기 몸 부위 중 '안 좋은 부위에 해당하는 소리'를 배합해서 외워 보면 된다. 많이 안 좋은 부위는 소리 숫자를 한 번 더 늘여서 외우면 되는 것이다. 단 그 부위가 안 좋아도 열이 많으면 외우면 안 되고 그럴 때는 그 반대 부위를 외워야 한다. 결국 안 좋은 부위라도 차가운 부위를 찾아서 외우는 것이다. 그러다가 열이 충만해지면 쉬어야 한다. 그리고 다시 차가운 부위를 찾아서 외우면 된다.

이때 배합이 잘 맞으면 마음이 상쾌해지고 몸이 편안해지는 것을 느낄 수가 있다. 또 마음이 활발해지고 용기가 나고 안정이 되는 것을 느낄 수 있는데 그러면 바로 된 것이다. 이렇게 몸의 균형이 중립을 이룰 때 건강해지고 마음이 안정되는 것이다. 그러면 자연히 어떠한 질환이 사라져 간다.

그런데 배합이 안 맞을 때는 어떤 특정 부위가 더 안 좋아진다. 그때는 그 소리를 빼거나 다른 소리로 보완해야만 된다. 예를 들자면 다리나 하초에 힘이 없고 마음이 우울해서 용기를 읽었을 때는 으·

하·하·자·타를 외우는 것이다. 만약 가슴이 차갑고 짜증이 나거나 우울한 사람은 아·하·하를 외우는 것이다.

자·차가 들어가면 가슴이 답답하고 열이 많은 사람은 열이 내려간다. 머리가 차고 두통이 나는 사람이 파·하·자·차를 외우면 머리가 개운해지고 잠이 쉽게 들게 된다. 하복부가 찬 사람이 크·자·타·차를 외우면 신장 방광이 튼튼해진다.

그러나 똑같은 질환이라도 정반대의 소리를 외워야 할 때가 있다. 오분이나 십분 정도 반복을 해보고는 문제가 있으면 소리를 반대로 바꾸어야 한다.

반대란 무엇인가? 머리의 반대는 다리나 배고, 그것의 반대는 머리이다. 또 몸 표면의 반대는 몸속이고, 배의 반대는 등이다. 굳이 몸의 상생 이치를 모르더라도 다 할 수 있을 것이다. 스스로 노력을 해보면 터득할 수 있는 것이다. 자세한 것은 다음 기회로 미루도록 하자.

공부가 무엇입니까? 하면, '나는 항상 일할 때는 일밖에 모르고 또 다른 생각이 없습니다' 하는 사람도 있고, '나는 일을 하든지 무엇을 보든지 무심합니다' 하는 사람도 있다.

그리고 세상 사람은 지위가 높으면 하는 일이 많고 의외로 마음의 여유가 없다. 그렇다고 가난한 사람이 여유가 있다는 말은 아니다. 이때는 의식주 걱정에 마음이 편안할 날이 없다. 그리고 시간은 많으나 자기의 일이 없으면 오히려 마음이 심심하고 번거로운 것이 일반적인 모습들이다.

그렇지만 이 모두에 상관없이 근본 마음은 그윽하고 한가로운 것이다. 그러면 집중이 되어도 좋고 무심해도 좋을 것이다. 또 홀로 있어도 좋고 일이 많아도 좋을 것이다.

과연 어떤 것이 한가한 것일까? 아무 일도 없고 목표도 없으며 무기력해야 한가한 것일까?”

스승의 중요성

스님께서 이어서 말씀을 하셨다.

"『무량수경』에 16관법이 있다. 1단계로 유리의 광활한 대지를 관하는 행법이 나오는데, 네가 오늘 한 행법은 1단계 관의 입구에 들어간 것과 같다. 물론 방법은 다르지만. 그리고 기의 흐름과 성질을 미약하나마 느껴 보게 하였다. 매일 이 행법을 행하되, 두 시간을 넘지 않아야 한다. 그리고 가르쳐 준 대로만 할 뿐 그 밖의 것은 절대로 행하면 안 된다. 질문이 있으면 해라."

"왜 하루에 두 시간 이상 행하면 안 되는지요?"

"그것은 당분간이다. 지금과 같은 수행을 되풀이하면 마음도 극심한 변화가 오지만 몸도 변화가 온다. 처음부터 두 시간 이상 행법을 하면 너무 심한 변화가 와서 몸과 마음에 장애가 올 수 있다. 적절함을 익혀야 한다. 지나침은 욕심이요 모자라면 게으름이다.

관의 1단계 입구에 들어가는 것도 그렇지만, 몸의 기 흐름을 조금이나마 이해하는 것은 혼자서는 한평생 해도 안 되는 경우가 많다. 더구나 다음 단계로 들어가는 것은 매우 어렵다. 왜냐하면 잠재의식과 현재의식은 스스로는 변화하기가 어렵기 때문이다.

무념·무상이라 해도 그 자체가 망상 분별이다. 자기 생각의 경계를 스스로 뛰어넘기가 참으로 어려운 것이다. 그러므로 스승에게 완전히 마음을 맡길 때 경계가 쉽게 바뀐다.

통상 스승 없이 바른 관이 열리거나 마음을 깨닫는 것은 거의 불가능하다. 혼자 어느 한 경지를 천신만고 끝에 이루었다 해도 곧장 한계에 봉착하고 마는 것이다.

혼자서는 마장을 구별하거나 헤쳐 나가기가 어렵다. 책을 통한 지식으로 마장의 경계가 대충 무엇인지 알았다 하더라도 한 번 경계에 빠져 들어가면 대체적으로 어찌할 수 없게 된다.

위음왕불 이전에는 스승 없이 깨달은 사람이 있어도 그 이후로는 없다는 말씀이 있다. 이 말씀은 스승의 중요성을 극명하게 드러낸 말씀이 아니겠느냐? 그래서 혜가 스님은 달마 대사 앞에서 왼팔을 끊었으며, 신라의 혜통 스님은 무외 삼장 문하에 들기 위해 화로를 머리 위에 올렸던 것이다.

세속의 사소한 공부나 기술도 훌륭한 스승을 만나야 된다. 그렇지 못하면 뛰어난 경지를 이룰 수 없는 것은 자명하다. 하물며 마음을 돌이키는 공부를 함에 있어서랴.

스승은 제자로 하여금 가지가지 생각의 경계를 체험하게 하고, 그것으로부터 초탈하게 한다. 참으로 우리의 성품은 멀리서 찾아서 되는 것이 아니다. 나를 이별한 적이 한 번도 없었고 지금도 잘 쓰고 있지만, 사람들은 그 보배를 항상 사용하면서도 그 진가에 대해서는 알지 못한다. 간혹 이치로 알았다 하더라도 힘이 되지를 못한다. 왜

냐하면 절박한 경계에 떨어지거나 힘써 애써 본 적이 없기 때문에
보배를 알았다 하더라도 진정으로 사용하지 못하는 것이다.

그렇기 때문에 더 요란하게 고요함을 찾고 도를 얻으려는 마음에
온갖 방법을 찾아 다니게 된다. 또는 편안한 속에 안주하기도 하는
것이다. 그런가 하면 애써 망상으로 모양을 만들면서 그것이 무엇을
성취하고 있는 줄 착각을 한다.

때로는 조사 공안을 줄줄이 기억해서 손짓 발짓을 하고 문답 잘하
는 것을 무슨 도로 착각하게 되는 것이다. 어록이나 말의 집착에서
벗어나야 조금은 돼간다고 할 것이다. 어찌 그 그늘에 언제까지 떨
어져 있을 것인가?

아무리 내달아도 부처님 손바닥이듯이 결국은 평상심 속에 들어
있고 최종 귀착지가 되는 것이다. 그러나 스승은 그 모습을 한 번에
일러주지를 않고 교묘한 방편으로 두들기고 펴서 물건을 만들어 간
다. 한 번에 일러준다 한들 막힌 제자는 의심을 내어서 다른 데 가서
엉뚱한 것을 찾기 때문에 무소득이 되는 것이다.”

“살아 있는 스승이 없으면 절대로 성취하기 어렵습니까?”

“절대는 아니다. 스승이란 고인이 남기신 어록도 스승이 될 수 있
고, 이웃과 산과 들도 스승이 될 수 있다. 수행자와 하나로 합일될
때는 깨달을 수 있다. 또는 전생의 연으로 깨달음에 나아갈 수도 있
다. 그래도 이미 나기 전에 진정한 깨달음에 이르러 있다면 모르되,
그렇지 않다면 참으로 위없는 곳에 이르기란 어렵다고 보아야 한다.
스승의 요점을 말하자면 신뢰가 진정한 스승이다. 믿음이 일차적인
스승인 것이다. 화두를 하든 염불을 하든 그로 인해서 깨달을 수 있

다는 깊은 신뢰가 바탕이 돼야만 할 것이다.

공안은 조사님들의 혼이 배어 있으며, 알 수 없는 깊은 이치가 있음을 믿고 한순간 정말로 의문에 사로잡혔다면 기필코 확인을 해야 할 것이다.(스승이 옆에 없을 때는 저절로 대의문이 일어나지 않는다면 어려워진다.)

더 나아가 마음에 다툼이 끊어지고 바라는 것이 끊어지더라도 마음에 두지 말아야 한다. 그 어떤 생각을 붙잡아 머물러도, 아니면 목표를 세우더라도 그것은 다시 한 몸을 이룰 뿐이기 때문이다.

혹시 무기력하거나 체념, 또는 허무로 잘못 아는 사람도 있을지 모르겠다. 그런 것하고는 거리가 멀고 실생활에서는 오히려 그 반대가 된다. 하여간 무엇이라도 성스럽다고 집착을 일으키면 곧 삿됨을 이룰 뿐이다.

제대로 하면 자연히 심성이 반응을 하게 된다. 그렇지도 못할 사람이라면 깊은 신뢰 속에 생각을 비우고 어록이나 경전을 수십 번, 수백 번 반복해서 읽으면 좋다. 역시 심성이 어느덧 움직이게 된다. 거기다 집착이 없다면 바른 길로 가고 집착이 있다면 삿됨을 이룰 것이다. 이것이 갈림길인 것이다.”

“스님, 누가 진정한 스승인지 우매한 자들이 어찌 알 수 있습니까? 인연 따라서 세상에는 삿된 가르침을 진리라고 믿기도 하고 비록 바른 정도라도 자기 의중과 같지 않으면 비방하고 멀리하지 않습니까?”

“그렇다. 그래서 종교도 많고 가르침도 많은 것이다. 인연 따라 갈 뿐이다. 지난 전생에서부터 널리 스승을 공경하고 생사 없는 깨달음을 얻고자 매진해 온 자라면 진정한 스승이 그를 기필코 인도할 것이다. 전생에는 그렇지 못했더라도 금생에라도 순수하고 올바르다면 진리의 단 이슬을 마실 수 있을 것이다.

올바른 스승은 배우는 사람의 마음이 밝아지도록 지도를 한다. 그러기 위해서 마음의 집착을 여의도록 지도를 하는 것이다. 그래서 업을 정화하고 나아가 해탈의 인연을 심어준다. 그렇지 않고 '이러면 잘 됩니다, 저러면 좋은 일이 있습니다, 또는 좋은 곳에 납니다' 하는 것은 처소에 맞게 사용하면 좋은 방편이 되지만 잘못 사용하면 더욱 집착을 일으키는 요인이 되므로 바른 지도 방법은 아닌 것이다."

정진을 시작한 지 이틀이 되었다.

스님이 옆에서 인도할 때보다는 웬지 깊이 잘 되지는 않았으나 혼자서도 스스로 맑은 경지에 들어가 거뜬히 이어갈 수가 있었다. 예전에 집에서 책을 통해서 수행이 뭔지 모르면서 혼자 노력을 할 때는 어떠한 것도 느낄 수 없었다. 다른 곳에서 이것저것 배워 보기도 하였다. 그러나 마찬가지였다. 지금처럼 쉽게 느낄 수 없었다.

만약, 전에 지금과 같이 새로운 경계를 맛볼 수 있었다면 제법 우쭐하고 자만할 수도 있었을 것이나 스승의 친절하고 자상한 가르침에 힘입어서 그런 생각은 추호도 없었다. 지금은 스승님에 의지해서 알 수 없는 미지의 세계로 한 발 다가갈 뿐이다.

나흘이 지난 후 스님의 부르심이 있었다.

"노력을 해 보았느냐?"

“예, 썩 잘 되지는 않은 것 같았습니다.”

“그럴 것이다. 그 속에서 익어지고 발전하는 것이지! 무엇이든지 일정한 속도로 발전하지는 않거든. 풍선에 바람을 불어 넣으면 처음부터 터지는 것이 아니고 어느 한계가 되면 결국은 터지고 말지 않느냐.”

“저의 친구 중에 정진하고 있는 이가 있습니다. 얼마 전에 그와 만나 수행 정진에 관해서 이야기 한 적이 있었습니다만, 그는 어떠한 경계도 맛본 적이 없다고 했습니다. 그렇다면 헛되이 세월을 보내고 있는 것입니까?”

“아, 그것은 그렇지 않지. 수행 정진이란 그러한 경계하고는 상관이 없단다. 그건 장차 네가 스스로 알 때가 있을 것이다. 정진에 뜻을 두는 그 순간 이미 헛되지 않는다. 과거·현재·미래를 밝힐 선업을 쌓고 있는데 어찌 소용없다 할 것이며, 자기가 뿌린 씨가 어디로 가겠느냐?

『법화경』에 공경하는 마음이 없이 탑이나 절을 향해 예배해도 그 인연으로 장차 성불한다고 말씀하였다. 그 말씀이 격려하고 선을 장려하려는 정도의 것이겠느냐? 하물며 직접 수행하는 데야!

닦는 사람을 두고 쓸데없이 자로 재고 저울로 달고 하는 것은 스스로 악업만 늘리는 것이다. 필히 삼가해야 된다.

기왕에 말이 나왔으니 마음을 닦는 사람들의 기본 자세를 이야기할 테니 새겨 놓도록 해라.

닦는 사람은 주변에 끌리지 말되, 예민심을 가지고 멀고 가까운 인연을 통털어서 자비를 행해야 한다. 주변을 행복하게 해야만 자기도 상식적으로 행복을 느낄 수 있기 때문이다. 그러한 바탕에서 수행 정진을 해야 마장이 적고 세월이 지나서 홀로 실망하여 물러서지 않게 될 것이다.

그것은 나와 남이 둘이 아니니, 원수라도 마음 속에서 미소지을 수 있고 더욱 잘 되길 바란다면 곧 원수가 변해서 친구가 될 것이다. 그러한 마음가짐은 수행자 자신을 위해서도 꼭 필요하다.

흔히 머트러운 사람들은 경전을 제멋대로 해석하고 자기 생각만 옳은 줄 안다. 다른 사람의 생각이나 행동이 자기의 상식을 벗어나면 자기한테 아무런 피해도 주지 않았는데도 먼저 미워한다. 법답지 않느니, 뭐가 어떠니 하면서 말이다. 모든 사람이 '아차' 하면 범하기 쉽다.

또 할 일은 열심히 안 하고 남의 흉보기 바쁜 것을 종종 볼 수 있다. 평생 한 번도 한자리에 같이 앉아 보지도 않았고, 대화 한 번 해보지 않았는데도 '옳으니, 그르니' 하거나 때로는 남이 전해 준 이야기를 잠시 듣고 '몹쓸 사람이니, 좋은 사람이니' 한다. 그런가 하면, 몇 번 마주쳤다 하면 도깨비가 붙은 것처럼 점수를 매기고 마음에 안 들면 말을 안하고 얼굴을 찡그리거나 은근히 표시를 한다. 그런 사람은 혼자만 점잖고, 진리와 공부는 자기가 최고인줄 안다.

남을 보기 이전에 자기의 허물부터 내려놓아야 한다. 너는 두고두고 마음에 선을 긋지 말고 범하지 말아야 한다.

간혹 종교인들 중에 종교를 위한 종교를 믿는지라 자기 종교는 사랑하고 헌신하나 다른 종교는 매우 미워한다. 못된 죄악을 행하면서도 오히려 은혜받을 줄 착각한다.

위와는 다르게 자기가 믿고 있는 종교에 제 역할을 다하거나 헌신
하지도 못 하면서 주인 노릇 하기에 바쁜 사람도 있다. 이런 무리도
역시 복받을 줄 착각한다. 이렇게 되고 마는 것은 인과를 모르고 참
다운 순수함이 없기 때문이다."

스님은 말씀을 중단하시고 잠시 침묵에 잠기셨다. 그리고 조용히
계시면서 경안의 마음에서 지금까지의 이야기가 정리되어 사라지기
를 기다리며 한참 동안 그대로 계셨다.

"지금까지 정진해 본 대로 다시 해 보아라."

경안은 즉시 정진 상태에 들어가자 이상하게도 쉽게 깊은 정에 들
수 있었다. 아마도 스승의 분위기를 느껴서일까!

"그 동안 문제점이 없었느냐?"

"예, 어느 때는 부처님의 모습이 보였습니다. 무서운 마군의 모습
을 보거나 공포를 느끼기도 했습니다."

"그것은 별거 아니다. 그렇다면 지금 그때의 마음처럼 느껴 보아
라. 먼저 부처님을 느껴 보자꾸나."

"부처님이 보입니다."

"너의 찰나간의 마음 속에 부처님을 의식하는 생각이 있기 때문이
다. 즉시 그 마음을 지워라. 어떠냐?"

"사라졌습니다."

"무엇이 보이든지 염두에 두지 마라. 그러면 곧 사라질 것이다. 조
금이라도 신통한 마음을 낸다면 스스로 속아서 마장에 드는 것이다.
다음은 공포심을 내 보아라. 무서운 모습이 나타나느냐?"

“네, 그러합니다.”

“한쪽에 그보다 더 무서운 모습을 만들어 보아라.”

“그러니까 상대가 도망을 갑니다.”

“이제는 전부 지워 보아라. 사라졌느냐?”

“완전히 사라졌습니다.”

“이제 알겠느냐? 모든 것은 마음 작용이다. 정진을 하는 사람은 어떠한 구함이나 싫고 좋음도 없어야 한다. 부처님뿐만 아니라 신이든, 도든, 법이든 아무거라도 갈망하지 말아야 된다. 선도 악도, 두려움도 즐거움도, 있는 그대로 놔두면 된다.”

모　습

"석가모니 부처님이 영산회상에서 설법하실 때로 돌아가 보아라. 과거와 현재가 둘이 아닌 줄 알면 된다. 역력히 나타날 것이다."

"명확하게는 보이지 않습니다."

"마음 속에 볼 수 있을까 하는 의구심을 버려 보아라. 아무리 오랜 과거라도 한마음 속에 있는 것이다. 이 마음에는 거리도 시간도 실재하지 않는다. 다만 가상으로 존재할 뿐이다."

"이제는 뚜렷해졌습니다."

"그런가! 예경을 드렸다면 부처님의 몸과 마음을 살펴보고 한 몸이 돼 보아라."

이때 경안은 거룩하신 부처님의 몸매가 자기의 몸으로 느껴졌으며, 이 과정에서 몸과 마음의 미묘한 관계와 작용을 대충이나마 알 것 같았다. 지극히 초보적인 감각이지만, 한 몸이 되는 순간 말할 수 없는 환희와 맑음에 휩싸였다.

"원래 몸을 다시 느껴라. 평상시 정상적인 활동을 할 때 맑은 정신을 100으로 가정하고, 또 가장 깊은 잠을 0으로 가정해 보아라. 현재

너의 정신 맑기는 어느 정도라고 생각이 되느냐?"

"60 정도밖에 안 되는 것 같은데요."

"그런가? 그것은 어두운 관이다. 80을 넘어서 백, 천, 만, 무한대로 상승했다가 다시 평상시 정상적인 정신의 깊이로 돌아와야 관이 바로 성취된다. 또 그것조차도 마음에서 떨쳐 버릴 때, 비로소 정진의 감각을 몸으로 알 수 있게 된다."

스님은 증가법으로 도움을 주셨다.

시간이 흐른 후.

"지금은 어떤가?"

"80 정도 됩니다."

"좋다. 영산회상의 석가모니 부처님을 관해 보아라.

부처님의 성스럽고 자비로운 기운이 그대 몸 구석구석으로 파고 들어 축적되고 몸을 변화시키는 것을 보아라. 따뜻한 기운이 하염없이 그대 몸에 들어올 것이다."

다시 스님은 증가법으로 도움을 주셨다.

잠시 후.

경안의 몸에는 광대하고 편안한 기운이 더욱더 힘차게 작용하였다.

"너의 몸을 관해라. 뇌와 오장육부와 힘줄, 신경계를 다 살펴보아라. 움직임이 보일 것이다."

"보입니다만, 크게 명확하지는 않습니다."

"차차 더 명확해질 것이다."

밝은 기운은 폭포처럼 몸에 쏟아지고 힘은 용솟음쳤다. 오장육부의 움직임과 모양이 점점 뚜렷이 보이기 시작했다. 부처님의 모습도 더 거룩하고 명료해졌다.

황금빛으로 빛나는 몸매, 자애로운 모습, 너무나 매끄러운 피부! 전보다는 점점 더 확실해졌다.

그로부터 느끼는 무한한 평화와 마하의 대위신력에서 오는 신통광명과 근본적인 대지혜를 만분의 일이나마 교감할 수 있었다. 그러한 기운이 온몸과 마음에 소용돌이쳐 왔다. 그에 따라 모든 신경계와 나를 이루는 그 무엇들이 맹렬하게 자각하기 시작했다. 머리끝에서 발끝까지 전율이 일어났다.

20분 후.

"오늘은 이만 하자. 질문이 있으면 하려무나."

"부처님을 관하자, 더욱 힘찬 기운과 표현할 수 없는 평화로운 기운을 느꼈습니다. 왜 그런지요?"

"사회 생활을 하다 보면 여러 사람을 접촉하지 않느냐? 이때 마음이 정직하고 밝고 편안한 사람을 보면 너 자신도 편안해지지 않더냐! 또 정직하지 못하고 불안과 증오심을 품고 있는 사람이 있다면 그 옆에 가기만 하여도 불안해질 것이다.

성스럽고 자비로운 성인을 늘 염두에 두고 있다면, 자기도 모르게 마음이 청량해져서 죄업이 녹아진다. 수행자가 그와 같은 수행을 한다면 선정이 쉽게 깊어지게 될 것이다. 또 건강해진다. 그렇지만 주의할 점이 있으니 무엇이냐 하면, 절대로 바라거나 구하는 마음으로 관하면 안 된다는 것이다. 삿되고 안 되는 것이 오로지 한 생각 집착에 있는 줄 명심해야 할 것이다."

"스님, 세상에는 어려움에 처한 사람들이 많아서 구하는 기도를 하지 않습니까?"

"그렇지. 일심으로 정성을 다하여 기도하면 성취되는 것이지! 기도를 하더라도 자기의 마음을 잠시라도 접어 두고 성스러운 주체를 생각하고 보시행을 쌓으면서 해야 된다. 그렇지 않고 욕심으로 하는 기도는 이루어진다 해도 결국은 뒤에 큰 손해가 나게 된다. 생활 속에서 합리적인 지혜와 보시행을 닦지 않고 분수를 모르고 요행수만 바라기 때문이다.

만약 닦는 사람이라면 어떤 경우라도 모든 풍파를 달게 감수한다. 왜냐하면 지난날 자기가 뿌린 씨를 거두고 있는 것을 명확히 알고 있기 때문이다. 모든 것은 자업자득이다. 그러므로 오로지 자기의 근본을 밝히고 짬짬이 주변에 이익을 주면서 오는 이익을 멀리 하지 않는다. 그렇게 하면 오히려 도업이 속히 성취된다."

"옛날엔 큰 도인이라도 물질적으로는 빈곤한 예가 있었는데, 왜 그렇게 되는지요?"

"이 현상계는 인연 따라 보이는 것이므로 그러한 차별상이 있어 보이기는 한다. 다른 사람들이 볼 때는 빈곤하게 보일지라도 큰 도인이 어찌 빈곤하겠느냐? 실질적으로 빈곤을 모르고 마하의 동산에서 부족함이 없이 노닐고 있는 것이다. 그의 경계는 넉넉하지만 보는 사람의 마음이 가난하고 어리석어서 그렇게 비춰진다.

벽지불은 부처님과 비슷한 위신력을 지녔다 하나 중생제도는 하지 못한다. 왜냐? 벽지불은 중생을 구제하려는 깊은 원력이 없기 때문이다. 또 보시행을 닦지 않았기 때문에 널리 믿고 따르는 사람이 없다. 당연히 인연이 엷어 세간의 등불이 될 수 없는 것이다. 그래서 이름하여 벽지불이라고 한다

진리를 닦더라도 주변에 이익을 주는 행을 해야 한다. 이익을 주는 행위가 그렇게 어렵지만은 않으니, 스스로 마음이 맑고 밝으면 기초가 이미 된 것이다.

무엇을 보더라도 넉넉한 마음과 즐거운 마음을 항상 가지고 특히 자주 접촉하는 주변 사람의 마음을 편안하게 해야 된다. 여간한 허물이 있더라도 그것을 마음에 두지 말고 미소로 보아야 한다. 마음 속에서 성내는 마음이 일어나면 상대가 오히려 더 잘되도록 기원해 줘야 한다. 그렇게 하면 본인의 마음이 편해지고 증오심이 가라앉게 된다.

세간에 거하고 있는 사람이라면 자기 부모 형제나 직장의 늘 접촉하는 동료, 상사, 부하, 그리고 친구 등을 소홀히 대하면 안 된다. 보시행을 하는 것은 가까운 데서부터 하는 것이 마땅한 것이다. 가족으로부터도 믿음을 못 얻고 그밖에 자주 접촉하는 사람들로부터 신임을 못 얻는 사람은 실패하기 마련이고 허망할 뿐이다.

강산은 10년이면 변하지만 사람의 숙생의 업은 한평생 가도 잘 변하지 않는다. 그러므로 교육한답시고 주변 사람을 함부로 자로 재고 평가하는 '재판관 흉내'만 내지 않아도 큰 보시행을 하는 것이 된다. 눈앞에 보이는 모든 사물이 자기 몸의 일부분이며 본인의 얼굴이다. 실상의 모습이 거울에 투영된 것이다. 만약 자기 주변에 모인 군상들이 마음에 들지 않는다면 원망심을 내기에 앞서서 자기 자신을 비

춰 봐야 할 것이다.”

경안은 스님의 말씀을 듣고 자기의 지난날을 돌이켜 보았다.

‘과연 나는 스님의 말씀처럼 살았는가!’ 누구라도 쉽지는 않을 것이다. 그래도 흉내라도 내면서 살 수 있었을 것인데 그렇지도 못한 것 같았다.

인연의 연속

청진암에 온 지 1주일이 되었다.

"오늘은 좀 특별한 경험을 해 보기로 하자. 마음을 고요히 하고 너의 동네 주변에 매우 불행한 사람이 있다면 한 사람을 관해 보아라."

"여자인데 나이가 많은 분이 한 분 있습니다."

"그의 마음 속 생각을 읽어보아라. 그냥 밖에서 느낌을 읽지 말고 그의 생각 속으로 들어가 보아라."

"힘이 드는데요."

"모든 것은 마음의 조작이라고 하지 않더냐? 힘이 든다는 생각을 버리면 힘이 안들 것이다. 너는 충분히 할 수 있다."

"네, 됐습니다. 이 사람은 생각이 너무 불안하고 증오로 가득 차 있습니다."

"몸 상태는 어떤가?"

"특별한 병은 없습니다."

"그러면, 지금 한 몸이 되어 보아라"

잠시 후.

"아! 가슴이 답답합니다."

"됐다. 그만 지워라."

경안은 상을 지웠지만 아직도 가슴이 답답하고 온몸에 땀이 흘렀다. 그 사람의 생각과 몸, 그리고 삶을 잠시 체험해 본 것이다.

"잘 들어라. 호흡을 깊이 들이쉬고 가슴의 탁기를 모두 토해 버려라. 그리고 다리 아래로 밀어 내려라."

경안은 스님의 말씀대로 반복하자 가슴이 후련해졌다. 호흡을 천천히 들이쉰 후 몸을 깊이 응시하면서 탁한 기운을 다리 아래로 단계적으로 밀어 내렸다.

"스님, 아직 약간 두통이 있습니다."

"혼이 났구나! 그 정도는 괜찮다. 마음의 걱정을 놓아라. 그러면 편안해질 것이다. 그리고 다시 모든 탁한 기운이 천천히 발끝으로 사라져 내려간다고 생각해라. 호흡은 내버려두고 생각으로만 가볍게 시행해라. 탁한 기운은 발 아래로 땅속으로 하염없이 내려간다. 깊이를 알 수 없는 저 세계로 깊이 깊이 영원으로 사라진다고."

스님의 말씀처럼 하자 몸과 마음은 한결 청량해졌다.

"그 사람과 한마음 한 몸이 되더라도 그 생각과 숙업을 읽되 영향은 안 받을 수 있다. 그리고 자유 자재로 영향 받는 정도를 적당히 조절할 수도 있다. 모든 것은 너의 마음에 달렸음을 알아라.

너는 무당이 신이 내렸을 때나 접신이 되어서 슬퍼하고 괴로워하는 것을 보았겠지? 그리고 끝나고 나서는 지쳐 쓰러지지 않더냐! 너도 꼭 그와 같구나. 그것은 네가 아직 정혜력이 부족해서 그렇게 된 것이다. 또한 그 사람의 답답한 것을 같이 느꼈기 때문에 그렇게 된 것이다. '모든 것은 마음이다.' 잠재적으로 능력이 있다, 없다 한계를 설정하는 마음의 고집을 버린다면 지금 즉시 달라질 것이다. 원래 수련이 필요없는 것이다. 그 어떤 이치를 모르기 때문에 수련을 하는 것일 뿐이다. 마음을 비워라. 그러면 열 명, 백 명, 천 명을 동시에 접하더라도 힘이 더 들거나 덜 들지 않을 것이다.

한 명도 힘든데 두 명, 세 명이라! 그렇게 생각할 수도 있지만 그러한 한계는 원래 없다. 한계를 짓는 마음을 버려라. 하나가 둘이요 둘이 하나다. 구별하는 마음을 버려라. 그러면 하나만 살필 수 있는 것이 아니라 천 명, 만 명이라도 같은 시각에 동시에 살필 수 있게 된다. 다시 접해 보아라."

경안은 스님의 말씀대로 다시 접해 보니 이전과는 다르게 쉽게 접해졌으며 힘도 들지 않았다. 뿐만 아니라 어떠한 영향도 받지 않으면서 생생히 느낄 수 있었다.

"그 여자와 동일인이 되어라. 그의 삶을 돌아보고 과거 생도 관해 보아라. 그리고 잠시나마 그의 인생을 살아보아라."

경안은 스님의 말씀대로 그 여자의 일생이 되어서 그 삶을 돌아보았다.

참으로 비참하였다. 가족은 없고 늙은 몸으로 오빠 집에 같이 살고 있었다. 웬지 그 마음에는 오빠나 그 가족에 대한 원망과 증오로 가득 차 있었다. 가족 또한 생활이 어려운 데다 마음 고생이 심했다. 그런데도 서로 헤어질 수 없어서 같이 살고 있었다. 왜 그런지? 헤어지려고 몇 번이나 시도를 해 보았으나 번번이 실패를 하는 것이었다.

전생의 사랑과 증오가 현생에까지 이어지고 있었다. 그러나 원한은 금생으로 끝날 조짐을 보였다. 종교적으로 인과의 가르침을 믿고 참회하는 마음이 서로에게 있기 때문이었다.

"열 명의 삶을 살아 보아라. 동시에 열 명을 느껴라. 하나가 열이고 열이 하나이다. 차별이 없는 줄 믿어라."

"접했습니다."

"그럼, 이번에는 백 명을 느껴 보아라."

"스님, 백 명은 어렵습니다."

"열 명이 되는데 백 명이 안 되겠느냐?"

"스님, 저의 정혜력이 약해서 그렇습니다."

"정혜력이라는 것이 있다고 보느냐?"

스님의 도움이 있었다.

잠시 후.

경안은 백 명, 천 명의 삶을 동시에 살 수 있었다. 한쪽에서는 웃고 한쪽에서는 울고 있는 여러 형태의 삶을 동시에 느낄 수 있었다. 엉키고 엉긴 가지가지 삶을 잠시나마 통절하게 살필 수 있었다.

스님께서는 다음과 같이 말씀하셨다.

"세상에는 기적이 일어났다는 말들을 많이 쓴다. 기적이란 무엇일까? 기적이란 상식을 벗어난 생소한 일이 어쩌다 일어난 것을 말한다. 요즘 과학의 세계에서는 그것보다도 더 신기한 일들이 다반사로 일어나고 있다.

그러나 그것을 기적이라고 말하지 않는다. 왜냐하면 다 그 과정을 설명하고 이해할 수 있기 때문이다. 대다수 사람들이 전혀 이해하기 어려운 것을 기적이라고 말한다. 그래서 사람들은 기적이라는 것에 흠뻑 빠져 버린다. 아니면 못 믿거나 삿되다고 배타하든지 하는 것이다.

알고 보면 기적이라는 것은 없다. 다만 많은 사람들이 이해를 미처 하지 못한 물리적이거나 정신적인 현상일 뿐이다. 거기에는 다 원리가 있다. 인과의 원리에 의해서 나타나는 현상일 뿐이다.

부처님이 갑자기 대중 앞에 현신을 해도 그것은 인연의 현상일 뿐이고 정신의 현상일 뿐이다. 하나의 원리 속에 들어 있는 것이다. 팔만대장경이나 옛 스님들의 행적에는 그런 이야기들이 수도 없이 있다. 어지간히 불교를 아는 사람들은 관심도 안 가지는 것이다. 오히려 거기에 빠지는 것을 매우 경계하였다.

기적이나 신비한 것은 새삼스럽게 멀리하거나 빠질 것도 없이 일상의 일로 생각해 버리면 되는 것이다. 다만 그 원리를 살필 뿐 이것에 대해 오해가 없어야 할 것이다. 생각이 쌓이면 어떻게 되는지, 또 그에 따른 인연의 흐름은 과연 무엇을 말하는지, 그것이 성품의 바다와는 어떠한 연관이 있는지, 우리 실생활과는 어떠한 연관이 있는지?"

허상관과 실상관

"이제 질문을 해라."

"주변을 관해 보는 것도 매일 해야 됩니까?"

"아니다. 과거·현재·미래의 윤회의 원리를 이해하고 스스로를 견책하기 위해서 잠시 해 본 것뿐이다. 더 할 필요는 없다. 오히려 정진에 전혀 도움이 안 된다. 알겠느냐? 잠깐씩이라도 너 혼자서는 절대적으로 금해야 한다. 당분간은 두 행법만 하도록 해라. 그것도 시간을 필수적으로 지키도록 해야 된다."

"제가 관하여 본 것이 실재적인 것입니까?"

"잘 물었다."

"이 세상에 실재적인 것은 그 무엇도 존재하지 않는다. 악법이든 선법이든. 눈에 보이고 귀에 들리는 모든 것은 각자의 업 따라 보이는 거울 속의 모양일 뿐이다. 착각하면 안 된다. 결국 모든 것은 상대적인 것이라도 '너의 생각이고 착각'인줄 알아야 할 것이다.

같은 지구상에서도 인간의 눈에 보이는 세계가 다르고 동물이나 곤충의 눈에 보이는 세계가 다르다. 공유하는 부분도 있겠지만 동일하지는 않다. 나무나 풀도 마찬가지다. 각자 업대로 살아가는데 느끼는 정도는 다 다르다. 절대적인 법칙과 모양이 원래 있다면 느낌이나 보이는 모양이 동일해야 되겠지만, 그렇지 않는 관계로 나름대로 세계가 따로 보이고 느껴지는 것이다. 현실 세계라는 것도 알고 보면 자기의 꿈일 뿐이다.

관으로 보이는 세계는 크게 셋으로 나눌 수 있다.

첫번째가 허상관이다.

정혜력이 80 미만이면 상대적으로 보이는 모습은 거의가 망령된 마음에서 생기는 것이다. 자기 혼자 생각으로 만들어 낸 헛된 망상이라는 말이다.

허상이란? 생각이나 바라는 바가 작용할 때에 헛된 상이 현실화되어서 실제 있는 것처럼 모습이 나타나게 된다.

마음에 깊은 불안이 있는 자가 스스로 관을 하면, 지진이 나는 것 같이 보인다거나 전쟁이 나는 것처럼 보일 때가 있다. 간혹 맞는 경우가 있어도 대부분이 헛된 망상이다. 그런데도 실재로 착각을 해서 사람들을 불안하게 하고 죄를 짓는다.

종교를 믿는 사람의 꿈속이나 기도 중에 대상이 나타나서 무엇을 일러줄 때가 있고, 뭐가 보일 때도 있다. 또는 ‘당신은 전생에 누구의 후신이었습니다,’ ‘앞으로 무슨 일이 있을 것입니다,’ ‘나는 전생에 이러했습니다’ 하기도 하는데 왜 이러한 현상이 일어나는 것일까?

그것은 현재의식의 고집과 조절을 잠재의식이 벗어나면 그 사람의 근본 업식과 생각이 작용해서 여러 가지 현상이 느껴지기도 하고 보이기도 하는 것이다. 특히 가까운 사람이나 인연 있는 사람의 생각을 쉽게 받아들이고 느끼게 된다. 그뿐만 아니라 주변의 모든 감각을 세밀하게 받아들이고 느끼게 된다. 그래서 그것을 미리 현실화해서 보는 것이다.

이와 같이 가까운 사람들끼리는 서로 생각이 비슷하고 행위가 연관이 있어서 그 어떤 것을 같이 보고 느낄 수가 있다. 그 때문에 중대한 착각 속에 빠져드는 것이다. 이런 일은 꼭 환영이 아니라도 우리 생활 속에 번번이 일어난다.

집단적인 환영과 착각은 종종 있는 일이다. 그것이 비록 유익한 일이라도 헛된 망상이다. 자기 생각일 뿐인 것이다. 집단적인 종교의 착각, 또는 무지막지한 전쟁시의 집단 행동, 그리고 생활 속의 유행 등이 차이는 있으나 약간씩은 연관이 있다.

이 중에서도 삿된 종교의 발생이 위와 깊은 관계가 있다. 이 큰 착각을 벗어나는 길은 생각에서 욕심과 집착을 버리는 것이 지름길이 된다.

덧붙이자면 현재의식과 잠재의식의 균형이 깨져서 잠재의식이 분출되면 수많은 자아를 느끼게 된다. 그 사람은 그 속에서 서로 울고 웃고 대화를 하게 되는 것이다. 정신의 구조란 참으로 미묘해서 한쪽에서 하품을 하면 옆에 있는 다른 사람도 하품을 하게 되는데, 공부하는 도반도 인연이 있기에 그 현상이 일어난다.

이때 눈밝은 스승의 지도가 있어서 대단한 공부인줄 착각에 빠지지만 않아도 선근이 있는 것이지만, 공부를 이룬 줄 알고 집착이나 자만에 빠진다면 큰 병통을 이루는 것이다.

대다수는 일정한 시간 동안 자제를 하면 자연히 해소가 되기는 하겠지만, 밝은 마음의 이치에 통달한 스승의 인도를 받는다면 별 문제가 없다.

허상이라도 전혀 엉뚱한 허상과 실제와 근사한 허상이 있다. 둘 다 허상은 허상이다. 우리가 늘 쓰는 이 몸도 허상인데, 실로 허상 아닌 것이 없지만은 지혜로운 자는 적절하게 구별할 줄도 알고 거기에 끌리지 않는다. 그리고 무위로 활용을 하는 것이다. 그러나 어리석은 사람들은 취하고 푹 빠져 버리는 위험이 있다. 아무튼 허상의 종류는 실로 다양하다.

욕심으로 하는 관은 대부분 허상으로 현실화된다. 갑자기 큰돈을 벌 수 있을 것 같거나, 주변이 원하는 대로 될 것 같은 착상에 빠지는 것이다. 그래서 큰 과오를 범하기도 하고 손해를 본다.

다음으로 허상과 실상관이 혼재하는 경우다.

정혜력이 100 이상으로 정신이 맑고 마음이 무상 담백해지면 실재적인 관을 할 수 있게 된다. 그러나 깊은 마음 속에 욕심이 아직 남아 있어서 헛된 망상이 겹친다. 이때 지나치면 화를 당하게 되는 것이다.

정혜력이 깊어서 담백하면 실상과 허상을 스스로 구별할 수 있게 된다. 그렇지만 정혜력이 약할 때나 욕심이 있을 때는 허상과 실상을 전혀 구별할 수가 없다. 그래도 스승이 옆에서 지도한다면 구별할 수가 있다.

또 현재의식이 잠재의식을 견제하지 못하여 잠재의식의 활동이 지나치면 생활 속에서 현실과 비현실을 구별할 수가 없다. 주변에 실제로 있는데도 없게 보이거나 없는데도 있게 보인다.

왜 이러한 현상이 나는 것일까! 이런 현상은 정신이 건전한 사람이라도 바라는 마음이 앞설 때, 현재의식이 절제를 상실하여 나타나는 현상이다. 이것은 개인뿐만이 아니라 같이 있는 다수가 동시에 나타날 수도 있다.

왜 그럴까? 환영 착시현상인 것이다. 모든 사물은 생각이 만드는 것이고 생각으로 보기 때문이다. 그래서 있다고 생각하면 있고 없다고 생각하면 없는 것이다. 눈은 마음의 도구일 뿐이다.

미친 사람은 위와는 좀 다르다. 미친 사람은 두 가지 의식, 곧 현재의식과 잠재의식이 심하게 왜곡되어서 그렇게 되는 것이다.

또 다른 경우로는 남에게 의식을 침탈당하였을 때도 그렇게 된다. 또는 고문이나 정신이 지나치게 억압당하였을 때도 그럴 수 있다.

내가 행법 수련하는 시간을 엄격히 제한하는 원인 중 하나가 잠재의식이 너무 지나칠까 우려하기 때문이다.

무엇이 왜곡되고 부자연스러울 때는 평소에 행하던 행위를 중단하고 있으면 된다. 별다른 조치를 하지 않더라도 다시금 본래로 돌아가는 것이다. 이 말을 기억해 두어라.

다음은 실상관의 경우다.

이미 마음이 맑고 밝아서 마하금강선정을 얻었다면 바로 볼 수가 있다. 그러나 이런 경우도 100%는 아니다. 이미 마음의 미묘한 이치를 아는 사람은 관따위는 하지 않게 되며, 할 필요도 없는 것을 잘 알게 된다.

생각이 지나치면 행동의 중독에 이르고 깊은 과보를 일으킨다. 일반적인 생활 속의 마장이라고 할 수 있는 것이다.

이와는 다르게 잠재의식의 활동이 지나치면 행동에 일관성이 없게 된다. 행복한 듯하나 사회 생활에서 지장을 받는다. 더 지나치면 헛것이 보이고 언어와 행동이 별다르게 된다.

이렇게 되는 인위적인 원인은 수행 정진하는 과정에서 그렇게 될 수도 있고 마음이 허해서 그럴 수도 있다. 또는 마음이 맑아서 그럴 수도 있다. 기타 다른 여러 가지 원인이 있을 수 있다.

더 지나치면 생각하고 원하는 대로 어떠한 사물이 현실화되어 나타나므로 현실과 비현실을 전혀 구별할 수 없게 된다. 본인의 입장에서는 똑같이 보이고 똑같이 감촉할 수 있으므로 그 자체를 실제적인 현실로 보게 된다. 그러한 마장에서는 스스로 빠져나갈 수가 없다. 우리가 일상의 현실을 떠나기 어렵듯이, 해당 당사자도 자기의 현실에서 떠날 수 없는 것이다.

그러나 이것이 전생이나 금생의 오래된 행위로 인한 업이 아니라면, 지금까지 행한 행위를 중단한 후 일정한 시간이 흐르면 결국은 정상으로 돌아오게 된다. 그렇지만 근본 업일 때는 매우 어렵게 되는 것이다.

이때 눈밝은 스승이 옆에 있으면 쉽게 원 위치로 돌아간다. 현실과 비현실을 구분할 수 있게 된다. 이 모두가 혼자서는 잘 되지 않는다.

잠재의식이 현재의식을 압도하더라도 근본적으로 깊은 지혜와 공덕이 있고 마음이 담백하다면 천상의 천인과 같이 성스런 행위를 하게 된다. 그러면 그 사람은 세간의 주목을 받고 존경을 받는다. 또 스승의 행세도 할 것이다. 하지만 망상 덩어리 속에 있는 사람일 뿐이다.

수행 정진의 입장에서 보면 현재의식이 강해서 나타나는 마장이든, 잠재의식이 강해서 나타나는 마장이는 모두가 극복해야 할 대상에 속한다. 잘못된 종교와 사마 외도가 모두 한 생각에서 일어난다.

올바른 수행 정진을 하면 목적을 두지 않아도 스스로 잠재의식과 현재의식이 균형을 이루게 된다. 몸의 좌우 신경계도 균형을 이룬다. 뿐만 아니라 몸이 차고 더움을 떠나서 기혈이 충만하고 안정된다. 결국 모두가 하나로 녹아질 때 겨우 근본 실상을 밝히는 첫 입구에 들어설 수 있는 것이다."

"스님, 제가 관(觀)과 기(氣)를 닦음은 부질없는 것입니까?"

"필요하다면 다 필요하고, 필요없다면 어떤 것이라도 필요가 없다. 두 가지 행법을 닦게 하는 것은 너의 잠재의식을 깨우고 현재의식과 조화를 이루게 함이다. 처음에는 현재의식을 억제하여 잠재의식을 깨우고, 다음에는 현재의식이 잠재의식을 조절하여 조화를 이루는 것이다. 그렇게 함으로써 관과 기를 쉽게 성취하게 된다.

그렇게 되면, 대우주의 흥망성쇠와 인과응보의 원리를 체험적으로 이해하게 되는 것이다. 그리고 다음으로 그것마저도 몽땅 뛰어넘고 마땅히 마음에 집착하지 않을 때 마하금강선정을 얻어서 깨달음을 성취하게 된다. 또 많은 사람들의 업을 이해하게 되므로 쉽게 깨달음에 들게 할 수가 있다.

궁극적으로 관과 기를 성취한다는 것은 알고 보면 부질없는 행위다. 몸과 마음이 화평하고 지나침이 없으면 마음은 영명하여지고 기혈은 저절로 순조롭게 된다. 또 음식을 섭취하는 데 있어서 열물인가 냉물인가를 잘 알아서 적절한 섭생을 하고, 몸의 안과 밖을 특별히 차거나 덥지 않도록 중립으로 유지해 주면 더하여 효과가 있게 되는 것이다.

또 운동을 적절하게 하면 좋다. 그러면 특별한 수련을 하지 않더라도 몸안의 기혈은 잘 돌게 되어 있다. 무한한 노력을 하여 용을 쓸 필요가 없다는 말이다.

그러나 때로는 그 노력의 결과로 하나의 좋은 이치를 얻을 수 있기에 배움과 노력도 필요하고 스승도 필요할 것이다. 사람마다 처지가 다르고 꼭 배워야만 되는 사람도 많기 때문이다."

"어느 누구라도 저와 같이 닦아야 됩니까?"

"아니다. 약간 마음을 고른 후 화두를 들어서 성취하는 법이 있다. 이 법은 누구라도 생활 속에서 무리 없이 닦을 수 있다. 대다수는 이 수행법이 가장 좋다고 말할 수 있다. 그렇지만 어느 정도 마음을 쉬는 이치를 감각적으로 얻지 않고서는 화두다운 화두가 되지 않는다."

활구(活句)와 사구(死句)

"스님은 항상 누구라도 정진할 수 있다고 하셨습니다. 직장인도 화두를 들 수 있습니까?"

"그렇다. 만사 놓아야만 화두가 되는 것은 아니다.

석가모니 부처님의 화두는 무엇이었을까? 그 당시 화두라는 이름은 없었지만, 굳이 화두라고 이름을 붙인다면 생로병사가 화두였다. 왜 인간은 필연적으로 나고 죽고 늙고 병들어야 하는가! 어찌 보면 너무도 당연하다. 하지만 우리가 살아가면서 소홀하기 쉽고 얼른 받아들이기 쉽지 않는 문제들이다.

그 밖의 우리 주변의 모든 것이 의문 투성이고 근본적으로 화두 아닌 것이 없다. 성품 자체가 화두이기 때문이다. 내 말의 요지를 잘못 이해하면 혹시 화두를 한답시고 아무것이나 붙들고 '이 무엇인고? 하고 해야 되는가!' 할 사람도 있을지 모르겠다. 본질은 비록 그렇다 하나 스승의 자비가 없다면 사실상 화두가 성립되지 않는다. 왜냐하면, 화두란 한 생각 이전의 감히 가까이 갈 수 없는 자리이기 때문이다.

옛 선사님들께서 수행자들의 관심사를 살펴서 가르침을 주거나 문답하는 과정에서 제자들이 의정을 일으키게 된다. 그것을 일러서 편의상 화두라고 이름했는데, 후에 모아 놓은 것이 1,700공안이 되었던 것이다.

같은 화두를 들어도 스승의 자비를 입어서 절실한 의정이 면면히 이어진다면 활구라 할 수 있겠다. 그렇지 않다면 아무리 공인된 화두라도 사구가 되고 말 것이다.

이것이 근본이기는 하나 스승이란 살아 있는 사람만이 스승은 아니다. 때문에 지난날 대선지식들의 가르침에 진정한 신뢰와 의문이 있다면 그것도 곧 스승이 될 것이다.

'활구'는 화두라는 문자에 있지 않다. 오로지 수행자의 관심사를 스승이 촉발시켜 근본으로 인도하면 수행자는 고기가 물을 만나듯, 고양이가 쥐를 노리듯이 하여 즐겁고 편안하게 일을 결단해 나가는 것이다.

다시 부언하자면 사람들은 TV나 극장에서 재미있는 영화를 보고 감동을 한다. 전쟁의 참혹함이나 지진이 나고 화산이 폭발하거나 태풍이 쓸고 가는 모습을 보고는 엄청난 충격을 받기도 한다. 그래도 직접적으로 보고 겪는 것에 비하면 별것이 아닐 것이다.

사람이 때로는 손익 계산을 할 수도 없고 생명도 돌보지 못할 정도로 절박할 때가 있다. 거대한 산악이 무너져 내릴 때 그 앞에 서 있다면 절박하고 어쩔 수 없을 것이다. 무엇을 돌볼 시간이 있겠는가?

그처럼 영혼을 받칠 때 스승의 한마디, 손짓 발짓 모든 것은 화두가 된다. 활구가 되는 것이다.

만약에 스승이 없다면 어찌하면 될까!

경전이나 조사님들의 어록을 대할 때, 또는 화두를 들 때 그 대상을 깊이 믿고 깨달을 수 있다는 깊은 신뢰가 있어야만 한다. 그리고 온몸으로 결단하는 대의문이 일어나야 한다. 그렇지 않으면 결코 근본이 드러나지 않을 것이다.

신뢰와 집착 없는 것이 전부라 해도 과언이 아니다. 온몸을 던져야 한다. 살아 있는 부처님이나 조주 스님 대하듯이! 그러면 천년을 뛰어넘어 그대를 반길 것이다.

직장인도 능히 화두를 지어갈 수 있다.

화두란 어렵다고 가정해 버리면 안 된다. 1,700공안을 가지고 반복해서 스스로 질문하는 염 화두를 생각에 둔다면 곤란하다. 그저 앉아서 수행해야 된다는 잘못된 고정관념도 곤란하다. 그러기에 지레 겁을 내고 어렵다고 하는 것이다.

그러나 좌선이나 염 화두는 아예 할 필요가 없다는 이야기는 아니다. 화두의 성질과 활구의 성질을 말한 것이다.

하여간 스승을 인연하지 않고는 참으로 어려운 것이다. 스승이 있고 자기의 결심이 섰다면 화두를 드는 것은 가장 쉽고 즐거운 일 중의 하나가 된다. 이것은 자기가 믿는 종교가 다르더라도 아무 상관 없이 할 수 있는 것이다.

진리를 얻고자 하는 마음이 있다면, 깊은 신심으로 종교를 믿되 한발 더 나가서 자기의 성품을 보아야 할 것이다. 그렇지만 화두나 진리 또는 법이라는 말에 집착해서 '다른 것은 전혀 필요가 없고 도움이 안 된다' 한다면 망령된 생각이 될 것이다. 수행하고는 상관이 없는 중대한 허물만 될 뿐이다.

화두란, 천년의 세월 동안 자란 수목을 한 번에 태워 버리는 불과 같다. 때문에 여러 생의 죄업을 일순간에 녹여 버린다.

활구는 바람과 같이 걸림이 없고 산악과 같이 웅장하다. 또 물과 같이 유연하고 불과 같이 남음이 없다.

진정한 화두는 일각에 끝을 본다. 화두의 의심은 즉각적이어야 한다. 한순간 맹렬하게 솟구친 진정한 의문은 생각 이전에 저절로 면면히 이어진다. '이 뭐꼬' 하고 말로 만들어서 될 일이 아니다. 무작정 의문을 이어가도 화두가 아니고 사물을 대할 때 무심해도 화두가 아니다. 그리고 열심히 최고로 집중을 해서 오로지 눈앞의 일만 생각하고 다른 일은 모른다 해도 화두가 아니고 선정도 아니다.

화두를 들고 있는 사람은 다만 화두 속에서 무심하기도 하고 집중을 하기도 한다. 일이 많아서 바쁘거나 그 반대로 하는 일이 없이 한가해도 화두 속에서 움직인다. 결국 한가로운 속에서 모든 것을 대하게 되는 것이다.

화두를 드는 사람이 주의할 점이 있으니, 화두를 통해서 그 무엇이 달라지기를 기다리는 것이다. 또 부질없이 마음을 하나로 모아서 집중하려고 하고 조금이라도 고요하거나 무엇이 나타나고 번득이면 환희심을 내어서 기뻐하는가 하면 그렇지 못하고 맹맹하고 담담하면 조바심이 나서 색다른 방법을 찾아 나서는 것이다.

공부 중에 그 무엇을 성취하고 얻는다 하더라도 근본에서 보면 망상일 뿐이다. 생각이 많으면 걱정을 하고 생각을 비워서 쉬려고 애를 쓰는데, 공부 중의 병들이다. 생각을 애써서 만들거나 바꾸려 하지 않아도 돼가는 것이고, 있는 그대로 놔두고 쓸데없는 기운을 빼지만 않아도 공부는 스스로 갖추는 것인데 온몸과 마음을 수고롭게 하는 것이다.

그러나 이 또한 잘못 이해하면 생각일 뿐이고 자칫 나태함과 일 없음을 종으로 삼게 되는 폐단이 있으니 스승 없이 일을 끝낸다는 것은 결코 쉬운 일이 아니다.

시간을 아껴서 열심히 베풀고 마음의 근본을 살펴야 한다. 인과응보로 말한다면 자기가 믿는 종교가 무엇이든간에, 또 믿든 안 믿든 누구든지 다 지은 대로 받고 지은 대로 간다.

영원히 집착을 놓아 꿈을 깨 버렸다면 해탈할 것이요, 마음이 맑고 밝으며 자비로 가득하고 욕심이 없었다면 천상락을 받을 것이다. 또 탐욕심이 많으면 인간에 태어난다 해도 빈천할 수밖에 없다.

우주는 한 모양으로 고정되어 있지 않고 생각에 따라서 비춰지는 거대한 거울이다. 그러므로 그 마음 씀대로 인과를 받는다. 인과란 특정 종교의 전유물이 아니다. 예외없이 뿌린 대로 거둔다.

종교를 조직화하고 거기에 예속되는 것도 생활의 일부다. 그것도 필요하기는 하지만 마음으로나마 초월하여 자기를 닦아야 한다. 부처님을 깊이 의지하고 믿는 것은 필요하고 중요한 일이다. 그러나 자비심이 없어서 일체 중생들을 해탈시키거나 구원하지 않겠는가! 아니면 능력이 없겠는가?

손뼉도 마주쳐야 소리가 난다는 사실을 알아야 한다. 큰 신심을 발하지도 않고., 베풀고 헌신하지도 않으면서 무작정 구원만 바랄 것인가?

매달려도 되기는 된다. 그때는 차라리 돌아보지 마라. 하늘도 땅도 앞도 뒤도. 그렇지만 좋은 스승을 만나는 것과 스스로를 아낌없이 던져서 궁구하고 헌신하는 것이 무엇보다도 중요하다.”

32상과 80종호

청진암에서 공부를 시작한 지 9일이 지났다.

"너의 정신의 밝기가 어느 정도라고 생각하느냐?"

"고요한 상태를 유지할 때 90 정도 됩니다."

"그 정도만 되어도 언제라도 스스로 마음을 관리할 수 있고 관할 수 있을 것이다. 그러나 그 단계로는 헛된 상과 실상을 구별할 수는 없겠구나! 모든 사물을 철저히 현재 있는 그대로 내버려 두고 집중해라. 밝음을 증장시켜야 한다."

스님의 도움이 있었다.

잠시 후.

경안의 마음은 온갖 갈래가 멀리 떨어져 나가고 한없이 고요하고 밝아져 갔다. 점점 더…… 평상시 활동할 때보다 열 배, 백 배, 천 배 맑고 밝아짐을 스스로 알 수 있었다. 그리고 그 세밀한 변화를 낱낱이 온몸으로 체험할 수 있었다.

그 중간 중간에 스님은 똑같은 한 가지 대상을 놓고 반복하여 관하도록 했다. 힘의 증가에 따라서 마음의 눈에 보이는 것이 더욱더 선명해지고 촉감이 실제와 같아서 결국은 구분할 수 없을 정도로까지 발전했다. 힘도 점점 들지 않았다.

오늘도 평상시처럼 아침 일찍 조용히 앉아서 무상관에 몰입했다.

우주의 청량하고 따뜻한 기운이 자애로운 어머니의 손길처럼 부드럽게 온몸으로 들어왔다. 요즈음은 정진 시간이 아니더라도 우주의 기운이 끊임없이 들어오는 것을 몸으로 확연히 알 수가 있었다. 그러나 느낌을 지우려고 하면 느껴지지는 않았다.

스님께서는 따뜻한 기운을 관하라고 말씀하셨다. 왜냐하면 열이 부족한 체질이기 때문이다.

음식도 채소나 과일 종류를 너무 많이 먹지 못하게 하셨다. 오히려 기름진 음식을 먹도록 하셨다. 그대로 시행해 보니 속 쓰림도 없어지고 가슴이 답답하던 것도 없어졌으며 대변도 굵어졌다. 전에는 찬물을 많이 먹고 여름이면 수박을 좋아했는데 그것은 몸속이 허하고 냉한 데서 오는 허열 때문이라고 말씀하셨다.

황금빛 기는 백회로부터 온몸 구석구석으로 퍼져 가면서 발끝 손끝까지 통로를 따라 움직이고 축적되었다. 황금빛은 너무나 역력했다. 축적에 축적을 거듭 했다. 황금빛은 팽창을 거듭하여 온 우주에 가득 찼다. 생각도 황금빛에 몰입되었다. 깊이 깊이!

황금빛마저 사라졌다. 황금빛도 사라지고 선도 악도 또 몸도 진리도 법도 다 사라지고 미세한 부분까지도 사라져 갔다. 무상이라든지 적막감이든지 공이라든지 그 어떤 모습도 생각도 사라졌다.

이번에는 우주를 가득 채우는 장대한 부처님의 모습이 앞에 서 계

셨다. 저 찬란한 황금빛이 다시 나타나고 몸안으로 천천히 흡수되었
다. 전보다는 너무나 선명하였다. 비록 마음의 눈으로 보고 몸으로
느끼는 것이지만.

　스님께서는 부처님과 몸도 마음도 완전히 하나가 되라고 말씀하
셨다. 나는 뇌도 눈도 입도 오장육부와 핏줄 힘줄까지 육체적으로
부처님과 하나가 되었다.
　부처님의 상호는 너무도 장엄했다.
　비길 데 없이 아름다운 자금색 피부.
　시원하고 검푸른 눈동자와 백옥 같은 흰 창,
　자애로움과 슬기로움이 무한대로 풍기는 용과 봉의 눈.
　눈썹은 좁지도 넓지도 않게 반달 같이 곱게 흘렀으며 이마 복판을
길게 달렸다.
　눈썹과 눈 사이가 시원하게 넓었다.
　귀는 어깨까지 늘어졌는데 뒤로 단정히 붙었다.
　코는 이마로부터 곧장 각도를 이루고 일어섰는데 힘차고 단정하
였다.
　이마는 앞으로 눕지도 뒤로 눕지도 않는 반듯한 모습으로 둥글게
원을 그었다.
　턱은 사자와 같이 모나지 않고 충만하였다.
　이빨은 40개로 백옥같이 고르고 아름다웠다.
　손은 무릎까지 내려오고 가슴, 배 어디 하나 들쭉날쭉 하지 않았다.
　어깨, 팔목, 손목, 무릎 아무 곳이라도 뼈가 튀어나오지도 않고 그

렇다고 살이 많이 찌지도 않았다.

손가락은 펴면 얇은 막이 보이고 손가락 길이도 차이가 크게 나지 않고 매우 적절하였다.

발가락도 고르며 발은 평발인데 두툼하여 보기가 너무 좋았다.

혀는 내밀면 얼굴 절반 이상을 덥고 얇지도 않고 두텁지도 않았다.

목소리는 맑고 안정되어 옥을 굴리듯이 아름다웠다. 아무리 듣고 있어도 싫증이 나지 않았으며 우레와 같이 멀리 퍼져 갔다. 누가 듣더라도 각각 자기 세계의 언어로 들렸다.

뇌는 오른쪽과 왼쪽이 동일하게 균형을 이루었다.

기혈은 너무도 맑게 흘러 상상할 수도 없었다.

그에 따라서 입속의 침은 감로수와 같았다.

그러므로 목소리도 크고 맑을 수밖에 없었다.

피부는 거울과 같이 깨끗하고 때가 낄 수가 없었다.

심지어는 변까지도 향기로웠다.

음장은 말의 그것과 같아서 숨어 있었다.

음액은 성스러운 푸른색이었다.

뼈는 고리와 같이 통으로 모두 연결되어 있었다.

걸음거리는 코끼리와 같이 조용하고 위풍당당하였다.

부처님의 신통 경계는 한량이 없었다

(부처님의 32상과 80종호는 형상이 있는 한 우주의 기본이고 으뜸의 상호다. 32상은 지혜와 복덕 그리고 지고한 깨달음의 상징이고 해탈의 상징이기도 하다. 미적으로도 가장 뛰어난 상호다. 따라서 대체적으로

천인의 모습이 부처님의 상호에 가장 가깝고 다음은 인간의 모습이 부처님의 상호에 가깝다.

특수한 예로 인간 중에도 천인보다 훨씬 상호가 앞서고 성스러운 사람들도 있다. 그리고 축생들, 아귀, 지옥계는 차차 멀어진다. 무정물인 산천 초목도 나름대로 선한 상, 악한 상을 가지고는 있지만 역시 멀다.

요즘 우리의 젊은 세대들은 우리 위 세대보다 부처님의 32상에 조금 더 가깝다고 볼 수 있다. 한국의 장래가 촉망된다고 보면 된다. 물론 잘사는 선진국일수록 부처님의 32상에 더 가깝다. 부처님의 상을 다 닮을 수는 없겠지만 조금이라도 더 닮으면 공덕이 있든 지혜가 있든 선하든 무엇인가 있게 되어 있다.)

(세상 사람들은 잘 살고 못 사는 것에 매우 관심이 많다. 그 원인과 결과를 알고 싶어한다. 무릇 부처님의 상호에 조금이라도 가까운 사람들은 마음 씀에 지혜가 있거나 복이 있다. 하다 못해 머리라도 영리하게 마련이다.

세상에는 여러 가지 집착이 있다. 진리에 대한 집착, 종교에 대한 집착, 재물, 그리고 명예, 성, 부모 형제, 그 종류를 다 열거할 수도 없다. 그러한 집착이 심하면 심할수록 부처님이 말씀하신 중도 사상에서 멀어진다. 비록 천하의 인재라도 결과적으로는 어리석다는 평을 듣게 되는 것이다. 집착이 없으면 지혜롭고 주변에 베풀면 복이 생긴다. 그래서 잘 살게 되는 것이다. 집착이 심하면 베풀 수도 없다.

옳은 것에 대한 집착도 병 중의 병이다. 옳은 것도 가까이 하지 말고 나쁜 것도 멀리 하지 않으면 겨우 바르다고 할 것이다.

남자와 여자 어느 쪽이 집착이 많을까? 구세대와 신세대, 어느 쪽이 집착이 많을까? 남자와 여자의 상호 중 어느 쪽이 뛰어날까? 그에 따른 생활을 유추해 보자. 또 부처님의 32상과 비교를 해보자.)

부처님은 수억, 수십 억, 무량 무수의 온갖 모습으로 화신을 나투셨다. 천상으로부터 지옥에 이르기까지 중생을 고해에서 건지시되, 중생의 어떠한 허물도 보시지 않았다. 어떤 마구니, 또는 오역 죄인이라도 자비로 구제하셨다. 온 우주의 모든 유정·무정의 일체 중생의 모습을 다 보고 듣고 자비로써 섭수하셨다.

본래 해탈이요, 시공을 초월하여 영원 불멸이시지만
한 차례 정기를 이루니 보신불을 시현하시고
또 한 번 가지가지 모습으로 화신불을 나투신다.
한편으로는 성불하는 모습을 보이시고
한편으로는 태어나는 모습을 보이신다.
한 세계에서는 무여 열반에 드는 모습을 보이시고
또 한 세계에서는 깨달음을 성취하는 등.
부처님의 위신력은 그 한계를 알 수가 없었다.

경안의 입장에서 보면 나날이 부처님의 모습이 더욱더 장엄하게 자기 앞에 나타나는 것이었다.

'나의 마음이 밝아져서 그럴 것이다. 부처님의 모습이야 본래로 불변이 아니겠느냐!' 하고 생각은 하지만 스님에게 여쭈어 보리라.

"스님, 부처님의 모습은 왜 나날이 장엄하고 거룩하게 보일까요?"

"네가 알고 있듯이 마음의 변화 때문이다. 너의 마음이 맑고 밝아지면 따라서 부처님의 모습도 더욱 거룩하고 장엄해지는 것이다. 네가 느끼는 부처님의 신통 경계도 결국은 네 마음 속의 경계다.『법화경』에 아라한이라 할지라도 한량없는 세월을 두고 부처님의 경계를 관하여도 결코 알 수가 없다고 했다. 부처님의 경계는 무한하여 경계 자체가 없기 때문이다. 모양도 꼴도 없는데 무엇이 부처님의 경계일까?

또 화신불의 모습을 관하여 그려본다 해도 자기 수준 이상은 그려볼 수도 상상할 수도 없다. 때문에 자기가 성불하기 전에는 결코 알 수가 없는 것이다.

석가모니불의 10대 제자라 하더라도 부처님께서 생각을 내비치지 않으면 절대로 부처님의 마음을 관하여 읽을 수가 없다고 했다.

우리 세상살이도 그렇지만 아래 차원은 위 차원의 생각을 읽을 수 없는 것이다. 호미는 호미만큼만 일을 하고 삽은 삽만큼만 일을 하는 것과 같다. 그러므로 부처님의 모습은 너의 마음 수준만큼만 보이는 것이다. 따라서 너의 마음의 경계가 나날이 좋아지므로 부처님의 모습도 나날이 좋아지는 것이다."

"스님, 절에 불상을 모셔 놓지 않습니까? 불상의 모습이 제각각인데 마음이나 시대와 연관이 있습니까?"

"전혀 없다고는 할 수 없지. 불상은 예로부터 32상과 80종호에 입각하여 조각을 하는 것이다. 불상을 조성하는 불모가 32상과 80종호를 제대로 이해하지 못해 처음부터 잘못 조각할 수도 있겠지만 대다수는 잘 알고 있을 것이다.

불상은 어느 나라나 32상과 80종호를 표현한다. 그런데도 나라마다 시대마다 불상의 모습이 조금씩 다르지 않더냐?"

"네, 그 나라 사람들 모습을 닮고 있었습니다."

"잘 보았다. 왜 그렇게 되겠느냐? 그 시대 사람들의 생활상과 얼굴 모습이 불상에 투영되고 마음의 상태도 역시 투영되기 때문이다. 또한 장인의 손재주와 정성 그리고 마음이 그대로 나타나는 것이다. 신라 전성기 때 불상은 32상의 표현도 잘돼 있고 자애로우면서도 슬기롭고 우아하며 한없이 묘한 미소를 띠고 있지 않더냐?"

"스님의 말씀을 듣고 보니 과연 그러합니다."

"신라 전성기에는 비록 왕이 통치하는 사회였지만 문화가 고도로 발전하고 안정되고 풍부한 사회였다. 귀족이라도 권위로 백성을 함부로 하지 않았다. 오히려 귀족이 더 모범적이었다. 국가에 병란이 발생하면 먼저 싸움터에 나갔으며 국가를 위하여 목숨을 바치는 것을 자랑으로 여겼다.

그때의 어머니들은 대장부였다. 연약한 아녀자들의 사고를 하지 않았다는 말이다. 그저 아들이 출세하기나 바라는 그런 어머니가 아니었다. 아들이 사람 위에 군림한다고 자랑스러운 어머니가 되는 그런 사회가 아니었다. 오히려 희생과 헌신으로 국가와 이웃을 위하고 마음을 닦아 보람된 생을 살기를 바랐다.

지고의 권력을 가진 왕도 때가 되면, 아직 근력이 남아 있는데도 왕위를 물려 주고 출가하여 진리를 닦았다. 그리고 서로 화합하고 사랑하는 사회였던 것이다. 민주주의라는 말은 없었어도 민주적이었다.

가정에서도 부부가 평등이었다. 이미 그때 부부의 재산이 따로 관리되었다. 그만큼 여자의 권리가 있었다는 말이다. 연애도 자유로웠고 남녀의 관계는 평등했다. 지금의 이 시대보다도 더 자연스러웠다.

그러니 예술이 발달하고 불상의 모습도 그렇게 거룩하고 환하게 밝은 것이다. 옛 문헌을 연구하여 보거나 다른 독특한 방법으로 옛날을 상고해 보면 다 알 수 있는 일이다.

고려시대에 와서는 불상의 모습이 차츰 못해진다. 그래도 그때까지만 해도 표정은 그렇게 어둡지는 않았다.

조선시대에 들어서는 불상의 모습이 한결같이 32상의 표현에서부터 엉망이 된다. 표정은 고집스럽고 엄한 모습으로 굳어져 있다. 조선시대는 숭유억불의 시대였다. 불사도 활발하지 못했다. 장인도 대접을 받지 못했던 시대였던 것이다. 때문에 제대로 불상 조각을 하는 장인이 없었을 것이다. 역시 암울한 그 시대의 굳어진 마음과 사회상이 그대로 투영되고 있는 것이다.

불상의 모습으로 본다면 신라 전성기의 사람들의 인물이 가장 잘나고 다음은 고려이며, 조선의 인물들은 관상학적으로 말한다면 흉상이 많았을 것이다. 지금 우리가 살고 있는 이 시대의 불상은 조선 불상보다는 나으나 신라시대의 불상에는 미치지 못한다. 지금 이 시대의 인물도 그와 같다고 보면 그리 틀리지 않을 것이다.

평화롭게 잘 사는 나라의 국민들이 인물이 좋다. 그런데 비록 기계적으로 선진국 소리를 듣는 나라도 실제 생활에서 행복도가 떨어지면 인물도 그와 같아진다. 또 생활은 윤택하더라도 자유롭지 못하고 사회 덕목이 너무 까다로운 나라도 인물상이 떨어진다.

정신과 물질은 동일하게 같이 작용한다. 정신문명이 한때 뛰어났다고 언제나 뛰어나는 것은 아니다. 돌고 돌면서 변천하는 것이다. ”

천상의 세계

"마음을 고요히 해라. 그리고 천상을 관하여 보아라. 어렵지 않게 볼 수 있을 것이다."

스님의 말씀대로 조용히 집중하였다. 처음에는 뚜렷하지 않았으나 점점 확실해졌다.

제1천을 관하였다. 그 위 차원의 제2천, 그 다음 차원의 제3천, 그 다음 제4천, 점점 위로 관하여 올라갔다. 그 위의 8천부터는 아래층과는 확연히 구분이 되는 층이 계속되었다. 8천에서부터 시작해서 29천까지만 보이고 그 위층은 보이지 않았다.

순식간에 아래쪽으로 훑어 보면서 내려왔다. 짧은 시간이지만 한 순간에 모든 세계가 스쳐 가면서 이해가 되었다. 그것도 동시에 이루어지고 있었다.

스님의 말씀이 울려왔다.

"제1천 아래 차원도 살펴보아라."

제1천 아래 차원의 세계는 천상과 거의 비슷한 모습이었으나 분명히 다른 차원의 세계였다.

"제4천을 보아라. 나에게 설명해 보아라."

"여기에 나는 천인들은 마음이 순수하고 선행을 많이 행한 공덕으로 이곳에 몸을 받습니다. 국토의 넓이는 끝이 없는데, 아래 하늘세계보다는 두 배 정도 됩니다. 그리고 두 곳으로 구분이 됩니다. 한 곳은 성인들이 거주하고 있고, 이곳의 주인은 거룩하기가 한량이 없습니다."

"모습이 어떠한가?"

"눈이 부셔서 쳐다볼 수가 없을 정도입니다. 대성인임에 틀림이 없습니다."

"그 세계는 도솔천이며, 그 분은 내원궁의 미륵보살님이다. 계속 살펴보아라."

"산하 대지와 궁전들이 보배로 치장되고 매우 아름답습니다. 한곳은 그보다는 위광이 조금 떨어지고 천인들도 공덕이 좀 못합니다. 그리고 마음에 집착이 조금 남아 있습니다. 이곳의 천주는 미륵보살님을 매우 예경하고 있습니다."

"수명은 얼마인가 보아라."

"이곳의 하루는 인간세의 800년에 해당하고 천상의 세월로는 4,000년 전후를 삽니다. 그러므로 인간의 시간으로는 한량이 없습니다. 이곳 천인들의 키는 거대한 산과 같습니다. 너무 커서 천인들의 키에 비하면, 인간의 키는 마치 벌레처럼 작게 보일 것입니다."

"음식은 무엇을 먹는가?"

"무슨 음식이든지 생각만 하면 앞에 나타나고 바로 섭취됩니다.

그러나 전생의 복력에 따라 색깔이 조금씩 다릅니다. 여기서도 욕심을 많이 내면 수명이 단축됩니다. 몸은 청정하여 부정한 것은 없습니다. 인간과 같이 핏줄, 힘줄, 변, 오줌 등 부정한 것은 없는데 모든 천상계가 차이는 있으나 다 그러합니다.”

“평상시에 늙거나 병이 있는가?”

“없습니다. 늙거나 병은 없지만 죽을 때는 쇠한 현상이 나타납니다.”

“어떤 것인가 살펴봐라.”

“머리의 화환이 시들어 버리거나 몸에 때가 낍니다. 옷도 지저분해지고 냄새가 납니다. 그리고 오래 앉아 있기를 싫어하게 되는 것과 눈을 자주 깜박이는 것 등입니다.”

“그렇다. 그것을 다섯 가지 쇠하는 상이라 한다. 그 현상은 몸의 기력이 다하고 힘이 다 해서 몸에 때도 끼고 꽃도 시들고 하는 것이다. 인간도 기운이 잘 돌지 않고 신체 기능이 떨어지면 냄새가 평소보다 더 나고, 한곳에 좀 앉아 있으면 이내 몸이 뒤틀려서 오래 앉아 있기를 싫어하게 된다. 천인이 인간과 다른 것은 죽을 때가 되어야 그런 현상이 나타난다는 것이다. 천인은 죽으면 시체가 남지 않는다. 왜냐하면 화생이기 때문이다. 남녀가 있어서 결혼을 하고 자식이 있는가 보아라.”

“내원궁 미륵보살님이 계신 곳은 성스러운 성인들의 세계라서 결혼은 하지 않습니다. 그러나 다른 한곳은 남녀도 있고 결혼도 합니다. 이곳은 손만 잡으면 서로 기운이 통하여 아이를 생산할 수 있습니다. 그러나 인간처럼 태로 나지는 않습니다. 바로 기운으로 형성되어서 불현듯 나타나며 처음에 크기는 인간의 4~5세 정도 되나, 음식을 생각해서 섭취하고는 곧바로 어른이 돼버립니다. 부모가 양육하지는 않습니다.

처음에는 전생의 기억을 살려서 천상에 몸을 받은 까닭이 선한 공덕을 지어서 난 줄 압니다. 그래서 더욱더 큰 공덕을 지으리라 결심을 합니다. 그러나 그 생각은 얼마 가지를 못합니다. 왜냐하면 여기저기 오락에 취하다 보면 그 결심은 곧 잊어지고 마는 것입니다.”

“그 아래 제2천 도리천을 보아라. 그 세계 천인들의 수명은 어떤가?”

“제4천 도솔천보다는 수명이 반의 반밖에 안 됩니다. 이곳의 하루는 인간의 200년에 해당하고 수명은 1,000년 정도 됩니다. 그러므로 인간의 수로는 가히 헤아릴 수 없습니다. 키는 도솔천에 비하면 4분의 1입니다. 복력도 4분의 1로 떨어집니다. 그러나 인간의 키에 비하면 수천 배가 됩니다.”

“거기는 도리천이라 하고 천주를 흔히 제석천왕이라고 한다. 다른 것도 살펴보아라.”

“이곳의 천주는 위력과 복력이 대단합니다. 그리고 이 하늘 세계는 다른 하늘 세계보다 인간계와 더 밀접한 관계에 있습니다.”

“그렇다. 제석천왕이라고도 하고 옥황상제로도 칭한다. 오랜 옛날부터 우리 조상들이 한님, 하느님, 또는 한울님이라고 칭하면서 인간들의 삶을 좌우하는 우주의 주인으로 믿어 왔다.”

“그곳은 종교가 있는가?”

“이 세계는 종교를 필요로 하지 않습니다. 너무도 황홀한 세계인지라 진리를 닦을 필요를 별로 느끼지 못합니다. 그렇지만 도리천왕

은 석가모니불의 재세시에 가르침을 받은 적이 있어서 진리를 닦고
자 하는 마음이 있고, 다른 대다수 천인들도 절실하지는 못하지만
성인을 흠모하고 법문 듣기를 좋아합니다. 또 성현의 법을 공경하고
깨달은 이나 진실한 수행자, 그리고 밝은 마음의 사람들을 위호하기
를 좋아합니다. 하지만 사람들이 마음을 잘못 쓰면 위호하다가도 어
느덧 떠나가고 맙니다.

하늘 사람들은 인간 세상에 부처님이나 깨달은 성인들이 나타나
법을 설하면 즐겨 경청하기를 좋아하는데, 그 까닭은 대다수 천인들
은 전생에 수행을 잘한 사람들이거나 선행을 많이 하여 천상에 난
사람들이기 때문에 그렇습니다. 그러나 너무 즐겁기 때문에 특별히
수행하지는 않습니다. 천상의 하늘 사람들은 대부분 대동소이합니
다.”

“그렇지. 우리 인간들도 남보다 조금만 앞서도 아만심을 일으켜서
조심하여 마음을 닦으려는 생각을 내지 않는다. 그들이야 오죽하겠
느냐! 그러면 천인들의 정신 구조를 살펴보아라.”

“잠재의식이 압도적으로 발달해 있습니다. 천리 만리를 일순간에
왕래하고 천 가지 만 가지를 동시에 듣고 보는 등 신통이 대단합니
다. 그러나 의지가 약한 데다 기억하는 힘이 인간에 비해서 약합니
다. 굳이 오래 기억할 필요를 느끼지 않습니다. 그리고 정작 고집을
부려야 할 이유도 없습니다.

또 놀기를 좋아해서 진리를 얻기가 어렵습니다. 그러므로 공덕이
다하면 다시 전 세상의 업에 따라서 윤회를 하게 됩니다.”

“그렇다. 천상은 어디라도 공덕이나 선정의 힘이 다하면 수명이

다하고 다른 세계로 타락한다. 천상세계는 종교가 무엇이든 사상이 무엇이든 거기에 태어날 업에 해당이 되면 태어난다. 널리 베풀고 선행을 하여 악한 마음을 품지 않으면 누구라도 태어나는 것이다. 밝은 마음에 의한 복업으로 나는 세상이기 때문이다.

도솔천 내원궁만은 공덕만 가지고는 안 되고 선정력과 원력이 있어야 된다. 내원궁은 미륵보살의 위신력으로 유지되는 세상이기에 그렇다. 내원궁은 욕계천이지만 괴겁시 모든 천상이 다 파괴되어도 그곳만은 파괴되지 않는다. 몇 단계 위로 제7천 마천을 보아라.”

“여기도 인간계와 밀접한 관계가 있습니다. 이곳의 천인들은 아래 차원의 천상들처럼 음욕이 남아 있는지라 남녀가 있고 결혼을 하기도 하고 때로는 안 하기도 합니다. 이곳의 수명은 제4천 도솔천의 8배요 복력도 그러합니다. 키도 도솔천의 8배입니다.

이곳의 궁전과 가옥은 칠보로 광채가 찬란하기가 그지없습니다. 국토는 광대하고 더러움이 없고 춥지도 덥지도 않습니다.

이곳의 천인들은 때로는 다른 천인들의 모습으로 나타나기도 하고 귀신 또는 축생의 모습, 드물게 부처님의 모습으로 나타나서 설법을 하기도 합니다. 때로는 악마의 모습으로 나타나기도 합니다.”

“다시 몇 단계 위로 가서 대범천을 살펴보아라.”

경안은 처음 듣는 이름이지만 어느 곳을 말씀하시는지 즉시 알았다. 대범천은 제11천에 해당함을.

“이곳은 생각으로 남성을 생각하면 남자가 되고, 여성을 생각하면 여자가 됩니다. 남녀의 구별이 의미가 없습니다. 실질적으로는 남녀가 없습니다. 따라서 결혼도 하지 않고 생산도 없습니다. 여기에 나

는 천인은 스스로 날 뿐 부모를 의지하지 않습니다. 화생으로 나지만 음욕이 없기 때문입니다

욕심은 거의 남아 있지 않습니다. 있다고는 하지만 미세합니다.

수명은 참으로 길어서 '여기의 하루는 인간의 수억 년'이 넘습니다. 그리고 이곳의 나이로 수억 년을 살게 되므로 인간의 시간으로는 가히 영구적이라고 해야 할 것입니다. 이곳 대범천주는 현겁이 시작될 때에 나서 지금까지 한량없는 세월을 두고 살고 있습니다. 그래서 스스로 이 우주를 자기가 창조했다고 착각하고 있었고, 영원불멸이라고 알고 있었습니다. 그러나 석가모니불을 뵙고서야 자기도 죽음이 있다는 것을 알고 두려운 마음을 가지게 되었습니다.

간혹 전세의 숙업으로 신통력이 있는 사람들은 대범천주를 마음으로 살필 수 있습니다. 일부분만 살펴보고는 우주를 창조한 신으로 굳게 믿게 됩니다. 그러면 일반적인 종교가 생기는 것입니다. 이 세계는 선정력이 있어야만 태어나는 세상이고 복업만 가지고는 올 수가 없습니다."

"제15천 광음천을 보아라."

"이곳은 대범천보다 비할 데 없이 수승하고, 선정력이 없으면 복력만 가지고는 올 수 없는 곳입니다. 음욕이 다한 곳인지라 역시 남녀가 없으며, 생각 따라서 남자나 여자의 모습으로 변성됩니다. 그리고 결혼하는 법은 없습니다. 아이는 자연스럽게 화생하여 곧 어른이 됩니다.

수명은 대범천보다 16배 정도 됩니다. 이곳은 대화할 때면 입에서 빛이 나옵니다. 그러면 상대방은 자연히 그 내용을 읽고 알게 되는

것입니다. 인간계가 처음으로 시작될 때에 이곳의 천인들이 최초로 인간계에 많이 태어났습니다. 그런데 스님, 질문이 있습니다.”

“무엇이냐?”

“천상은 인간계와는 시간 차이가 많이 나는데, 그 까닭이 무엇입니까?”

“인간계는 감각으로 느끼는 시간이 천상과는 다르다. 인간은 천인들에 비해서 마음이 매우 초조하다. 그리고 인간들이 처한 환경도 같은 인연으로 만들어졌기에 빨리 변혁한다. 그러나 천상은 상대적으로 여유가 있고 느긋하다. 그에 따른 인연으로 구성된 자연 환경도 역시 그렇다. 하루가 이제 저무는구나 하는 순간 인간계는 수백 년, 심지어는 수만 년이 지나가고 마는 것이다.

마음이 욕심과 번뇌로 조바심을 치면 이미 타고난 수명도 더욱 단축된다. 사형수가 며칠 만에 머리가 희어졌다는 이야기가 참고가 될 것이다.

우리 인간계는 빛의 속도 속에 살고 있지만, 천인들은 빛의 속도 속에 살고 있지 않다. 당연히 시간은 개념 자체가 다를 수밖에 없다. 차원 자체가 다른 것이다. 그러므로 인간의 기본적인 의식 체계로는 천상세계가 옆에 있어도 만지거나 볼 수가 없다. 그래서 아무리 이동 수단이 발달하여도 도달할 수가 없다. 차원이 다르면 존재 자체도 모르기 때문이다.

천상의 모든 모습은 정신의 갖가지 차별상을 나타내는 것이다. 그러므로 정신의 수준에 따라서 천상의 경계도 달라지고, 또한 모습도 달라진다. 그래서 천상은 실재하지 않으면서도 실재하는 것이 된다.

생각의 차원이 천상이면 곧 천상을 보고 듣고 느끼는 것이며, 따로 이동을 하는 것이 아니다. 차원의 이동에는 우리가 생각하는 거리와 시간은 존재하지 않기 때문이다. 그 시간과 공간도 그 차원 안에 있을 뿐이다.

이 중생계는 서로 엉켜 있지만 자리 싸움을 하지 않는다. 비유하면 거울 속에 논도 비치고 밭도 비친다. 너의 얼굴도 비치고 나의 얼굴도 비춘다. 겹쳐 비춘다고 해도 자리가 비좁지 않고 그 위치가 문제되지 않는 것과 같다."

"마천의 천인들은 다른 중생들의 모습으로 마음대로 나타납니다. 간혹 신이나 부처님의 흉내도 낼 수 있습니다. 어떻게 그럴 수 있습니까?"

"그게 어찌 마천뿐이겠느냐? 천인들은 다 변화하는 힘이 있다. 마천의 천인들은 전생에 남의 어려움을 대신하여 해결하고 그 선행을 다른 사람에게 회향하기를 즐겨했다. 그 공덕으로 이 천상에 태어나는 것이다. 그러므로 변화를 잘 부린다. 겉모습은 부처님 모습으로 나타낼 수 있지만 거룩한 그 모습을 다 나타낼 수는 없다. 그리고 위신력도 당연히 다 나타낼 수가 없는 것이다. 보다 더 중요한 것은 적멸의 이치를 모른다는 것이다. 그렇기 때문에 눈밝은 수행자는 결코 속지 않는다."

아수라계

"사왕천 아래 아수라 세계를 관찰하여 보도록 하여라."

경안은 스님의 말씀대로 아수라 세계를 순식간에 관찰하였다.

"그래 천상과 다른 점이 있느냐?"

"그렇습니다. 아수라 세계는 화생·태생, 그리고 난생과 습생을 고루 갖추고 있습니다."

"각 생의 모습은 어떠하냐?"

"화생의 아수라계는 인간보다는 복력이 월등합니다. 그러나 그 밖의 태생이나 난생·습생의 세계 중에는 인간보다도 복력이 떨어지는 곳도 있습니다. 화생의 세계는 수명이 인간의 시간으로 6~7만세에 이르고 키는 도리천의 천인과 같습니다. 욕심이 있는 세계로 남녀가 있고 결혼을 합니다. 국토의 장엄함은 천상에 버금 가고 넓이와 아름다움은 인간의 상상을 뛰어넘습니다."

"왜 아수라계라 하느냐?"

"전생에 선행을 많이 해서 이 세계에 태어났으나, 성내는 마음이 유별나게 많습니다. 그러므로 평화롭게 살다가도 곧장 싸우기를 즐깁니다."

"싸우는 모양은 어떤가?"

"무엇이든지 생각만 하면 손에 무기가 형성되어 잡힙니다. 그것을 이용해서 상대를 공격하는데, 불이나 물이 뿜어지기도 하고 때로는 무기가 나르고 폭발하기도 합니다. 진동파의 공명으로 산이나 집을 파괴하기도 하고 물을 역류시키기도 합니다. 싸울 때는 매우 치열합니다. 물과 불, 그리고 갖가지 무기가 동원됩니다.

정신의 힘이 약한 자는 정기의 힘에 의해서 몸이 손상당하기도 합니다. 이들은 특수한 업의 힘으로 죽지는 않고 고통을 당한 후에 곧 회복이 됩니다.

그리고 얼마 안 가서 싸움은 끝이 납니다. 싸움을 오락삼아서 한다고 봐야 될 것 같습니다. 싸움이 끝이 나면 아름다운 세계로 다시 장엄되고 희락을 즐깁니다."

"그러면 그들의 내세는 어떠하냐?"

"여기는 전생에 '진심을 끊지 못하고 투쟁을 즐기는 자'가 선행을 많이 해서 이곳에 납니다. 복이 다하면 인간계나 축생계, 드물게는 다른 악도에 들기도 합니다. 또 진심을 끊어 버리고 천상에 나기도 합니다. 인간계에 나도 복이 남은 자는 가난하지는 않으나 외로우며 여습이 남아서 투기를 즐기게 됩니다. 때로는 용감한 무장이 되기도 합니다. 축생계에 떨어진 자는 사나운 짐승의 몸을 받기 쉽습니다."

"사는 위치는 어디냐?"

"사는 위치는 화생은 허공을 의지해서 국토로 삼고 태생은 땅, 그리고 난생이나 습생은 육지나 물을 의지해서 국토로 삼고 살고 있습니다. 허공이나 땅, 그리고 물은 이들의 업식으로 나타나는 세상입니다. 인간의 개념에서 보는 육지나 물이 아닙니다."

"잘 보았다. 이 세상은 크게 나누어서 육도 세계로 나뉘니, 곧 천상·아수라·인간·축생·아귀·지옥이다. 이 육도 세계를 한 묶음으로 하여 한 세계라 하는데, 이러한 세계는 중중무진으로 무한대로 존재한다. 칭하여 예토라고도 한다. 이 사바세계는 깨달음의 세계에 떠 있는 가지가지 모양의 꽃과 같다.

역으로 이와는 구별되는 세계를 정토라 한다. 정토는 우주 근본인 법신으로부터 모양을 갖추어서 장엄을 드러내니, 극락세계와 같은 불국토로 그 수 또한 한계가 없다."

무색계 4천

"너는 천계 29천까지만 볼 수 있었다. 그 까닭을 알 수 있겠느냐?"

"저의 마음이 정밀하지 못해서 그런 줄 압니다."

"그렇다. 지금부터 너의 생각이나 느낌을 관찰하여라. 면밀하게 관찰해야 된다. 그렇게 하되 생각과 생각 사이를 관해 들어가거라. 미세한 생각의 티끌이 감지되면 또 다시 뚫고 들어가거라."

경안은 스님의 말씀대로 가볍고 편안한 마음으로 생각을 살피기 시작했다. 처음에는 마음이 무념이었으므로 생각을 느낄 수 없었다. 잠시 시간이 흐르고 점점 깊이 집중이 이루어지자 미세한 생각이 확연히 감지되기 시작했다.

곧바로 생각과 생각 사이를 돌이켜서 집중적으로 응시하였다. 하염없는 세계로 빠져들어 갔다. 좀더 시간이 흐르자 아주 미세한 것들이, 그 무엇인가 나타났다.

다시 그 사이를 응시하자 맑고 맑은 세계로 깊이 깊이 들어갔다. 또다시 더 미세한 티끌이 감지되고 계속해 그 사이를 응시해 들어갔다. 세 단계, 네 단계, 다섯 단계…… 이제는 아주 없어졌는가 하면 또다시 나타났다. 그것은 열 번, 스무 번, 반복에 반복을 거듭하다가 결국은 다시는 나타나지 않았다.

경안은 그 과정을 거치면서 미세한 마음의 작용을 익히 알고 다룰 수 있는 이치를 알았다. 결국 미세한 티끌은 본래 존재한 적이 없지만 자기가 생산하는 것임을 체험적으로 알았다.

본래 있지도 않았는데 없앨 수가 있겠는가! 다만 그 이치를 알고 다룰 수 있다는 것이 이 순간의 소득이었다.

"너는 이 순간부터 생멸의 이치를 알아서 잘 굴려야 된다. 알았다면 아무런 힘도 들지 않고 평상심대로 굴릴 수 있을 것이요, 잘 모른다면 관하여 들어가느라고 수고를 많이 하게 될 것이다."

경안은 스님의 말씀이 무슨 뜻인지 환히 알 수 있었다. 지금까지는 관한다고 특별히 애를 많이 썼다. 힘도 들었다. 관을 눈으로 하지는 않고 마음의 눈으로 하기는 하지만, 그래도 오래 하면 눈이 피곤하고 기혈이 상부로 너무 몰리는 현상이 있었다. 눈은 뇌와 곧바로 연결이 되어 있고 눈이란 마음으로 살피는 창문의 역할을 하지만 관할 때 주의를 하여도 약간의 작용을 하게 되는 것이다.

스님 말씀은 욕심을 내어 심하게 작용을 하게 되면 눈의 핏줄이 터지는 예도 있다고 하셨다. 이때는 조용히 쉬면서 약을 쓰고 몸 아래쪽으로 기혈을 하강시키면 원상으로 회복된다고 말씀하셨다.

이제는 애를 쓸 필요가 전혀 없고 보고 듣는 것이 별다른 것이 아니요, 평시와 구별지을 만한 것이 못 된다는 것도 알게 되었다. 스님께서 수행자는 본래 관하지도 않고 관할 필요도 없다고 말씀하신 것을 완전하지는 않지만 조금은 알 수 있을 것 같았다. 처음 관을 익힐 때는 어렵지만 신기하기도 하고 호기심도 있었지만 그런 마음이 점점 떨어져 가는 것을 스스로 알 수 있었다.

"이번에는 제30천부터 관하여 보아라."

30천 공무변천, 31천 식무변천, 32천 무소유천까지는 관할 수 있었으나 그 위는 알 수 없었다.

"30천 공무변천을 설명해 보아라."

"예, 이곳은 일정한 형상이 존재하지 않습니다. 아래 차원의 천상과는 근본적으로 다른 것 같습니다. 오로지 정신만 존재할 뿐입니다."

"그래도 중생계라 할 수 있겠느냐?"

"그렇습니다. 이미 형상은 없을지라도 미세한 의식이 존재하고 있습니다."

"잘 보았다. 지옥부터 시작하여 아귀계, 축생계, 인간계, 아수라계, 그리고 천상 제1천부터 7천에 해당하는 마천까지는 각종 욕심이 작용하는 욕계이다. 각 세계마다 욕심의 정도가 다를 뿐이다.

천상 제8천 범신천부터 29천 아가니타천까지는 색계이다. 음욕 등 근본적인 욕심은 끊어졌으나 미세한 '나'라는 의식이 남아 있어서 형상을 여의지 못하였다. 그러므로 자기의 기본 모습을 유지하고는 있지만 모든 자연과 사물의 모양은 딱히 고정된 모양이 없다. 깊은 선정력이 없으면 이곳에 날 수가 없다.

그리고 무색계에 해당하는 제30천 공무변천부터 마지막 비상비비상천까지는 '나'라는 모습에 의지하는 마음도 사라져 일체의 형상이 없고 아주 미세한 정신만이 존재하고 있다. 물론 대지와 같은 자연 환경도 없다.

제30천 공무변천의 천인들은 어떠한 의식이 남아 있는지 알 수 있 겠느냐?”

“이곳의 천인은 전생에 수행을 해서 깊은 삼매를 얻은 이들입니 다. ‘선도 악도 없고, 이 몸도 세계도 중생도 깨달음도 해탈도 없다. 뿐만 아니라 시간도 공간도 없다’고 관하여 세계가 공한 이치를 깨 달은 수행자가 이곳에 몸을 받아 화생합니다. 생한다고 말은 하나 이 세계는 물질의 단계를 초과한 세상입니다. 몸과 같은 물질이 존 재하지 않습니다.”

“그러면 그곳은 해탈되어 다시는 윤회에 떨어지지 않는 세계인가?”

“아닙니다. 이곳의 천인은 아주 미세하게 텅 비어 아무것도 존재 하지 않는 공에 집착해 있습니다. 그 미세한 생각이 ‘나’라는 것을 이루기 때문에 나를 아주 끊지는 못했습니다. 그러므로 한량없는 세 월이 경과하면 또다시 업대로 윤회합니다. 윤회의 씨앗이 남아 있는 것입니다.”

“네가 공무변천의 천인들처럼 마음을 지어 볼 수 있겠느냐?”

“제가 깊은 선정에 들어 세상도 몸도 사라져 허공과 같이 되었을 때와, 평시라도 간절히 세상은 일체가 공하다는 생각을 내면 공무변 천의 의식과 같아집니다. 그것이 오랫동안 훈습되어 습관으로 굳어 지면 이곳에 몸을 받습니다.”

“의식을 대비하여 명확하게 구분할 수 있어야 한다. 공무변천이나 식무변천 또는 무소유천을 구분할 수 있는가 보자.

돌이나 바위를 관하여 보아라. 생각이 없다고 흔히들 무정물이라고 한다. 돌이나 바위의 생각이 무소유천의 천상과 닮은 점이 있느냐?”

“말로 표현하기는 곤란하지만 현저히 다릅니다.”

“그러면 너의 생각이 끊어진 자리를 관하여 들어가 보아라. 돌과 바위의 의식과 어떤 차이가 나는가?”

“동일합니다. 생각이 끊어진 자리를 관하는 의식과 돌과 바위의 의식이 비슷합니다.”

“풀이나 나무의 생각을 관하여 보아라. 풀이나 나무의 생각이 ‘무색계의 공무변천’과 같으냐?”

“다릅니다. 결코 같지 않습니다.”

“이번에는 생각과 생각 사이를 관하여 보아라. 풀과 나무의 의식과 같으냐?”

“매우 흡사합니다.”

“이제 그 모든 세상의 의식 세계를 미묘한 차이지만 구분할 수 있으니 다행이다. 체험적으로 알았으니 앞으로 착오가 없을 것이다. 식무변천과 무소유천을 구별할 수 있겠느냐?”

“식무변천의 천인들은 깊고 깊은 잠재의식 속에 아주 맑고 미세한 의식이 ‘나’라는 것을 형성하고 있습니다. 모든 사물을 형성하는 식(識)을 부정하는 그런 삼매를 닦은 자가 거꾸로 ‘식이 근본으로 없다’는 의식에 걸려 있어서 그것이 ‘나’라는 것을 이루고 있습니다.

무소유천은 ‘생도 멸도 없고 본래로 완전히 해탈되어 있다. 또 더 증득할 것도 없고 또한 대상도 없다.’ 하고 깊이 삼매 속에서 자각한 수행자가 그 자체에 걸려서 나를 형성하므로 이곳에 몸을 받습니다.

그런 삼매를 증득한 자가 평생을 닦고 닦아 몸에 배면 생을 마치고 무소유천에 납니다. 그래도 영원한 해탈은 아니고 결국 한량없는 세월을 지나서 다른 의식이 발동합니다. 씨앗이 뿌려져 있다가 적당한 때에 비가 와 준다면 다시 생명을 싹 틔우듯이 또 다른 몸을 받아서 윤회에 떨어집니다.”

“이 시점에서 더 깊고 명료한 경지를 열어야 한다. 마음의 이치를 이번 경우를 통하여 알 만큼 알았으니 걸린 마음을 놓고 들고남에 상관이 없게 하여라.”

스님의 도움이 있었다.

잠시 후.

다시 한 번 스님의 인도에 따라서 내부의 힘을 충만케 하였다. 일체가 원만한 이치를 깊이 궁구하고 들어갔다. 점점 이름도 모양도 붙일 수 없는 무한대의 세계에 합일되었다.

재차 둘이 아닌 곳에서 제33천에 해당하는 비상비비상천을 명료히 살폈다. 이 세계는 참으로 미묘하여 무어라 단정하기 어려웠다. 모양이 있는 것도 아니고 그렇다고 없는 것도 아니었다. 이 세계의 수명은 그야말로 한량이 없어서 영원한 해탈의 세계로 잘못 알 만한 세계였다.

하늘 세계는 위로 갈수록 수명뿐만 아니라 공덕의 힘, 그리고 몸의 크기도 대체적으로 배가 된다.

경안은 스님의 자애로운 인도에 힘입어서 차별 세계를 확실하게 체험하고 무아에 합일이 되었다.

"경안아, 이제 마음의 세계를 조금 살펴본 것이다. 흔히 정진하는 사람들이 잠재의식의 발현에 의해서 조금만 무엇이 번득여도 깨쳤노라고 큰 소리를 친다. 관(觀)이 초보적으로 열려서 망령된 헛된 상 속에 머물러 있으면서도 무언가 있는 것처럼 우스운 짓을 한다. 그리고 조금만 황홀해도 더 이상 닦을 바가 없다고 큰소리를 친다.

또 무상정이 무엇인지, 공에 떨어진 것이 무엇인지 전혀 알지 못하면서도 말로만 외워 가지고 어지러이 경책하고 단정을 내린다.

또는 마의 경계가 무엇인지 전혀 모르면서 책에서 읽고는 멋대로 '마란 이런 것이다. 너는 사도를 닦는다. 그것은 도가 아니다'며 자기 자신의 경계를 돌아보지 않고 함부로 말하게 된다.

깨달음이 그렇게 간단할 것 같으면 스승이 무엇 때문에 필요하겠느냐? 부처님 재세시에도 대제자들이 이미 깨달음을 얻고서도 부처님을 시봉하고 끊임없이 경책 받았다. 중국의 대선지식들 역시 크게 깨친 후에도 스승을 받들어서 보림하였다.

앞으로 명심해야 한다. 생각의 체험으로 일시 얻은 것은 힘이 없다. 몸으로 얻어야 한다. 그리고 더 나아가 행업으로 성취해야 한다. 여기에서 더욱더 바탕을 다진 후, 다른 인연이 있을 것이다.

앞으로도 얼마간 정화를 계속해야 한다. 그런 연후에 더 나아갈 수 없는 데서 일체의 미련을 떨쳐 버릴 수 있을 것이다.

욕심의 뿌리를 확연히 알고, 본래 더렵혀진 바가 없음을 알아서 일체의 노력이 불필요함을 체험으로 절감할 때, 비로소 정진의 기초가 마련되는 것이다.

비상비비상의 경지를 초탈하여 적멸을 성취하고 마하금강선정을 얻어야 한다.

아라한들이 이미 세간에 다시는 물들지 않고 윤회에 들지는 않지만 성불했다고는 말하지 않는다. 왜냐하면 영원의 세계를 얻었다고는 하나 익어지지 않은 관계로 시간이 필요하기 때문이다.

억지로 비유컨대, 아라한의 경지는 물은 물이라도 웅덩이의 물이요, 보리살타의 물은 장대한 강물과 같다. 그리고 화신불의 물은 바닷물을 멀리 건너뛰어서 향수해의 물과 같다. 같은 물은 물이라도 광대함과 깊이가 절대로 같지 않다.

앞으로 일시적인 마음의 선정으로 적멸 속의 아라한의 경지를 체험하고 나아가 보리살타의 경지, 그리고 화신불의 경지를 미약하나마 체험할 수 있게 될 것이다. 모든 세계의 차별상을 체험한 후 자연히 수행의 길이 무엇인지 알고서 너의 길을 갈 수 있을 것이다. 그것은 결코 어려운 일이 아니다. 한 가닥 마음의 사슬을 걷어 버리면 쉽고 쉬운 일이다. 그 다음은 천연 성품에 맡겨서 평상심으로 살면 되는 것이다."

전생 여행

"업장을 소멸한다 하는 말들을 많이 합니다. 또 다른 방법이 있습니까?"

"진실한 수행자라면 소멸해야 할 업장이 없는 줄 잘 알 것이다. 더 말할 필요도 없지만 사람들이 다 같지는 않으므로 이야기해 보겠다.

지난 생으로부터 지어온 수많은 선업과 악업을 능동적으로 소멸하는 법에는 가장 으뜸이 되는 것이 자기 성품을 보는 것이지만, 여타 다른 방법을 말해 보기로 하자.

널리 베푸는 보시행을 한다든지, 순수함으로 돌아가는 염불을 열심히 한다든지 여러 가지가 있겠으나, 방편으로 좀 특별한 법을 이야기해 주겠다. 정진만 잘한다면 무슨 업이 소멸되고 말고를 걱정할 필요가 있겠느냐만은, 수레를 끌 때 뒤에서 밀어주면 더 잘 나가는 이치가 있기도 하니 말이다.

이 방법은 극히 인위적인 조작이며 개조적인 성격을 띤 방법이기도 하다. 여러 번 깊이 반복해서 잠재의식을 바꾸면 성격과 현실의 변화가 실제적으로 일어난다. 마음을 비워서 밝음으로 나가는 기초가 되는 것이다.

경안아, 가까운 전생 중에 안타까운 생이 있었다면 그 생으로 돌아가 보아라. 적멸 속에 들어 있으면서도 그것을 떠나지 않고 수천 수만의 연기를 해도 그것이 마음의 조직인줄 확실히 알고 있는 자는 결코 장애를 받지 않는다. 일체 중생을 위한다면 체험해 보는 것도 일리가 있는 일이다.”

“고려시대입니다.”

“그런가? 모든 상황을 이야기해 보아라.”

“황룡사가 몽골 군에 의해 불타고 있습니다. 저는 32세의 출가한 승의 몸으로, 제가 누워 있는 곳은 지금 황룡사에서 멀지 않는 집입니다. 저의 몸은 얼마 안 있으면 이 세상과 작별을 고하려고 합니다. 이름을 알 수 없는 열병에 시달리고 있습니다.”

“거기까지 오기 전 사연을 이야기해 보아라.”

“저의 고향은 지금의 경주입니다. 황룡사와 멀지 않는 곳이지요. 제가 살던 동네 이름은 안티라고 하였습니다. 그리고 저의 아버지는 김민부요 어머니는 박일녀였습니다. 성씨는 김해 김씨입니다.

우리 집은 비교적 유복한 편이었고 제 위로 형이 한 분 계셨습니다. 그리고 누나가 한 분 있었는데 어려서 병으로 죽었습니다. 저의 어릴 적 이름은 보원이라고 했습니다. 그때 곧잘 황룡사에 가서 뛰어 놀던 기억이 납니다. 황룡사 모습은 참으로 장려하고 커서 대단한 장관을 이루고 있었습니다.

우리 가족은 다 깊은 신심을 가지고 있었습니다. 아버님과 어머님의 신심은 다른 동네 분들에 비하여 매우 깊은 편이었습니다. 저도 그 영향이 컸겠지만 어려서부터 절에서 개설한 학교에서 경전을 배우고 참선, 염불법을 기초적으로 배웠습니다. 황룡사에서는 부서가 여러 갈래 있어서 무예도 가르치고 사회의 일반적인 학문, 그리고 예절 교육 등 거의 모든 분야를 요즘 학교처럼 가르쳤습니다.

그때도 국가에서 하는 교육기관도 있었고, 각 분야의 스승들이 별도로 교육하는 그런 처소가 각지에 많이 있었습니다. 그러나 보편적으로 일반 백성들이 손쉽게 가까운 데서 배울 수 있는 교육기관은 사찰이었습니다. 그때의 사찰들은 대다수가 요즘으로 말하자면 읍내나 시내에 자리잡고 있었습니다. 가장 가까운 교육 기관인 것입니다. 저는 그러한 관계로 황룡사와는 어려서부터 깊은 인연을 맺고 있었습니다.

사찰은 학교도 되고, 백성들의 귀의처요, 고향과 같았습니다. 스님들은 스승의 역할을 다하고 있었습니다. 어려운 일을 당하거나 괴로운 일이 있을 때는 항상 의논의 대상이었습니다.

이때의 황룡사는 매일 대단히 붐비는 절이었습니다. 멀리서 참배차 온 사람이나 인근에서 법회에 참석하여 법문을 듣고자 하는 사람들, 또는 기도·염불하는 사람들이 하루 종일 북적댔습니다. 부처님의 법을 설하는 법회는 거의 매일 있었습니다.

같은 마을에 정삼문이라고 하는 분이 계셨는데 저의 아버지와는 의형제를 맺고 있었습니다. 그래서 늘 우리 집에 오시거나 우리 아버님께서 그 집으로 자주 가셨습니다. 그 집에는 아주머니와 딸이 있었는데 딸의 이름은 성화라고 하였습니다.

아저씨나 아주머니는 매우 자상한 분들이셨고 조그마한 잡화 가게를 운영하고 계셨습니다. 물려받은 기본 재산이 많아서 생활은 넉넉하신 편이었습니다. 저는 그 두 분을 아버지·어머니라 불렀고, 때로는 우리 집에서처럼 두 분에게 떼를 쓰기도 했습니다. 그러면 두분은 여러 말 없이 저의 청을 들어주었습니다.

성화는 저보다 두 살 위인데 제가 누나라 불렀습니다. 그 누나도 나처럼 황룡사의 학생이었는데 나와 같은 학년에 다녔습니다. 누나는 얼굴도 예쁘지만 심성도 착하고 공부도 잘했습니다.

저의 어린 시절은 이렇게 주변의 보살핌 속에서 아무 어려움 없이 지나갔습니다.

어느덧 저는 17살이 되었습니다. 그리고 저의 누나 성화는 19살이 되어서 시집갈 나이가 되었습니다. 그 시절에는 조선시대처럼 일찍 조혼하는 풍습이 없었고 20세가 대충 돼야 결혼을 했습니다.

결혼 이야기가 나왔으니 말이지만, 우리 어렸을 적에 어른들이 놀리려고 나에게 '너는 누구에게 장가갈 테냐?' 하면 저는 서슴없이 '성화 누나에게 갈 거야' 하고 대답했습니다. 그러면 어른들은 박장대소를 하였습니다. 성화 누나에게도 물어 보면, 성화 누나는 아무 말 안하고 얼굴만 붉혔습니다.

그때가 엊그제 같은데 우리는 어른이 된 것입니다. 어른이 다 되었지만 성화 누나는 나의 친구이고 어느 때는 어머니와 같았습니다. 어른들은 저것들을 서로 결혼시키면 좋겠다고 말씀하셨습니다. 우리들 마음 속에도 조금은 남녀로서 연모하는 마음이 있었습니다. 누나의 마음은 잘 모르겠으나 그때 저의 마음은 그랬기 때문입니다. 그러나 우리는 맺어질 수 없는 사이가 아니었는가 싶습니다. 저 자신만 해도 성화 누나와는 어렸을 때부터 같이 생활한 시간이 많아서 그런지 새삼스럽게 무슨 결혼을 하고 사랑하고 하는 마음이 생기기가 어려웠습니다. 서로를 너무나 잘 아니까요. 물론 특별한 그런 인연이 없어서 그런 것 같습니다.

저는 그때 고민하고 있었습니다. 무인의 길을 가 나라를 지키는 장수가 될까, 아니면 가업을 잇는 평범한 가장이 될까, 아니면 출가하여 진리의 길에 매진하여 도를 이룰까 생각하다가 진리의 길로 가기로 작정을 하였습니다.

이 뜻을 부모님에게 말씀드리자, 두 분께서는 처음에는 매우 만류하셨습니다. 결국 섭섭해하면서도 진리의 길을 가서 빛나는 성취를 이루도록 기원해 주셨습니다. 의부모님께도 말씀드렸더니 두 분도 대단히 섭섭해 하셨습니다. 의아버님은 이렇게 말씀하셨습니다.

'성화와 가정을 이루게 하여 옆에 두고 싶었는데 이토록 결심을 굳혔다니 참으로 섭섭하다.'고.

성화 누나는 원래 남자와 같이 당차고 의젓한 성품이었지만 충격을 받은 모습이었습니다. 그 표정으로 볼 때 슬픔을 억누르고 있다는 것을 쉽게 알 수 있었습니다. 지금까지 우리는 헤어진다는 것은 꿈에도 생각해 보지 않았거든요.

저는 처음에는 황룡사에서 머리를 깎고 출가를 할까? 하고 생각해 보았으나 제가 태어난 고향의 절인지라 멀리 수덕사로 떠나기로 했습니다.

당시 수덕사에는 매우 덕높은 고승 한 분이 계셨습니다. 법명이 취란 선사라는 분이었습니다. 거기서 삭발을 하고 정식으로 수계하였습니다. 그때 저의 법명은 자운이었습니다. 저는 수덕사 취란 선사님 밑에서 삼 년을 시봉하면서 수행 정진을 하였습니다. 그 후, 스승님에게 말씀을 드리고 바닷길로 중국 송나라로 건너가게 되었습니다.

그 당시 중국은 요의 침입에 이어서 금나라의 침입으로 대부분의 국토가 유린당하고, 한쪽으로 나라 이름을 남송이라고 칭하고 있었습니다. 제가 중국의 여기 저기를 편력하는 동안 금나라를 밀어내면서 몽골 군이 몰려오기 시작했습니다. 이미 피폐할 대로 피폐해 있었는데 설상가상으로 또다시 병란이 겹친 것입니다.

온 나라는 혼란에 빠지고 백성들은 굶주렸으며 어디를 가나 도둑의 무리가 출몰했습니다. 그런데다가 역병으로 죽어가는 사람들이 부지기수였습니다. 단결해서 적을 막으려는 것보다는 모두가 일신을 위하여 하루하루 살아가는 데 급급했습니다. 나라의 관리들은 더욱더 부패하였습니다.

저는 때로는 도둑 떼에 잡혀 물건을 다 털리고 구사일생으로 살아나기도 하고, 난리를 피하여 낮에는 숨고 밤에만 움직일 때도 있었습니다. 결국 여기저기 헤매다가 국청사까지 내려갔습니다. 청안 선사의 밑에 가서 몇 년을 수학하게 되었습니다. 그 당시 청안 선사는 숨은 선지식으로 알려져 있었습니다.

몇 년 후.

중국의 형편이 거기에도 오래 머무르도록 허락하지 않았습니다. 저는 별수없이 천신만고 끝에 중국을 떠나 해로로 해서 다시 고려 땅에 왔습니다. 어느덧 집을 떠난 지 8년이란 세월이 흘러 있었습니다.

몽골 군은 고려 땅에도 쳐들어왔습니다. 임금은 몽골 군을 피하여 강화도로 들어가 굴하지 않으니 몽골 군은 전 국토를 초토화하기 시작했습니다.

왕은 강화도에 들어가 있었지만 육지에서는 몽골 군에 대항하여 꾸준히 싸우고 있었습니다. 저도 병사가 되어서 몽골 군과 항쟁을 하였습니다. 그러다가 4년 후, 다리를 다쳐서 그만 군에서 나오게 되었습니다.

그러한 까닭에 한 삼 년 묘향산의 조그만 암자에서 요양을 하게 되었던 것입니다. 요양을 한 덕에 몸은 회복되었으나 그때부터 걸음걸이가 부자연스럽게 되었습니다.

또 세월이 흐른 어느 날.

저는 몹시도 고향 땅을 한 번 밟고 싶었습니다. 헤아려 보니 부모님을 이별하고 떠나온 지 어언 15년이 흘러 있었던 것입니다. 17세에 의기양양하게 집을 떠나온 뒤로 그렇게 세월이 흐른 것입니다.

저는 불편한 몸을 이끌고 몽골 군을 피하여 산길로 고향이 있는 경주 방향으로 한 걸음 한 걸음 옮기기 시작했습니다. 무려 반 년이 지난 후에야 겨우 경주에 도착할 수 있었습니다. 그때 저는 이름모를 병이 들어 얼굴은 검게 타고 몸은 비쩍 말랐으며 몰골이 말이 아니었습니다.

저는 먼저 옛집에 도착하여 문을 두들겼습니다. 문을 연 사람은 낯선 사람이었습니다. 자초지종을 들어보니 우리 부모님은 전염병이 돌 때 돌아가시고, 저의 형님은 이 집을 자기들에게 팔고는 멀리 충청도로 이사를 떠났다는 것이었습니다. 그래서 저는 그 집을 뒤로하고 의부모님 집으로 발길을 돌렸습니다.

　의부모님 집에 당도해 보니 그 집도 굳게 잠겨 있었습니다. 세상이 어지러운지라 낮에도 대문들을 닫아 놓은가 봅니다. 문을 두드리면서 ‘보원이가 왔다’고 했습니다. 저의 어릴 적 이름이 보원이였기 때문입니다.

　그러자, 안에서 ‘누구요?’ 하는 소리가 들렸습니다. 뜻밖에도 목소리의 주인공은 성화 누나였습니다. 성화 누나는 내가 떠난 지 3년 후에 시집을 갔다는 이야기를 옛날 수덕사에 있을 때 우연히 들은 적이 있었습니다. 오랜 세월이 흘렀어도 저는 금방 누나의 목소리를 알 수가 있었습니다.

　‘나야, 성화 누나.’

　문이 열리고 과연 성화 누나였습니다. 성화 누나는 나의 병든 몰골을 잠시 동안 바라보다가 땅바닥에 철퍼덕 주저앉아서 목을 놓아 울었습니다. 병들고 거지가 다 된 저의 모습, 그리고 자기의 처지, 이 험준한 세상 등이 겹쳐서 감당하기 어려웠는가 봅니다. 저 자신도 마음이 처절하여 막막히 서 있었습니다. 이때 안채에서 아버님과 어머님이 뛰어나오셨습니다.

　저는 그 날 밤, 몹시도 몸이 아프고 열이 났습니다. 긴장이 풀려서인가보다고 생각했습니다.

　성화 누나는 시집을 갔으나 아이는 없었고 남편이 전쟁통에 죽자 친정에 돌아와서 살고 있다고 했습니다. 누나는 나이는 들었어도 아직도 새색시 같았습니다.

　저는 그 집에서 결국 몸져 눕고 말았습니다. 누나의 지성어린 간병에도 불구하고 저의 몸은 돌아올 수 없는 길로 점점 가고 있었습니다. 저는 알았습니다. 저의 운명이 얼마 안 남았다는 것을!

32년이란 짧은 세월 동안 난세에 태어나서 청운의 뜻을 품고 출가를 단행하였으나, 천지가 병란에 휩싸여 있어서 어느 한곳도 머무를 만한 곳이 없었습니다. 그러는 동안 크게 복덕도 못 짓고 그렇다고 깨달음도 얻지 못했습니다. 그런데 이렇게 허무하게도 생을 마감하게 되니 나도 모르게 지난날이 주마등처럼 스쳐 갔습니다. 눈에서는 눈물이 흘렀습니다. 결코 죽음이 두려워서도 아니고 이 세상에 미련이 있어서도 아니었습니다.

신심 깊고 자상하셨던 아버님과 어머님.

지금쯤 아미타불 계시는 극락세계에 가 계시겠지요.

살아 생전에 아미타불 염불을 열심히 하셨으니까요.

두 분께 저의 나약한 모습을 보이고 싶지 않습니다.

저는 부처님에게 간절히 간구하였습니다.

'다음 생에는 전쟁 없는 세상에 태어나서 큰 스승을 일찍이 만나 해탈법을 성취케 하여 주소서.'

저는 간절히 기원하고 기원했습니다.

저는 가끔가끔 혼수 상태에 빠졌습니다.

그 날 저녁.

의식이 좀 돌아왔을 때, 밖에서 말발굽 소리와 고함소리, 울부짖는 소리가 어지러이 들려 왔습니다. 몽골 군이 경주에 쳐들어왔다는 것입니다.

창문이 붉게 물들었습니다. 황룡사가 불타기 시작한 것입니다. 저는 누나더러 창문을 열어 달라고 했습니다. 누운 자리에서 불타는 황룡사 구층탑을 볼 수 있었습니다. 하늘을 찌를 듯이 높이 솟은 장려한 황룡사 구층탑은 저녁 하늘에 붉게 타오르고 있었습니다. 화마는 수천 간의 황룡사를 모조리 삼키고 있었습니다.

신라 천년의 영화를 간직하고 삼국 통일의 정신적 모태가 되었던 황룡사! 그 황룡사가 밤하늘에 불꽃을 남기고 사라져 가고 있는 것입니다.

불타는 황룡사처럼 고려의 국운도 기울어 가고, 구층탑은 얼마 후에 요란한 굉음을 내면서 무너져 내렸습니다. 튀는 불꽃은 하늘을 삼키는 듯했습니다.

아, 이 얼마나 비장한 모습입니까!

세간의 덧없음이여!

그 날, 경주의 온 백성들은 슬픔에 잠겼습니다.

뒷날 아침. 아버님과 어머님, 그리고 누나가 지켜보는 가운데 저는 짧은 생을 마감했습니다.

몽골 군이 황룡사를 불태운 것이나 부인사의 속장경을 불태운 것 등은 고려의 항전 의지를 꺾기 위한 것이었습니다.

고려는 강력한 몽골 군과 맞서서 근 40년 간을 항쟁하였습니다. 그러한 국가는 전 세계적으로도 유례가 없는 것이었습니다. 그만큼 많은 나라가 몽골의 대군 앞에 속절없이 무너졌던 것입니다. 그렇게 버티는 힘이 어디에서 나오는가 하고 살펴본 몽골은 그 힘이 불교에서 나온다고 판단했습니다. 그래서 백성의 귀의처인 주요 사찰들을 불지르게 된 것입니다. 그러나 고려의 백성들은 거기에 굴하지 않고 팔만대장경을 조성하는 등 저항을 굽히지 않았습니다.

스님, 머나먼 전생 일인데도 안타까운 마음이 있습니다!"

"한 많은 중생계는 소용돌이치는 급류와 같아서 잠시도 안정이 되지를 않는다. 눈앞의 세계를 보아라. 명예와 권력, 재물, 이성 문제 등 온갖 일로 얼마나 많은 사람들이 밤낮으로 갈등을 일으키고 있는지! 평생 남을 위하고 즐겁게 해 주면서 보람되게 살아도 다 못 사는데 허구한 날 이기고 지고를 반복하면서 살고 있지 않느냐? 아무리 잘 살고 남보다 높은 지위에 있는 사람이라도 풍파가 끊어지지 않으며, 발을 쭉 뻗고 잠을 이룰 수가 없는 것이다. 이것은 생을 거듭하면서 계속되는 것이다.

경안아, 너는 그래도 전생의 깊은 선근과 선량한 발원으로 이곳에까지 이르렀으니 다행이라 해야 할 것이다. 지금부터 마음을 정갈하게 하고 나의 말을 들어라.

황룡사가 불타던 그 시절도 결국은 너의 마음 속에서 그려진 꿈일 뿐이다. 생각을 일으키면 있고 생각이 없어지면 존재하지 않는 것이다. 아뢰야식에서 지워져야 한다. 그러기 위해서 그 시절 원인과 결과가 어디서부터 비롯하였는지 살펴보도록 해라."

"스님, 그것은 집착으로부터 비롯되고 있습니다. 사랑에 대한 집착, 생에 대한 집착, 이루지 못한 아쉬움의 집착, 인연의 집착 등이 아닌가 합니다."

"그렇다. 너의 깊은 아뢰야식에는 회한과 안타까움, 슬픔, 그리고 연민이 남아 있다. 그것이 있든 없든 도하고는 상관이 없다는 것을 너는 잘 알 것이다. 그러나 평등으로 돌아가는 것이 보다 더 좋다. 그 마음을 분석하여 읽어라. 다음은 그 세계를 떠올리고 잠재의식에서 지워라. 깊이 집중하고 반복할수록 좋다.”

경안은 그 생을 떠올리고는 확연히 응시하면서 반복적으로 지우기 시작했다. 누나의 환영을 지울 때는 웬지 아쉬움이 물결쳤다. 그러나 완전히 지우자 그 마음은 사라졌다. 다시 그 생에 깊은 원력과 정진으로 원만 수행하는 걸로 반복하여 장엄하였다.

“너는 다시 마하금강의 마음으로 장엄하여라. 다시는 미련과 아쉬움은 없을 것이다. 이는 과거의 업을 능동적으로 정리하는 방식이며 다른 사안에도 적용 원리는 동일하다.”

모든 과정이 끝나자, 경안의 마음은 평등하고 편안한 마음으로 충만하였다.

극락과 천상

정진을 시작한 지 15일이 되었다.

"경안아, 천상의 세계를 쭉 관하여 보아라. 네가 어느 천에서 생활할 수 있겠느냐? 평등하게 대화가 되고 모든 것을 같이 할 수 있어야 한다. 이것은 몸의 세계다."

"제12천 대범천까지는 가능합니다. 그러나 이 대범천도 상층부는 잘 되지 않습니다."

경안은 상층부는 능히 자유롭게 살필 수는 있었으나 체감으로 보고 듣고 같이 느껴지지가 않았다. 우리 실생활 속에서 사는 계층이 다르면 옆에서 볼 수는 있어도 같은 수준으로 생활을 못하는 것과 같았다.

"그러냐? 어느 천상이라도 차별이 있다. 형상이 있는 한 차별이 있는 것이다. 아라한의 세계든 불보살의 세계라도 형상의 세계로 보면 차별이 발생한다. 본래 근본처로 보면 천상과 지옥이 결코 둘이 아니지만 모양으로 볼 때는 아무리 미세한 분자 원자의 세계도 차별이 있는 것이다. 어느 한 세계를 상품·중품·하품으로 나누어서 보아

라. 어느 세계까지 생활이 가능한가?"

"대범천은 중품까지만 대화가 되며 같이 오락할 수 있습니다."

"그러면 음식과 옷도 동일하게 사용할 수 있는지 살펴보아라."

"중품까지는 옷도 입을 수 있고 음식도 먹을 수 있지난 상품의 천인들이 먹는 음식은 먹을 수 없습니다. 물론 옷도 같은 종류의 옷은 사용할 수 없고요."

"그들의 음식을 먹으려고 하면 어떠냐?"

"대범천의 천인들은 선정력에 의한 즐거움으로 음식을 삼아 생명을 유지합니다. 저는 그 음식을 섭취할 수가 없습니다. 음식을 생각해도 상품의 음식은 나타나지 않습니다."

"왜 그런다고 보느냐?"

"저의 실질적인 선정력이 미치지 못해서 그런가 합니다."

"누가 일부러 못 먹게라도 하느냐?"

"아닙니다. 공덕과 선정력에 의해 형성된 업의 결과입니다. 따라서 공덕이나 선정력이 약하면 자연히 나타나지 않습니다."

"선정력의 뿌리가 있다고 보느냐?"

"없습니다."

"그런데 선정력이 부족하여 상품의 음식을 섭취할 수 없다는 말이냐? 너의 마음에 무엇이 '된다·안 된다, 능력이 있다·없다, 공덕이 있다·없다'를 망령되게 논하느냐?"

"스님, 말씀 따라 과연 그러합니다. 그러나 어쩐지 안 됩니다."

"그런가? 그래 중품의 음식 맛은 어떠냐?"

"향기롭기가 한량없고 인간의 음식 맛으로는 도저히 형용할 수도 없습니다."

"그 아래 천상인 범중천의 음식 맛은 어떠냐?"

"똑같이 선정의 즐거움으로 음식을 삼지만 그 맛은 대범천에는 미치지 못합니다. 하층으로 내려갈수록 음식 맛이든 옷이든 대체적으로 못합니다. 그러나 인간의 음식 맛과는 도저히 비교할 수가 없습니다."

경안은 대범천 중간까지는 정신의 몸을 나투어서 일상 생활에서처럼 조금도 차이가 없이 먹고 마시고 할 수 있었다. 정신으로 나툰 몸이지만 경안의 입장에서는 실상의 몸과 조금도 다름이 없었다. 물론 먹으면 배가 고프지 않았다. 그러면 아주 지상의 음식을 먹지 않고 살 수도 있을까? 그렇지는 않다. 왜냐하면 천상은 희락과 선정력이 음식이기 때문에 자기 선정의 힘만큼만 견딜 수 있는 것이다. 그 이후로 힘이 다하면 천상의 음식을 취할 수 없는 것이다. 인간의 몸을 유지하는 한은 더욱 그렇다. 어디까지나 일시적일 뿐이다.

"지금 이 순간 '선정력이다, 공덕이다' 하는 망령된 생각에 마음을 두지 말아라. 그리고 나의 말을 들어라."

증가법의 수련이 있었다. 시간이 흐른 후.

스님이 던지는 자비의 창 앞에 경안의 관념은 무참히 꿰뚫리고 부숴져 갔다. 그러자 지금까지 잠재해 있던 자기도 잘 알 수 없는 사고가 하나하나 깨지고 새로 태어나는 것이었다.

이제는 대범천 위의 광천, 소광천, 무량광천, 정천, 소정천, 무량정천, 변정천, 엄식천, 소엄식천, 무량엄식천, 과실천, 무상천, 무조천,

무열천, 선견천, 대선견천, 아가니타천까지 모조리 걸림 없이 동일한 생활을 할 수 있었다.

상위천으로 갈수록 수명도 배로 증가할 뿐만 아니라 옷도 화려하고 음식도 달랐다. 또한 생각 따라 나타나는 집의 장엄도 나 달랐다. 어느 천상이든 그 천상 안에서도 차별이 분명하여 크게 상·중·하로 나눌 수가 있었다.

경안은 그러한 모든 것을 그곳의 천인과 동일하게 향유할 수 있었다. 또한 색계천을 너머 무색계천에 속하는 공무변천, 식무변천, 무소유천, 비상비비상천까지도 생활이라고 할 수는 없겠으나 동일함을 느낄 수 있었다.

스님이 말씀하셨다.

"천상을 떠나 아미타 부처님이 계시는 극락세계를 살펴보아라."

"극락세계는 부처님이 계시는 곳과 부처님이 계시지 않은 곳이 있습니다. 부처님이 계시는 곳은 너무도 화려 장엄합니다."

"천상과 극락세계를 비교해 보아라."

"차이가 많이 납니다."

"왜 그런 차이가 발생한다고 보느냐?"

"극락세계는 윤회의 세계가 아닌 부처님의 대정각의 위신력으로 건립된 정토인 반면에 천상세계는 중생의 업으로 이루어진 윤회의 세계이기 때문에 그런가 합니다."

"극락세계 성중들의 모습은 어떠냐?"

"장엄하고 빛나는 모습을 억지로 비교 표현한다면, 가장 훌륭한 천상의 천인과 비교해도 비교가 되지 않습니다. 천인의 모습이 인간에 비하면 너무나 뛰어난 것이지만, 극락세계의 성중에 비하면 아득히 떨어집니다.”

“그렇다. 이러한 것은 부처님이 이미 경전에 말씀해 놓으셨지만 그것은 실제로 그렇다. 또 다른 특이한 점을 말하여 보아라.”

“첫째로, 이곳에는 진리가 있고 깨달음이 있습니다. 그래서 이곳의 성중은 누구나 다 한 생에 깨달음에 들어가 해탈을 성취하게 됩니다. 다시는 악도에 떨어지는 일이 없게 되는 것입니다. 이곳 성중의 공통된 운명이랄 수도 있고 ‘업’이 그렇습니다. 그러나 천상은 복이나 선정의 힘이 다하면 다시 다른 세계로 윤회합니다. 천상은 깨달음이 없기 때문입니다.

둘째, 극락세계는 수명이 영원합니다. 그곳은 부처님의 위신력으로 영위되는 세계이고 진리의 세계이기 때문입니다. 그러나 천상은 비록 수명이 한량이 없다고는 하지만 한계가 있습니다. 천계는 진리의 세계가 아니고 중생들의 업으로 만들어진 세계이기 때문입니다.

셋째, 극락세계의 성중들은 신통력이 광대합니다. 진리의 바탕에서 전개되는 신통력이기 때문에 천상의 얇은 복업이나 조그마한 선정력에서 오는 신통력과는 아예 비교할 수가 없습니다.

넷째, 극락세계의 집이나 자연 환경은 이루 말할 수 없이 장엄합니다. 뿐만 아니라 아기자기함과 광대함이 두루 다 균형을 이루고 있습니다. 천상은 아기자기한가 하면 광대하지 못하고, 광대한가 하면 아기자기하지 못합니다.

또 극락세계는 더러움이란 말이나 글자도 없으며, 악도라는 말도 없습니다. 이 세계는 남녀의 성별도 무의미합니다. 욕망이란 말조차

없기 때문입니다. 따라서 여자가 없는 세계입니다. 여기에 나고자 하면 여자는 남자로 변성되면서 극락세계에 태어나게 됩니다. 육신의 모습이 남녀를 초월하면 대체적으로 남자의 모습을 하게 되는 것입니다.

태어날 때는 여러 가지 색의 연꽃 위에 자기 신심과 수행력의 깊이에 따라 차별로 화생합니다. 그러나 나고 나면은 누구나 똑같아집니다."

"자연 환경을 보이는 대로 이야기해 보아라."

"극락세계의 모든 물은 감로수로 채워져 있습니다. 그 물을 먹고 목욕만 해도 마음이 청량하고 온몸이 충만해집니다. 병이라는 말 자체가 없는 것입니다. 모든 대지는 칠보로 장엄되어 있고, 먼지니 더러움이니 하는 말조차도 없습니다.

뿐만 아니라 풀과 나무도 온갖 보배 나무로 장엄되어 있으며, 바람에 흔들거릴 때마다 아름다운 음악과 법문이 흘러나와 듣는 이로 하여금 마음을 청량하게 합니다. 극락세계의 모든 대자연은 아미타불의 분신이기 때문에 있는 그대로가 법이며, 실질적으로 법을 설하고 있습니다.

가지가지의 아름다운 새들의 울음소리도 그 자체가 음악이요 법문입니다. 듣는 자로 하여금 생명력을 얻게 합니다.

모든 사물의 움직임은 생각과 의지를 넘어서 자동으로 이루어집니다. 그것이 천상과 다릅니다. 천상은 생각을 하면 이루어지지만 극락은 생각을 하지 않아도 자동으로 성취됩니다. 집이 필요할 때는 자동으로 집이 현신하며, 필요치 않을 때는 사라집니다.

물에서 목욕을 하는 경우에도 물은 자연히 스스로 물의 높이와 온도 등이 조절되므로 극락세계의 성중은 그러한 곳에 마음을 쓸 필요가 없습니다. 항상 최상의 깨달음에 의한 대열반의 즐거움에 싸여 있습니다. 그러므로 그 어떤 것도 따로 구할 필요가 없습니다.

'똥간의 구더기는 똥간을 즐겁다' 하나 사람들은 똥간을 멀리 하듯이 극락세계의 성중들은 또 다른 세계의 즐거움을 바라지 않습니다."

"잘 관찰했다. 지금 극락세계의 물을 마시고 음식을 먹으며 법문을 들을 수 있겠느냐?"

"아닙니다. 자세히 살필 수는 있지만 먹고 마실 수는 없습니다. 아직 힘이 미치지 않습니다."

"그러냐? 그것이 어렵다면 한없이 어려울 것이다. 하지만 한 가닥 망념만 제한다면 별로 어렵지 않는 것이다. 물론 망념이 무엇이며, 본래 없는 이치도 너는 잘 알고 있다.

생각 이전의 뿌리깊은 느낌이 녹아져야만 몸으로 같이 느낄 수 있는 것이다. 그 뿌리 없는 나무는 허공의 신기루와 같다. 전혀 걸림이 없지만 스스로 나가떨어진다. 그 까닭은 오랫동안 훈습하여 온 관념 때문이다. 그 옷을 벗어 버려야 한다. 어떠한 장애도 태초부터 없는 줄 굳게 믿어 의심치 말아야 한다. 심지어 몸도 극락세계도 한 눈을 돌이키면 허망할 뿐이다. 그런데 무엇을 일러 무겁다, 가볍다 할 것인가?"

스님의 말씀은 경안의 온몸을 사정없이 난타했다. 감히 숨 돌릴 틈도 주지 않았다. 또 한 번 경안의 허물이 수만 갈래로 찢어졌다.

다시 스님의 도움이 있었다.

시간이 흐른 후.

스님의 구체적인 증가법의 도움이 있자, 경안은 비로소 또 한 번 자각하여 온몸이 뒤흔들렸다.

"부처님을 뵈옵고 법문을 듣고, 음식도 먹고 마시고 해 보아라."

경안은 고요한 상태에서 정신의 몸을 나누어 몸을 날려 부처님 전에 나아가 예배를 드린 후에 한쪽에 조용히 앉으니, 부처님의 낭랑하신 옥음이 귀에 파고들었다. 거기에서 남이 없는 무상심심법을 경청하였다. 그런 연후에 스님의 말씀대로 감로수를 마셨다. 감로수는 몸 구석구석을 청량한 기운으로 가득 차게 만들었다. 그때 극락세계의 음식이 저절로 앞에 이르렀다. 극락세계의 음식은 진리의 힘에 의한 음식으로 그 맛을 어떻게 표현할 수가 없었다. 천상의 음식과는 과연 이토록 차이가 날까 할 정도였다. 극락은 대열반의 환희로 음식을 삼기 때문에 음식 아닌 음식인 것이다.

경안의 몸은 숭고한 빛이 나는 옷이 이미 감싸고 있었다. 이리저리 이동하여 극락세계의 이모저모를 살펴보았다. 온갖 자연 산천은 성중의 편리에 따라서 가지가지 모습으로 자유 자재로 변화를 보여 주고, 그 넓이는 끝이 없고 성중의 숫자도 헤아릴 수가 없었다.

"스님, 극락세계에 대하여 자세하게 말씀해 주십시오."

"극락세계는 아미타 부처님의 오랜 원력과 위신력에 의하여 이룩된 국토다. 여타 중생계가 중생의 욕심과 집착에 의해 이룩된 세계라면 극락세계는 성스러운 진리에 의해 성립된 세계다. 이러한 불국토는 극락세계 외에도 수없이 많이 있다. 지옥으로부터 아귀·축생·인간·아수라·천상세계를 한 세계라 하는데, 이러한 세계가 천세계가 모인 것을 소천세계라 하고, 소천세계가 천이 모이면 중천세계라 한다. 중천세계가 천이 모이면 대천세계가 된다.

대천세계가 한량없이 있는 것을 삼천 대천세계라고 하는데, 이러한 세계를 일컬어 윤회의 수레바퀴 속에 있는 사바세계이며 예토라고 한다. 이는 극락세계와 그리고 다른 부처님의 불국토와는 구별되는 세상이다. 그러나 표현상 그럴 뿐 불국토와 사바세계가 결국은 한 몸이다.

여러 부처님의 정토 중에서도 극락세계는 우리가 살고 있는 세계와 매우 인연이 깊다. 누구나 발원만 하면 왕생할 수 있는 것이다.

천상은 전생에 선행을 닦아서 그 공덕의 힘으로 또는 선정력을 스스로 닦아서 그 힘으로 태어나는 곳이다. 그러한 공덕이 없으면 날 수가 없는 것이다. 그래서 아무도 막지를 안 하지만 보통의 인간으로 천상에 나기가 힘이 드는 것이다.

극락세계는 부처님의 위신력에 의한 인도하심을 입어서 나는 것이다. 때문에 간절히 그 세계에 나기를 발원하기만 하면 남자든 여자든 혹은 어떠한 죄인이라도 다 날 수 있는 것이다.

극락세계에 난 성중들은 다시는 윤회에 떨어지지 않는다. 왜냐하면 결정코 성불하기 때문이다. 잘하든 못하든 여하한 구별도 하지 않는다. 자기의 노력이라고는 왕생하고자 하는 발원만 있으면 되는 것이다. 다만 의심의 마음으로 발원을 하면 변지에 왕생해서 오랫동안 부처님을 뵙지 못하게 되는 것이다. 이것은 부처님이 이미 『관무량수경』이나『아미타경』에 증명하고 있는 것이다.

죄업을 많이 지은 자라도 지극히 참회하고 온 힘을 다하여 왕생을 발원하면 임종 후에 곧바로 왕생할 수 있다. 그것은 죄업의 근본이 결정적인 모양이 아니고 허깨비와 같고 그림자와 같으며 이슬과 같기 때문이다. 왕생하고자 하는 마음의 힘이 강하면 문제없이 차고 뛰어넘어서 부처님의 인도하심을 힘입게 되는 것이다.

그렇다고 평상시에 멀쩡하게 딴 마음으로 살다가 갑자기 선한 마음을 내어서 어찌해 보려고 하면 아무래도 잘 안 될 것이다. 그러므로 평상시에 부지런히 갈고 닦을 필요가 있다. 평소에 준비를 하지 않으면 임종시 몸이 무너질 때에 본래 지은 악업이 발동을 하면 한 순간에 이성을 상실하고 만다. 지은 대로 끌려서 다른 곳으로 전도되고 마는 것이다. 그래서 정신이 멀쩡하고 이성이 살아 있을 때에 원력을 깊이 새겨 놓아야만 하는 것이다. 모든 업의 결정성이 근본으로 없다 해도, 형상이 있는 한 과보를 면할 수가 없는 것이기 때문이다.

죄 있는 사람이나 잘 닦은 사람이나 다 같이 차별 없이 나느냐? 그것은 그렇지가 않다. 평시에 경을 읽고 수행을 잘하고 많은 공덕을 지은 이는 극락에 태어나도 상품에 나는 것이다. 그래서 빨리 부처님을 뵙고 성인 반열에 들게 된다. 그렇지 못한 이는 한없이 늦게 서야 하품에 나서 부처님을 뵙게 된다. 결국 오랜 후에야 성인 반열에 드는 것이다. 그러나 성인 반열에 들고 나서는 다 같게 된다.

전생에 깊은 수행과 많은 공덕을 지은 이라도 극락세계에 나기를 발원해야만 왕생하게 된다. 업에 따라서 자동으로 나는 세계가 아니기 때문에 그렇다. 다만 선정력이 적멸을 초과한 사람은 부처님의 인도가 없더라도 능히 자력으로 극락에 날 수 있다.

범부는 부처님의 인도가 없을 시는 극락에 이를 수가 없다. 왜 그럴까? 자칫 자기가 지은 업대로 다른 세계에 태어나 버리기 때문이다."

"스님, 저의 공부의 힘으로 부처님의 인도가 없더라도 극락에 날 수 있습니까."

"잘 물었다. 네가 일부러 묻고 있음을 나는 알고 있다. 극락도 날 수 있고 천상 어디라도 당연히 날 수 있다. 다만 현재 마음을 그대로 유지한다면."

제 2 장
인연의 세계와 실상

증가법과 깨달음

"스님께서는 간혹 증가법을 사용하십니다. 증가법의 원리에 대해 설명하여 주십시오."

"증가법이란 스승들이 제자의 망념을 제거하고 깨달음에 들게 하는 기량이다. 곧 스승의 마하의 힘과 제자의 믿음이 만나는 것이다.

스승은 증가법을 통해서 앉아 있는 개구리를 펄쩍 뛰게 하며, 고요한 샘물에 돌을 던져 때아닌 풍랑을 일으키는 것이다. 이는 중국 옛 조사들의 방과 활과 같다. 제자를 각성시키고 근본 뜻을 들어 보이느라 가지가지 방법들이 사용되는데, 조사들의 가풍에 따라서 조금씩은 다르다.

증가법도 마찬가지로 조금은 차이가 난다. 방과 활처럼 직선적이고 단순하다. 그러면서도 체계적으로 정리가 되어서 순서적으로 망념의 틀을 쳐부순다. 스승의 기량에 따라서 변화 무쌍한 것이다.

마하금강선법은 수행의 첫걸음과 그리고 전개, 증가법과 튀어 오름, 선(禪)·관(觀)·기(氣)의 수행을 하나로 엮는다. 그리고 일체를 합일시켜서 평상심으로 돌아가는 것이다. 이 세상의 모든 사마 외도와 정도에 이르기까지 가지가지 수행 방법들이 모두 여기에서 갈래를 지어 나간다.

마하금강선법은 과거불에서 현겁 7불, 그리고 석가모니불에 이르기까지 면면히 제자들에게 전수되어 왔다. 인도로부터 중국에 이르기까지 법의 전성기에는 끊어지지 않고 이어져 왔다.

뛰어난 스승 밑에 뛰어난 제자가 나오기 마련이다. 제자의 믿음을 불러일으키고 그것을 바탕으로 스승이 날카로운 기봉으로 제자의 경계를 부수고 깨달음으로 몰아 넣기 때문이다.

뛰어난 스승은 자기를 깊이 믿기만 한다면 누구라도 이익을 줄 수 있다. 그러나 깨달음에 몰아 넣는 보도를 휘두르는 원리를 통달해야만 한다. 그렇지 못한 스승은 비록 자신은 깨달았다고 할지라도 결코 다른 사람을 깨닫게 할 수가 없다.

그러나 스승은 능력이 있는데, 제자가 스승을 깊이 신뢰하지 않으면 그 또한 어찌 할 수가 없다. 인연이 없으면 안 된다는 말이다. 스승을 깊이 신뢰한다 하더라도 제자가 수행하려는 의지가 약하고 워낙 둔하다면 또한 매우 어려울 수 있다.

깨달음에 들어가거나 무언가 자각이 오게 하는 방법으로는 자기 생각의 집착을 일차적으로 벗어나는 것이 비결이 된다. 그럴려면 스승이 있어야 되는 것이다. 스승은 여러 가지 방편으로 제자를 자각의 길로 인도할 수가 있다. 그 방법은 스승의 무념·무상과 하나로 감응케 하는 것이다. 제자로 하여금 현재의 고집스런 경계를 뛰어넘게 할 수 있다는 말이다.

그리고 끊임없는 경책과 지도로 경계가 바뀌게 하는 것이 있다.

그러나 이 두 가지 방법은 다시 한 번 미세한 집착의 경계를 뛰어넘어야 된다. 그렇지 못하면 삿됨을 이룰 수 있다. 한계가 있게 되는 것이다. 이는 관법의 일종이라 할 수 있다. 그래서 바른 스승의 인도를 받지 못하면 삿되고 위험해진다.

그리고 또 하나의 방법은 인생이나 법에 중대한 의문을 일으켜서 제자로 하여금 깨달음에 나아가게 하는 것이다. 이른바 화두라 하는 것이다.

관법이든 무엇이든 결국은 최종으로 화두를 이루어서 나에 대한 뿌리를 벗어 던져 버려야만 되는 것이다. 실상으로는 화두 속에 관법이 들어 있고 관법 속에 화두가 들어 있는 것이다. 둘이 아닌 것이다.

부처님이나 옛 조사님들은 이를 자유 자재로 병용해서 제자들을 깨우쳐 주었다. 그러나 그 후로는 관법을 하는 이들은 상에 걸려서 삿됨을 이루기 쉬운 폐단이 있게 되었고, 화두를 하는 이들은 다른 모든 방편을 배격하므로 제자를 길러내기가 어렵게 되었던 것이다.

지금 세간에는 화두 외에 별스러운 수행 방법들이 등장하고 있다. 그 방법들이 문제가 되는 것이라면 '나'라는 경계를 초탈하지 못한다는 것이다. 왜 그런가! 욕심으로 수행을 하고 살피는 것으로 종을 삼기 때문이다. 그런데도 그들이 힘을 쓰는 까닭은 무엇인가? 그것은 기존 수행법들이 홀로 빠져 있고 방편을 도외시하기 때문이다. 나는 그것을 이야기하고 있는 것이다.

하지만 이 말을 깊이 믿고 생각을 비우면 아주 감각적으로 이해가 쉽겠지만 그렇지 않으면 이해하기도 어려울 것이고 실천하기는 더

더욱 어려울 것이다. 그 방편들은 집착이 있거나 상이 있으면 매우 위험하기도 한데, 알 수 있는 사람은 안다.

아무튼 홀로 빠져 있는 사람들이 볼 때는 삿됨으로 비칠 수도 있을 것이다. 물론 그런 분들은 부처님의 대장경까지도 일부 신뢰를 하지 않을 것이고 또 넓게 보지도 않았을 것이다. 보았다 하더라도 있는 그대로 해석하지 않고 이리저리 꼬아서 해석할 것이다. 불신자들에게서 배운 신자들도 또한 믿지 않을 것이다.

요즘은 혼자 수행하다시피 한 수행자가 무엇인가 알아 가지고 찾아오면 법거량을 하여 뜻에 계합하면 인가하고, 자기의 법을 이어준다. 참으로 실낱같고 위태롭기 짝이 없다.

이 시대의 수행자들은 환경은 나쁘지 않으나 스승과 제자 간의 중요한 것이 빠진 것 같은 생각이 든다. 그런데다가 지금 사람들은 예와 다른 점이 있다. 무엇이냐 하면 과학의 시대에 살고 있다는 것이다. 곧 업이 무엇인가 만들고 합리적으로 분석하기 좋아하는, 그런데 능통한 업이라는 것이다. 혼자서는 깨닫기 어려운 체질이라 할 것이다.

옛날 사람들은 보다 더 단순하고 자연과 더불어 살았다. 정신 능력을 고도로 발휘하도록 몸과 마음의 구조가 돼 있었던 것이다. 거기다가 지금보다 훌륭한 스승들이 많고 제자들의 근기도 뛰어난 시대가 많았을 것이다.

그렇다고 지금 사람들이 게으르고 신심이 없으며 근기가 형편없이 떨어진다는 것은 아니다. 다만 업이 조금 달라서 나타나는 모양이 옛날과는 같지 않을 뿐이다.

　요즘 수행 환경은 그렇게 나쁘진 않다고 보아야 한다. ‘너무 세상
이 좋아서 수행할 수 없다’는 말도 있지만, 험악하고 못 사는 세상에
좋은 수행자가 나오라는 법도 없기 때문이다.”

스트레스

오늘은 스님과 회관에 동행하게 되었다. 이 회관은 공부하려는 분들이 마련한 곳인데, 시내 중심에 위치하고 있었다. 스님은 매주 이틀씩 나가셔서 참선하는 분들을 지도하고 있다.

알고 보니 원래는 다른 스님이 맡아서 운영하던 회관인데, 스님에게 떠넘겨져서 스님이 잠깐씩 들르시는 모양이었다.

오늘 스님은 법회 시간에 무한대의 결정성이 없는 투명한 진리를 설하시고 그 길에 매진하도록 독려하셨다. 모두가 듣는 그대로 화두가 되도록 자비롭게 보이지 않는 배려를 하시었다. 그것은 활연히 홀로 미소 짓는 도리를 즉각 알게 하고자 하는 베푸심이었다.

스님께서는 나에게 베푸시는 방법은 이 도량에서는 전혀 사용하시지 않았다.

법회가 끝난 후, 세밀하게 화두 드는 법을 알고 싶은 사람들을 위하여 따로 접견하셨다. 처음에는 요동치는 마음을 보게 하고 스스로 화두가 돈발하도록 하는데 쉬우면서도 간결했다.

마음을 인식한 자는 스님의 가르침을 몸으로 알아들을 수 있고,

그러면 화두가 돈발할 수밖에 없다. 화두가 돈발하면 홀연히 일 없는 자리에 가부좌를 하고 있는 자신을 보는 것이다. 그러면 스님은 다시 한 번 두드려서 확인하시고 몸뚱이가 통째로 둘러 빠지도록 하는 것이다.

스님께서는 도량의 제자들을 지도하실 때에 세밀하게 낱낱이 가르친다거나, 어떠한 잡념을 일으킬 만한 요소는 절대 배제하셨다. 특히 신비함에 끌린다거나, 기타 망상을 절대 금하시고 오로지 화두 일념에 들게 지도하시었다. 어떻게 보면 좀 단순한 것도 같은데 담백하고 무리가 없었다.

이 도량의 제자들은 사고가 합리적이면서도 자질구레한 데 마음을 빼앗기지 않았다. 그리고 날이 갈수록 대범하고 지혜로워져 갔다.

화두 한답시고 꽉 막히고 무지한 것을 용납하시지 않았다. 마음에 어떠한 한계도 짓지 못하게 하시는 것이었다. 그리고 보시행과 보살행을 강조하셨다. 게으른 제자는 아예 공부할 자격이 없는 것으로 간주하셨다. 이것은 이 세상을 살아가는 최소의 기본이요, 적어도 공부하고자 하는 자는 이 정도는 훨씬 넘어가야 한다고 말씀하셨다.

여기뿐만 아니라 가정에서든 직장에서든, 어느 곳에서라도 무엇이든지 활용하려면 그 대가를 노력으로나 물질로 지불해야 한다고 말씀하셨다. 그래야만 빚을 지지 않는다고 하셨다.

"수행자가 공덕을 쌓기는커녕 빚을 진다면 될 말인가?" 하고 말씀하셨다.

오후 늦게 두 분이 스님을 찾아 오셨다. 스님을 믿고 따르는 분들인데, 한 분은 정치와 연관이 있는 분이고 한 분은 사업을 하고 있는 분이었다.

"스님, 그 동안 잘 지내셨습니까?"

"두 분 다 잘 지내셨지요?"

"저희들은 스님의 은덕으로 잘 지내고 있습니다. 공부하는 마음으로 생활을 하니까 스트레스를 덜 받고 오히려 즐겁게 생활하고 있습니다. 전에는 바라는 것이 이루어지면 기쁘기는 하나 그것도 일시적이고, 잘 안 되면 무한히 스트레스를 받았습니다. 요즘은 그런 것이 없어져서 여유가 많이 생겼습니다. 공부하는 것이 우리들에게는 행운인가 합니다. 근심 걱정이 사라진 것만 해도 얼마나 다행한 일인지 모르겠습니다. 물론 근심이 전혀 없지는 않지만 크게 문제가 되지를 않습니다."

"옆에서 듣기에도 좋고 두 분이 전보다는 편하게 보입니다. 그러나 결정코 자기의 근본이 무엇인지 철저히 알아야 될 것입니다. 티끌만한 걸림도 없어야 합니다."

스님과 두 분 사이에는 일상의 이야기가 이어졌다.

"스님, 스트레스는 왜 생기는지 말씀해 주십시오."

"스트레스의 근본은 집착입니다. 자기의 근본 틀이 무너지고 원하지 않는 환경이 다가올 때, 또는 몸과 마음 씀이 지나칠 때에 나타나는 현상입니다. 몸과 마음이 한쪽은 과열되고 한쪽은 부족해져서 부조화가 일어납니다. 그때 기혈 순환이 잘 안 되고 스트레스를 느끼게 됩니다.

스트레스 상태가 되면 가슴이 답답하거나 짜증이 잘 납니다. 또는 싫증이 나기도 하고 힘이 없기도 합니다. 또는 정신이 맑지 못하고 집중력이 떨어지기도 합니다.

그런가 하면, 마음에 넉넉함이나 여유가 없어져서 곧잘 피로를 느끼게 됩니다. 그래서 끈기가 없어지기도 하는 것입니다. 이것이 심해지면 저항력이 감소되고 병이 잘 걸리게 되는 것입니다. 그 결과 사업이라든지 벌려 놓은 일들이 제대로 안 되고 수시로 오판을 하게 되어서 매사 그르치기 십상입니다.

스트레스 상태가 되면 몸에 차고 더운 곳이 생기게 되지요. 원래의 몸은 체온이 고르게 분포하여야 합니다. 그런데 몸의 상부는 차고 하부는 덥다든지, 하부는 찬데 상부는 덥다든지, 아니면 몸 내부는 차가운데 몸밖은 덥다든지 고르지 못하게 됩니다. 스트레스를 받게 되면 기혈이 순조롭게 돌지 않습니다. 때문에 그런 현상이 일어나는 것입니다. 따라서 마음도 안 편하게 되는 것은 당연하지요.

그 상태가 계속되면 몸의 안팎이 약해집니다. 결국 오장육부까지 병증이 생기게 됩니다. 더 진행되면 골수까지 침투합니다. 역으로 설명하면 오장육부에 병이 있거나 순환이 안 좋으면 항상 스트레스를 받게 됩니다.

이때는 사람의 성격이 안 좋아집니다. 늘 불안하다든지 소심하기도 하고 참을성이 없기도 합니다. 그런가 하면 우울하기도 하고 화를 잘 내기도 합니다. 생각의 변화는 병증의 위치에 따라서 달라집니다.

병증의 위치에 따라서 혈도를 눌러 보면 여기저기가 아픕니다. 특히 오장육부에 이상이 있으면 등뼈의 어느 한곳이 약화되고 통증이 있습니다. 조금 더 진행이 되면 등뼈 자체가 이상이 옵니다. 그러면 사람들은 원인은 놔두고 등만 치료하려고 합니다.

초기 스트레스를 받았을 때는 마음을 비우고 호쾌한 마음으로 바꾸거나 다른 관심사로 마음을 돌리면 되겠지만, 또 다른 손쉬운 방법이 있습니다. 전신 운동을 하는 것입니다. 운동을 하면 가슴이나 머리에 집중된 기혈이 전신에 고루 퍼져서 어느덧 답답함이 가시고 마음이 상쾌해지게 됩니다. 운동을 할 때는 격렬하게 하지는 말고 얼굴에서부터 다리까지 각 부위를 나누어서 집중하고, 생각과 그 부위의 움직임으로 기혈이 잘 돌고 신경이 활발해지도록 운동을 하는 것입니다. 꼭 생각을 집중해서 생각 자체로 움직여야 합니다.

각 근육의 운동이 끝나면 아래 뱃속, 다음으로 가슴속, 또 다음으로는 목 속과 뇌 속을 나누어서 집중하면서 생각과 몸의 가벼운 움직임으로 운동을 해주는 것입니다.

그 다음으로는 근육을 이완하기 위해서 다리나 팔을 벌려서 늘려주는 것입니다. 이때도 무리하지는 말고 약간 벌려서 한참동안 있으면 됩니다. 이때는 움직이지 않는 것이 효과적입니다. 특히 등, 뼈, 배, 가슴 중에 차가운 곳을 찾아내서 거기만 별도로 아주 가벼운 운동을 수시로 해주는 것입니다. 이때 열이 나면 중단해야 합니다. 급소 운동을 가볍게 항상 해주면 마음이 밝아지고 치료가 될 것입니다.

또 다른 방법은 머리, 가슴, 배를 손으로 만져 보고 특히 더운 곳은 시원하게 해 주고 차가운 곳은 따뜻하게 해 주는 것입니다.

등과 가슴, 그리고 배를 위주로 눌러 봐서 아픈 곳이 있으면 그곳이 다른 곳에 비해서 찬가 더운가를 판단해야 합니다. 그곳을 따뜻하게 하거나 시원하게 해주는 것입니다. 그러면 즉시 오분 안에 스트레스를 없앨 수 있습니다.

기본적으로 차가워서 염증이 생긴 것이라도 처음에는 차갑지만 나중에는 열이 납니다. 이때는 열이 나더라도 따뜻하게 해주어야 합니다.

예를 들자면 추워서 감기에 걸려도 몸에서 열이 납니다. 이때 열이 난다고 차게 하면 안 되는 것입니다. 어찌해야 옳은지 모른다면 일단 따뜻한 것을 약 5분 이상 붙여 보면 알 수 있습니다. 기분이 좋아지고 몸이 편안해지면 제대로 한 것입니다. 그렇지 않으면 반대로 해 주어야 됩니다. 자칫 착각으로 거꾸로 하면 더 심해지게 되는 것입니다. 이때는 즉시 반대로 행해서 마음이 편하게 느껴지는가, 증상이 호전되는가를 살펴봐야 합니다.

물론 몸의 저항력이 어느 한계치 이하로 떨어지게 되면, 시원하게 하면 춥고 따뜻하게 하면 너무 더워서 견디기 어려운 현상이 나타날 수 있습니다. 그러면 좀체 조절을 할 수 없을 것입니다. 그렇지만 그럴수록 면밀하게 번갈아가면서 중립으로 몸을 유지해 주어야 하는 것입니다.

위가 쓰리거나 속이 답답하고 짜증이 나면 가슴을 만져 보고 눌러 봅니다. 눌러서 아픈 곳이 차가우면 체온보다 약간 더 따뜻한 것을 사용해서 풀어주면 됩니다. 즉흥적으로는 손바닥을 가슴에 올려 놓고 있어도 됩니다.

덥다면 가슴 쪽의 옷을 약간 열어주면 됩니다. 가슴이 차가워도 두통이 있고 가슴 쪽이 답답해도 머리에 두통이 있습니다. 또 기관지가 약한 사람은 이때 잠깐 기침이 날 수 있습니다. 임시 처방으로는 머리도 가슴에 준하여 따뜻하게 하거나 시원하게 해 주면 되는 것입니다.

우리의 몸은 지수화풍이 서로 조화를 이루고 있습니다. 이 중에서도 물과 불이 기본 바탕이 되는 것입니다. 이 조화가 깨어질 때에 몸에 스트레스를 느끼고 병이 오기도 합니다. 중립이 되도록 유지하는 것이 질병을 예방하거나 치료하는 첩경이 되겠습니다.

스트레스가 너무 심해 우울증이나 다른 병이 들었다면 따로 치료를 해야 할 것이나, 웬만한 것은 마음을 즐겁게 가지고 차고 더운 것을 조절하여 주면 쉽게 극복할 수 있습니다.

머리가 아프거나 다리가 아플 때 중하지 않는 증상이라면 차고 더운 것을 조절해 보십시오. 특히 잠자면서 조절하면 더욱 좋습니다.

신경을 써서 잠이 안 오고 머리가 띵할 때에 모자나 수건을 사용하여 머리에 쓰고 자거나 이마에 덮고 자면 증상이 쉽게 사라지고 잠이 들 수가 있습니다. 움직일 때나 공부 중에도 머리가 차갑다면 그렇게 해서 머리가 아픈 것을 막을 수 있습니다. 그러나 열이 많이 나서 답답하면 모자를 사용하지 말아야 합니다. 이때는 오히려 머리와 가슴을 노출시켜서 시원하게 해 주어야 합니다. 안 나던 기침이 날 때도 이와 같은 기준으로 조절을 하면 됩니다. 그러면 심한 기침으로 진행을 미리 막을 수 있습니다.

심한 스트레스를 받아서 우울증이 된 사람도 등뼈나 가슴 쪽을 만져 보고 열이 나면 아픈 곳에 생지황이나 아니면 알로에를 반으로 쪼개서 붙여 보면 좋습니다. 단 등뼈가 아프고 열이 나야만 사용하는 방법입니다. 열이 안 나고 차가우면 따뜻하게 해 주어야 합니다.

그렇다고 너무 열이 샌 것으로 붙이면 안 되고 체온보다 약간 더한 것을 붙여야 효과가 있습니다. 그런데 이 정도로 악화된 사람은 심장병이나 위장병이 있기 마련입니다.

배가 차가우면 따뜻한 성질의 음식을 먹어야 되는데, 채소나 과일 종류를 많이 먹지 말고 지방질과 단백질이 많은 음식을 골고루 먹어야 합니다. 녹차나 밀가루 음식도 속이 냉한 사람은 금해야 합니다.

평상시에 채소 위주로만 먹는 사람은 지방질 음식을 같이 먹어 주고, 지방질 위주의 식사를 하는 분은 채소를 많이 먹어 주어야 합니다. 치료 초기에 잘 먹던 음식은 당분간 삼가고 상반된 음식 위주로 먹어야 합니다.

위장병이 있는 사람 중에 속이 쓰리고 거북한 사람은 장이 차가운가 더운가를 판별해 가지고 차가운 체질이라면 채소나 과일을 많이 먹지 말고 치즈나 기름진 음식, 그리고 약으로는 비타민 E를 복용하는 것이 좋습니다. 비타민 E라도 다른 것은 함유되지 않는 것을 복용해야 합니다. 그리고 배나 특히 가슴 부위 쪽에 차가운 쪽이 있다면 따뜻하게 해 주어야 합니다. 이와 같이 해도 위장병이 좋아지지 않으면 병원에 가서 진찰을 해 봐야 할 것입니다. 위장병을 고쳐야 우울증도 손쉽게 고칠 수가 있습니다.

혹시 호흡법을 사용해서 수행을 한다든지 아니면 집중법을 사용해서 수행을 하는 사람은 이때는 절대적으로 중지해야 합니다. 그리고 술이나 담배는 금물 중의 금물이고 밀가루 음식도 금물입니다.

중립을 유지해 주는 것이 비결이 됩니다. 차거나 덥거나 한쪽으로 치우치지 않도록 계속적으로 중립을 유지해 주면 결국은 치료가 됩니다. 특히 난치병에는 효과가 있고 질병에 잘 걸리지 않는 몸이 됩니다.

열 체질의 몸은 약 또는 음식, 아니면 운동 등으로 열이 가중되게 되면 곧 병이 중해지고, 나이가 많고 몸이 냉한 사람이 차가운 성질의 약을 잘못 사용한다거나 또는 냉한 음식을 상식하면 좋지 않습니다. 추위에 몸을 오랫동안 노출시켜도 순식간에 중병이 들 수도 있습니다. 사소한 약이라도 반대로 쓰면 중병이 들 수가 있습니다. 몸을 중립으로 유지하는 것이 치료의 첩경이 되겠습니다.

스트레스 이야기가 나왔으니 수행자도 스트레스를 받는가 한 번 살펴보겠습니다. 결론적으로 똑같이 받습니다.

그러면 근심 걱정이 많아서 그런가? 그렇지는 않습니다.

편하지 못해서 그런가? 그것도 아닙니다.

그렇다면 까닭이 무엇인가?

화두를 든다, 염불을 한다, 호흡법을 한다, 기타 집중법을 사용할 때 반복적으로 오래 하기만 하면 스트레스가 됩니다. 우리의 생각이나 행동은 한 방향으로 오래 지속하면 피곤해지고 과열이 되게 되는 것입니다. 계속하면 숙달이 되기도 하겠지만 그 기능이 나날이 약화되게 됩니다.

깊은 슬픔이나 기쁨, 그리고 성내는 마음을 낼 때가 있습니다. 그 때는 신경의 활동과 화학 분비로 인해 평균적으로 몇 시간 정도 그 뒤끝이 유지되게 되어 있습니다. 이 작용이 반복해서 하루에 서너 차례 계속된다면 하루종일 과열이 되는 것입니다.

이것이 날이면 날마다 계속되면 지쳐서 기능이 약화되고 장차 힘을 못 쓰게 됩니다. 곧 명을 단축하게 되는 것입니다. 결국은 체질에 변화가 오면서 좋지 않는 현상이 일어나게 되어 있습니다. 술이든 담배든 명예든 사랑이든 예외가 없습니다. 이것이 스트레스의 원리입니다.

결국은 지치고 싫증이 날 때가 오기는 하지만 한때는 빠져 나오기가 힘들게 되는 것입니다.

한쪽으로 지나치면 스트레스가 됩니다. 아무리 좋은 일이고 즐거운 일이라도 한쪽으로 마냥 치우치면 스트레스가 됩니다.

(스트레스는 어떤 원인으로 기혈 흐름이 원활하지 못할 때 느끼는 증상입니다. 그리고 몸을 중립으로 유지하려는 작용입니다.)

해소를 하려면 또 다른 행위를 해서 몸과 마음의 작용을 반전해 주어야 하게끔 몸의 구조와 마음의 구조가 이루어져 있습니다. 몸이나 마음이 다 하나지만 언어의 편의상 연결하여 말합니다.

반전이란 무엇인가? 오래 앉아 있었다면 서 있기도 하고 뛰기도 해 주는 것입니다. 일을 너무 많이 했다면 쉬어 주기도 하고, 너무 쉬고 있다면 이때의 스트레스는 일을 해야 없어지는 것입니다.

원리가 이렇습니다. 때문에 세상에 참으로 스트레스 받을 일이 너무도 많지만 생활 속에서 번갈아 가면서 해소가 돼서 살 수 있는 것입니다. 적극적으로 살고 긍정적으로 사는 사람일수록 스트레스가 없는 까닭이 이러한 이유 때문입니다.

수행자는 그렇게 스트레스 받을 만한 일이 없지만, 그래도 공부를 하다 보면 스트레스를 받게 됩니다. 그래서 호흡법을 하는 이는 하루 한두 시간 이상 하지를 말아야 합니다. 집중법을 사용하는 사람도 두세 시간 이상은 하지 말아야 합니다.

화두나 염불을 하는 이들 중에 제대로 화두나 염불을 한다면 상관이 없겠으나, 그렇지 못하면 간혹 쉬어가면서 정진해야 하는 것입니다. 절대 육단심으로 독촉을 하지 말아야 합니다.

수행자여,

고요해도 돌아보지 않고

맑음도 마음에 없다.

정진이 된다 해도 무엇인지 모르고

특별한 방법을 내세우지도 않는다.

때로는 배고프고 때로는 졸리는구나.

그래도 간혹 방편을 쓴다.

소리와 생각은 지수화풍을 조절하고 차고 더움을 조절하는 힘이 있습니다. 당연히 기혈의 운행을 돕습니다. 그 원리는 간단한 것입니다. 자기가 원하는 세속적인 소리를 반복하고 원하는 생각을 반복합니다. 단 짧게 줄여 단순하게 해야 합니다.

만약 정진의 성과가 없어서 스트레스를 받았다면, '답답함이 풀릴 때까지 이룰 수 있다' 하고 반복하는 것입니다. 사업이 실패해서 스트레스를 받은 사람이라면 '벌 수 있다' 하고 반복하면 됩니다. 단, 이루어지고 안 이루어지고는 생각하지 말아야 할 것입니다. 이 방법은 수행의 이치를 아직 모르는 사람이 스트레스를 이기는 방법 중 하나가 될 수 있습니다.

마음에 선도 악도 다 내버려 두고 어떠한 것도 심각하게 생각하지 말고 웃으면서 살아가면 스트레스는 저절로 물러갑니다. 스트레스의 근본은 집착이고 욕심이기 때문입니다.

성스러운 법이라도 집착을 지나치게 일으키면 스트레스가 됩니다.

(저마다 자랑스럽게 여기거나 애착하는 종류가 다 다릅니다. 어떤 사람은 명예를 매우 중요하게 생각하는 사람도 있고 재물을 아끼는 사람도 있습니다. 또는 일하고 연구하는 것에 가치를 두는 사람도 있습니다. 그리고 우리의 어머니들은 자식의 사랑이 대단합니다.

이렇게 다양한 바람과 애착이 존재하는데, 이것이 손상을 입었을 때 사람들은 큰 충격을 받게 되는 것입니다. 이럴 때는 다시 회복하고 좋아지기를 바라는 마음이 있게 마련입니다. 그러나 이것이 여의치 못할 때에 심각한 스트레스를 느끼는 것입니다.

그러면 어떻게 하면 좋을까요?

과거를 마음에서 비우고 현실을 수용해야 할 것입니다. 다시 시작하는 것이지요. 밝은 마음으로 돌아가는 것이 대단히 필요합니다. 방편을 쓴다면 순간의 일에 충실하는 것입니다.

예를 들자면 바둑을 둔다면 속으로 '바둑만 생각하자' 하고 반복하는 것입니다. 그리고 운동을 하고 있다면 '운동만 생각하자' 하고 반복하는 것입니다. 다른 경우에도 동일합니다.

정식으로 마음 공부를 한다면 더욱 좋을 것이고 경을 독송하거나 염불을 해도 좋을 것입니다. 또 고민으로 인해서 두통이 심하다면 '파'자를 외우고, 마음이 안정이 안 된다면 '아'자를 외우는 방법도 아주 좋습니다.)

그 밖에 불안을 깊이 느끼면 심한 스트레스를 받게 됩니다. 이것이 해소되지 않고 쌓이고 쌓이면 심장병이 생기거나 급체가 와서 식욕이 완전히 떨어지기도 합니다. 그러면 음식을 넘길 수도 없게 됩니다. 마치 몸살 감기에 걸린 것처럼 몸에 추위를 느끼기도 합니다.

그리고 스트레스로 인하여 화기가 가슴 표면에 있으면 위장병이나 두통 등이 되고, 가슴 중심부에 있으면 열화가 차서 숨을 헐떡이고 답답함을 호소하게 됩니다. 또 화기가 등뼈와 가슴 중심에 가득 차게 되면 매사에 의욕을 잃게 되고, 불안 초조하고 심하면 헛것이 보입니다. 이러한 모양을 우울증이라고 합니다.

화기가 가득 찬 우울증은 일단 등이나 가슴의 화기를 몰아내는 것이 중요합니다. 알로에나 생지황을 붙여서 화기를 빼내고 장을 따뜻하게 하는 음식을 먹어야 합니다.

심하지 않는 경우는 몸의 기혈을 순환시켜 주는 약을 복용하면 좋은 효과가 있습니다. 순환시키는 약 중에서도 몸의 상부를 시원하게 해주는 성질의 약을 사용해야 합니다.

위와는 상반되게 등과 배가 차가운 경우에는 따뜻한 성질의 음식을 상식해서 몸을 덥게 해 주거나 외부적으로 몸을 따뜻하게 해 주어야만 마음이 편해집니다. 덧붙이자면 스트레스로 인해 기혈 순환이 잘 안 되고 차가우면 몸에 담이 돌아다닙니다. 여기 저기 덥거나 차갑고 아픕니다.

이러한 스트레스의 증세에 적당한 치료 방법은 일체를 있는 모양대로 내버려 두고 마음을 비우는 것입니다. 그리고 억지로라도 웃어야 됩니다. 반복해서 마음 속으로라도 웃으면 매우 효과적으로 치료가 됩니다. 그리고 자기의 마음을 멍들게 하는 그 무엇을 포기해야 되는 것입니다. 그러면 속이 시원함을 느낄 것입니다.

다음은 적당한 전신 운동을 하는 것입니다. 그러나 운동이 격하면 부작용이 있을 수 있습니다. 부드러운 운동 위주로 해야 합니다. 운동은 스트레스의 해소에 매우 효과적입니다.

그리고 다음은 음식입니다. 배가 차고 변이 무르거나 소변 양이 많고 자주 보는 사람은 차나 채소 위주의 음식을 줄이고 지방질을 충분히 섭취해야 하는 것입니다.

간혹 소변이 잘 안 나와서 옥수수 수염 등을 달여 먹는 것을 보는데, 나이가 많거나 배가 차가운 사람은 절대 먹지 말아야 합니다. 채소나 과일 먹는 것을 삼가고 지방질이나 치즈를 먹어서 배를 따뜻하게 해 주면 자연히 치료가 됩니다. 특별한 균에 의한 염증이 잠복하고 있지 않는 조건에서입니다. 특별한 염증이 있어서 그렇다면 그것부터 치료를 받으면서 위의 방법을 병행해야 합니다. 그러면 훨씬 치료 효과가 빠르고 저항력이 강해져서 다시 재발하지 않게 되는 것입니다.

배는 차가운데 가슴이 답답하고 두통이 있는 사람이나, 더운 것을 못 참는 사람은 대부분이 하초가 냉해서 그런 것입니다. 이러한 사람은 어느 정도 지방질을 먹고 마음을 잘 다스려야 하고, 하초를 약하게 하는 행위를 하지 말아야 합니다. 그러면 상부에 허열이 안 오르게 되는 것입니다. 대체적으로 이런 사람은 덥다고 항상 시원한 음식을 즐겨 먹습니다. 그렇게만 하면 더욱더 허열이 발생하게 되어서 점점 악순환이 일어나게 되는 것입니다.

이런 사람 중에 지나친 운동을 평시에 하고 있다면 운동을 삼가고 마음을 즐겁게 가져야 하며, 집중하는 수행을 한다든지 호흡법을 사용하는 이는 즉시 중단해야 합니다. 그리고 따뜻하고 안정된 음식으로 몸을 덥게 하고 배가 특히 차가운 사람은 복대를 해주면 좋습니다. 그러나 쑥뜸은 함부로 하면 안됩니다.

인삼과 같은 열물은 몸 전체가 차다면 매우 좋은 약이 되기는 합니다. 이때도 몸이 너무 쇠약하고 기혈이 도는 것이 약하면 아주 소량을 사용해야 합니다.

가슴이 답답하고 아래가 차다고 흔히 위의 열을 내리고 아래는 따뜻하게 하는 약을 처방하는 것을 보는데, 그러한 방법은 매우 위험한 방법입니다. 그러기에 앞서 근본 질환을 일으키는 이유와 장소를 먼저 찾아서 치료를 하면 자연히 몸의 조화가 이루어지기 때문에 막연히 열을 내리고 올리려는 약을 쓰는 것은 좋지 않습니다. 잠시는 상관이 없겠으나 좋은 치료 방법은 못 되는 것입니다.

몸의 오장육부에 실질적으로 균에 의한 염증은 없는지 병원에 가서 정밀 검사를 먼저 받고, 특별한 병이 없다면 위에 말한 방법으로 한다면 좋아질 것입니다.

속에 근본적으로 병증이 있으면 몸의 기혈이 잘 안 돌게 되는 것입니다. 당연히 몸에 허열이 발생하게 됩니다. 특히 배가 차가운 사람인데도 변비가 있는 사람은 꼭 균에 의한 질병 검사를 해야 합니다. 그러나 평소에 운동을 너무 많이 한다든지 음식으로 오는 경우는 해당이 되지 않습니다.

질환이 있는데도 모르고, 닦는 자가 임의로 기혈을 운행하려고 하면 곧바로 부작용이 나게 됩니다. 그러니 병증이 발견된다면 적절한 치료를 병행해야 하는 것입니다. 무턱대고 마음만 다스려서 치료를 하려고 한다든지 음식으로만 치료를 한다든지 하면 안 되는 것입니다. 그리고 아무렇게나 한약을 마구 써도 안 됩니다.

앞서의 경우와는 반대로 실제로 몸이 더워서 탈인 사람도 있기 마련입니다. 이러한 사람은 시원한 채소를 많이 먹어서 몸의 균형을 맞춰 주면 되고 육식을 삼가해야 됩니다. 약으로는 비타민 B와 C가 많이 함유된 비타민이 좋은 약이 됩니다.

병이란 의사가 치료하는 것 같지만 반은 자기의 노력으로 치료가 되는 것입니다. 여기에는 대단한 끈기와 열성이 필요합니다. 누구나 병증이 심해지면 알 수 있는 이야기지만 큰 병을 앓아보지 않는 사람은 이해할 수 없는 것입니다.

여기서 알아두어야 할 것은 누구에게나 맞는 만병통치약은 없다는 것입니다. 다른 사람이 좋다고 내 몸에 맞으라는 법이 없습니다. 그리고 먹는 음식이나 약의 양에 절대적인 법칙은 없으므로 자기의 양에 맞아야 합니다. 약을 먹고 증상이 심하면 약의 양을 줄여야 하고 아무런 증상이 안 보일 때는 약의 양을 약간 높여야 합니다. 또 부작용이 심해도 약의 양을 줄여야 합니다.(의사와 협의)

대체적으로 처방이 잘 되고 약의 양이 맞으면 부작용이 없이 치료가 잘 되고 그러한 것이 바로 상약이 되는 것입니다. 그러나 오히려 병증이 심해지면서 치료가 되는 약도 많이 있습니다.

몸속이 냉한데 성질이 차가운 약이나 음식을 잘못 먹으면 중병이 들고 쇼크사 할 수 있습니다. 반대로 몸속에 열병이 든 사람이 성질이 뜨거운 약을 잘못 쓰면 똑같은 병이라도 치료가 되지 않고 오히려 죽는 수가 있는 것입니다. 대체적으로 부작용은 여기서 오는 것입니다.

약과 병을 이야기하는 김에 더 언급하기로 하겠습니다.

사람들은 병이 생기면 약을 오래 먹고 치료를 받아야만 낫는다고 생각을 합니다. 그렇지만 약만으로는 완치할 수 없습니다. 급하게 온 병은 약으로 쉽게 나을 수가 있지만 만성병은 생활 개선이 되지 않으면 재발을 막을 수 없는 것입니다.

모든 병은 환경과 생각에서 옵니다. 차고 더움을 조절하는 원리를 알면 난치병도 쉽게 완치를 할 수가 있고 중병을 예방할 수 있습니다.

사람들 중에 흔한 병이 있다면 두통이 있습니다. 정진하는 사람들 중에도 간혹 있습니다. 여러 종류의 통증이 있습니다만 누구라도 한 번쯤은 겪어 보았을 것입니다.

두통을 일으키는 요인은 마음에 격심한 갈등이 있거나 에어컨이나 찬바람을 쏘였을 때, 또는 몸이 너무 더울 때에 일으킵니다.(가슴을 따뜻하게 하거나 시원하게 해주면 일반적인 두통은 없앨 수가 있다.)

또 생각을 많이 하거나 술을 먹었을 때, 그리고 무리한 운동을 하였을 때, 또는 약을 잘못 먹었을 때도 일으킵니다. 그리고 몸 안의 기관에 염증이 있을 때도 열이 상승해서 일으킵니다

요인은 여러 가지지만 혈이 적당하게 공급이 안 되고 너무 넘치거나 부족할 때에 두통이 오는 것이지요. 그러면 산소나 영양 공급에

차질이 와서 두통이 오는 것입니다. 이때는 머리가 차가워서 아픈지 더워서 아픈지를 보아야 합니다. 구별한 다음, 차고 더운 것을 조절해 주면 쉽게 두통이 사라지게 됩니다. 진통제보다는 훨씬 안전하고 효과도 빠르지요..

두통이 오는 사람들 중에, 몸이 차가워서 오는 사람은 늘 머리를 보온해 주어야 합니다. 운동도 활발하게 해야 할 것입니다. 그리고 음식을 골고루 기름지게 먹어야만 합니다.

몸에 열이 많이 나는 사람 중에 배가 차고 장이 안 좋거나 위에 질환이 있는 사람이 있습니다. 이런 사람은 몸이 덥다고 해서 과일이나 채소를 많이 먹지 말아야 하는 것입니다. 그런 사람은 속이 냉해서 오는 질환을 앓고 있기가 쉽습니다. 염증이 있으면 열이 위로 치솟게 되는 것입니다. 그러면 사람들은 답답하므로 시원한 음식을 찾게 되는 것입니다. 그렇게 되면 더욱더 상태가 안 좋습니다.

신장이나 방광에 허열이 많이 나면 눈의 시력이 떨어지고 머리에 비듬이 많아집니다. 그리고 귀에도 물이 나오는 수가 있습니다. 그 증세는 허열이 올라서 그럴 때와 몸이 순전히 차가워서 나타나는 증세가 서로 다릅니다.

몸은 기혈이 잘 돌고 적정한 온도를 유지하고 있다면 무좀균을 처발라도 걸리지 않습니다. 간이나 신장·위 등, 중요 기관이 온전하다면 피부병이 잘 안 오는 것입니다.

간이 좋지 않으면 피부병이 오기도 하지만 위장병이 있어서 기혈 순행이 원만하게 잘 안 되어도 생기는 것입니다. 지금 이야기는 만성질환 위주로 말하고 있는 것입니다.

열이 몰리는 곳으로 피부병이 생기거나 부족한 곳으로 피부병이 생기는 것입니다. 그러기에 피부병을 치료하려면 몸 내부를 치료해야 합니다. 몸 내부를 치료하려면 이상이 생기는 원인을 제거해야 할 것입니다. 그 원인이라면 몸이 중립으로 유지가 안 될 때에 그렇게 되는 것입니다. 두통도 음식과 운동, 그리고 외부 환경으로 차고 더움을 조절해서 벗어날 수 있습니다.

좌선을 많이 하는 사람이나 발을 많이 사용하는 사람들 중에 무좀이 잘 걸리는 것을 볼 수가 있습니다. 또 발이 마르고 갈라지는 사람이 있습니다. 이는 발 쪽으로 혈류가 지나치게 집중이 되고 열이 많아서 그렇게 되는 것입니다. 때문에 발을 시원하게 하면 무좀이 잘 걸리지 않습니다. 운동을 줄이고 좌선시에 양말을 안 신는 것도 치료에 도움이 되는 것입니다. 그리고 과일을 많이 먹지 않는 것도 피부병을 치료하는 데 도움이 됩니다.

내가 지금 말하는 것들은 체질을 개선하는 데 결정적으로 중요한 사항들입니다.

더운 방 때문에 천식 기운으로 두세 달을 기침을 할 수 있습니다. 약을 먹어도 잘 듣지를 않습니다. 기침은 대중들에게 매우 곤란하기 때문에 언급을 하는 것입니다. 병원에 가면 기관지가 나쁘다고 진단이 나오기가 쉽습니다. 그것을 완고하게 치료하는 방법이 있습니다.

무엇이냐 하면 일단 발병시에는 백년초 열매를 갈아서 티스푼으로 한두 스푼을 공복에 먹는 것입니다. 식후라도 상관이 없습니다. 며칠만 먹으면 기침이 더 나오면서 안 나오던 가래가 나오기 시작합니다. 그 가래는 기관지에 있는 열이 내리면서 토해지는 것입니다.

그러나 하루 이틀 정도 가래가 나온 후에는 복용을 중단해야 합니다.

백년초 복용은 추워서 오는 천식은 해당되지 않지만, 이때도 철저히 보온을 하고 인삼을 먹으면서 같이 쓰면 좋습니다.

정진 중에 덥고 건조해서 감기에 걸리면 첫 징조가 가슴이 답답합니다. 그리고 목이 화끈거리거나 코가 막힙니다. 그러다가 진행이 되면 콧물이 나오기 시작합니다. 추워서 걸리는 감기도 콧물이 나오기는 하지만 처음 시작이 틀립니다.

추워서 걸리는 감기는 코가 막히고 콧물이 나더라도 목이 처음부터 답답하지는 않습니다. 두통이 있거나 뒤통수가 무겁고 땡기며 차가웠다가 열이 나기 시작하면 그것은 추워서 걸린 감기인 것입니다. 더 진행이 되면 힘이 없고 눕게 되는데, 몸이 더운 것을 좋아하면 추워서 걸린 감기가 확실해집니다.

또 다른 징조로 변이 무르면 추워서 걸린 것이요, 변이 단단하면 더워서 걸린 감기로 보면 됩니다. 변이 정상적으로 될 때까지 시원함과 따뜻함으로 번갈아 조절을 해 주어야 합니다.

더워서 걸린 감기는 약국의 감기약을 먹으면 안 되고 비타민이나 해열제를 먹어서 열만 내려주면 됩니다. 그리고 방안의 습도를 높이고 온도가 높으면 낮추어야 합니다. 그렇지 않고 종합 감기약을 먹는다든지 무턱대고 땀을 내면 더 심해지게 되는 것입니다. 이때는 인삼이나 고추 같은 열 물은 입에 대지 말아야 합니다. 몸이 쑤시고 힘이 없을 때는 땀을 내야 하지만 그렇지 않을 때는 땀을 내면 안 되는 것입니다.

추워서 걸리는 감기는 반대로 비타민이나 해열제를 먹으면 안 됩니다. 땀을 내어서 치료하고 과일을 금하고 기름지게 잘 먹어야만 합니다. 종합 감기약을 먹어도 되지만 잠시 잠깐만 먹고 땀을 내서 치료를 해야 빨리 치료가 됩니다. 그러나 종합 감기약을 오래 먹거나 땀을 무리하게 오래 내면 안 됩니다. 그러면 몸의 내성이 약한 관계로 처음에는 추워서 걸린 감기였지만 더워서 걸린 감기로 반전이 되고 말게 됩니다. 그때는 더위와 추위가 동시에 들어와서 치료가 까다롭게 됩니다.

다음은 추워서 걸린 감기나 더워서 걸린 감기 중에 땀을 효과적으로 내는 방법을 소개해 드리겠습니다.

땀은, 방에 약간 따끈하게 불을 넣고 땀을 내는 것이 가장 효과적입니다. 이때 옷은 최대한으로 얇게 입어야 합니다. 두껍게 입으면 답답해서 땀을 낼 수가 없게 됩니다. 바닥에 수건만 깔고 이불은 두껍게 덮어야 합니다. 시간은 약 한 시간이 적정합니다.

땀을 낼 때는 해열제를 한 알 먹고 내면 가슴이 답답해지지 않습니다. 언제라도 가슴이 답답하면 땀내는 것은 중지해야 합니다. 그리고 땀을 낼 때에 잠이 들면 안 됩니다. 쉬거나 잠을 잘 때는 정상적인 방 온도를 유지하고 땀을 내지 말고 잠이 들어야 하는 것입니다. 땀을 장시간 내면 오히려 허해지고 몸을 상할 수 있습니다. 다시 땀을 내려면 적당한 시간이 흐른 후에 반복하는 것이 좋습니다.

감기중이라도 몸의 차고 더운 것을 잘 조절해 주어야 빨리 완쾌되는 것입니다. 사우나에서 땀을 내는 것은 삼가해야 합니다. 어떠한 효과도 없습니다. 그 원인은 너무 열이 강해서 속땀을 낼 수가 없고 몸을 더 상하게 하는 것입니다. 열이 약하고 지속적인 찜질방은 효과가 있을 것입니다.

　음식을 먹을 때 맛이 있으며, 변이 일정하고 굵으면 병은 없는 것입니다.

　몸이 찬가 더운가를 살피는 법으로는, 손으로 몸을 만져서 손보다 더 찬가 더운가를 살펴보는 법과, 따뜻한 것이나 수건을 일정 부위에 덮어 보는 법, 그리고 소변이나 대변을 살펴보는 것이 있습니다.

　특히 대변이 무른가, 아니면 딱딱해서 변비가 있는가를 잘 살펴야 합니다. 변이 딱딱해서 변비가 되었다면 그 요인으로 몸 속에 염증이 있는 경우가 있습니다. 특별한 염증이 없어도 일상 생활에서 다반사로 그런 일이 있게 되는데, 다른 까닭이라면 운동이나 일을 너무 심하게 한다든지, 아니면 음식을 너무 기름지게 먹는다든지, 외부적으로 열이 지속적으로 가해질 때 변비가 되는 것입니다. 또 좌선을 오래 할 때도 변이 굳어지는 경우가 있습니다. 장에 열이 채이기 때문입니다. 밤에 잠을 잘 때 배를 너무 덥게 해도 변비가 오는 경우가 있습니다.

　변이 무를 때는 그 반대가 될 수가 있으니, 너무 운동을 안하고 잘 누워 있다든지, 밤이면 시원하게 잔다고 방바닥 온도가 체온보다 낮은 곳에서 잔다든지, 배를 잘 덮지 않을 때에 변이 물러집니다.

　또한 음식을 과일이나 채소 위주로 먹을 때도 변이 물러집니다. 물론 설사와는 다른 개념입니다. 살펴보아서 그와 반대로 개선을 해 주면 되는 것입니다.

　이런 일은 사소한 일 같지만 모든 병의 시초가 되고 그 징조를 미리 알려 주는 것이므로 이때 조절을 해 주어야 하는 것입니다.

그리고 어떤 질환을 치료 중에 있다면 항상 변이 정상이 되도록 해 주어야 빨리 회복할 수 있습니다. 더 보충하자면 요즘은 과일을 포함해서 공장에서 나오는 약이나 음식 중에 시거나 단것이 많습니다. 또 발효 음식이 발달해서 신것이 너무 많습니다. 공장에서 나오는 발효 음식을 주의해야 합니다. 그 중에는 위나 장에 도움이 되는 것들도 많이 있습니다. 그러나 오래 복용하면 오히려 손해를 보게 되고 근본 치료는 안 되는 것입니다.

김치만 해도 충분한데 더해서 신 음식을 너무 많이 먹는 것입니다. 단것이나 신것을 너무 많이 먹으면 이가 빨리 상하고 다른 뼈를 약하게 하는 것입니다. 특히 골다공증을 일으키는 요인이 될 수도 있습니다. 그리고 당뇨병의 근원이 되기도 합니다.

위장이 약한 사람은 위장병이 떨어지지 않습니다. 또 방광이나 신장이 약해서 탈이 자주 나는 사람도 좋지 않습니다. 적당하면 좋지만 넘치는 것은 삼가해야 하는 것입니다. 만약 위에서 언급한 모든 질환이 있거나 징조가 있는 사람은 줄이거나 아주 끊어보면 알 수 있을 것입니다.

또 밀가루 음식을 많이 먹는 사람들 중에 위에서 말한 징조가 있는 사람도 역시 한동안 끊어보면 알 수 있을 것입니다. 그러나 혈기 왕성할 때는 적당히 먹으면 약이 되기도 합니다.

스트레스 이야기 하다 약 이야기까지 하였습니다만, 스트레스란 마음과 몸의 불편함이니 다 연관성이 있기에 연이어서 언급을 한 것입니다. 아무튼 냉온법을 적절하게 사용하면 호흡이나 운기시 부작용을 치료할 수도 있고 정신 질환이 있는 사람도 치료할 수가 있습니다. 그런 사람은 반드시 등뼈를 따라 가면서 통증이 있을 것입니다. 그리고 그곳이 차거나 덥기 마련입니다.

그것을 중립으로 해 주면 정신 질환도 치료할 수가 있는 것입니다. 그러면서 잠재의식을 교정해 주면 좋은 치료 효과가 나올 것입니다.

냉온법의 사용은 물리적인, 또는 음식·운동·약을 종합해서 사용하되 때로는 단일로 선택을 하면 됩니다. 스트레스는 암을 일으키는 근본 원인이 되기도 하고 만병의 근원이 됩니다.”

오욕과 과보

잠시 후.

세 분은 세상살이 이야기를 하시었다.

"스님, 각종 욕심의 영향에 대해 한 말씀해 주십시오."

"여러 가지의 욕심이 있겠지만, 불교에서는 오욕으로 나눕니다. 명예욕, 권력욕, 그리고 재물욕, 식욕, 성욕, 수면욕이지요. 가장 원초적인 욕심들입니다."

"스님, 예로부터 명예롭게 살라고 했지 않습니까? 그것이 안 좋은 뜻으로 쓰입니까?"

"그렇습니다. 명예욕이 적당하면 발전도 있고 좋겠지만, 지나치면 큰 병폐를 불러일으킵니다. 수행 정진도 그렇고 아무리 옳고 좋은 것이라도 예외는 아니지요. 그래서 부처님께서는 따로 '진리가 무엇이다' 하시지 않고 중도의 이치를 깨닫게 하셨습니다. '옛말에 황금 보기를 돌 같이 하라' 하신 말씀이 있습니다. 그러나 명예 보기를 돌 같이 하라는 말씀은 없습니다. 명예롭게 살기를 강조한 것이지요. 그런데 이 명예가 이기적인 명예가 될 때에 문제가 되는 것입니다.

‘명예’란 욕심이 작용하면 자기의 역량에 버거운데도, 앞장서고 일을 만들게 됩니다. 사업을 해도 다른 사람을 앞서기 위해서 사업을 하게 되는 것입니다. 이게 적당하면 발전하겠지만 지나치면 자기도 망하고 이웃이나 국가에도 큰 손실을 끼치게 됩니다.

경기를 해도 선수나 관중이 오로지 이기는 데 목적을 두게 됩니다. 승패를 떠나서 즐길 수가 없게 된다는 말입니다.

국가의 살림살이를 맡아서 하는 중요한 위치에 기용되면 다들 출세했다고 말합니다. 출세하기 위한 목적도 저마다 다르기 마련입니다. 다수는 정말로 국가와 민중을 위하여 나름대로 자기의 능력을 발휘하고 있다고 해야 되겠지요.

그렇지만 일부 명리심이 앞을 가린 분들은 개인의 영달과 가문의 명예를 위해 뛰어다니게 됩니다. 그런 분들도 앞에 내세우는 말은 ‘국가의 동량이 되기 위함이다’ 하지만 기실 알고 보면 그렇지 않습니다. 자기나 가문의 명예가 내심으로 작용을 하는 것입니다.

조선시대를 예로 들어보면, 상대방으로부터 조그마한 비판을 받아도 사건이 납니다. 왜냐? 자신의 명예가 연계되고, 가문의 명예, 그리고 자기가 소속된 집단의 명예와 결부되기에 그렇습니다.

때문에 분함을 느끼고 서로 모함하게 되고, 상대방의 뜻이 옳다고 생각되어도 억지로 무시해 버리는 일이 생기게 되는 것입니다. 그걸로 서로 원수가 되어 버립니다. 결과적으로 큰 파당이 일어나게 되는 것입니다.

그 바람에 국가나 백성의 이익과는 상관없는 당쟁을 하지 않았습니까? 당연히 이 상황에서는 권모술수가 난무할 수밖에 없습니다.

되려 바르게 살려는 사람은 바보가 됩니다. 어찌 되겠습니까? 사회 분위기가 그렇게 돌아가면 너나 할 것 없이 거짓말을 예사로 하는 것이 당연한 것처럼 돼버리겠지요.

또 출세하지 않으면 사람 대접이 말이 아니니, 뇌물을 써서라도 출세를 하려고 합니다. 또 출세를 하고 나면 자신과 가문의 안위 때문에 권력의 자리에서 물러날 수가 없게 됩니다.”

“스님, 흔히 자존심이라는 것도 명예심으로 보면 됩니까?”

“그렇습니다. 약간의 자존심은 정의로울 수도 있고 자기 발전의 원동력도 됩니다. 지나치면 직장에서도 상하 간에 화합할 수가 없습니다. 어디서나 충돌을 일으키게 되는 것이지요. 결국 스스로 불행을 자초하게 되는 것입니다.

하여간 명리심이 너무 지나치면 남이 잘되는 것을 봐줄 수가 없게 됩니다. 당연히 여러 사람이 단결할 수가 없습니다. 이러한 문제점의 밑바탕에는 지나친 명리가 심히 자리를 잡고 있습니다.”

“스님, 우리 나라와 같은 경우는 장차 어떻게 달라질 것 같습니까?”

“지금이야 요원한 것 같기도 하지만 ‘앞으로’ 우리 나라는 시간이 흘러 세대가 바뀔수록 투쟁의 역사를 뒤로 할 것입니다. 각자 자기 전문 지식을 활용해서 자기가 속한 집단을 대변하고 나라에 봉사하려고 할 것입니다.

연세가 많든 적든, 지역과 전문 소속이 어디든지간에 함께 모여 의논할 것입니다. 합리적인 방안을 찾아내는 것이지요.

점점 권위의 틀은 무너지고 능력과 화합에 의한 전문 집단으로 변해 갈 것입니다. 경력과 전문화된 특성도 중요하지만 그보다는 현실적으로 능력을 중시하는 사회가 될 것입니다. 경력이 있고 전문가라고 마냥 높이 보는 것이 아니라 진정으로 연구가 되어 있는 프로를 중시할 것입니다. 또 그것을 사회가 식별할 수 있는 수준이 될 것입니다.

각자 전문 기술을 가지고 좌우 간섭 없이 열심히 소신껏 일하는 분위기로 바뀌어갈 것입니다. 그러면서도 좌우 부서와 타협과 조화를 이룰 것입니다. 또한 수동적으로 시키는 대로만 하는 것이 아니라 연구하면서 하기 때문에 생산성도 향상될 것입니다.

우리 사회는 아직까지는 법보다는 인정을 중시하는 풍토가 있습니다만, 앞으로는 아무래도 법치 쪽으로 점점 다가가지 않을까 쉽습니다.

사회는 전반에 걸쳐서 공동체를 존중하고 질서를 잘 지키게 될 것입니다. 그에 맞춰서 공공의 이익을 해칠 때에는 법이 엄격하게 집행이 되고 강화될 것입니다.

개인의 인격이 존중되고, 건전하고 안정된 나라일수록 공공의 위해 행위에 대한 법이 엄격합니다. 또한 국민들의 의식도 당연하고 성숙하게 받아들입니다. 그렇지 않고 부정이 난무하는 사회는 공공의 이익과 의무를 경시하는 풍조가 만연하는 것입니다.

국민 다수의 건강을 해치는 행위라든지, 경영자들이 무책임한 경영으로 많은 사람들에게 피해를 준다든지, 부정을 하여 여러 사람에게 정신과 물질로 피해를 주는 행위시, 그리고 국민의 4대 기본 의무를 다하지 않는 경우 처벌이 엄격하게 이루어질 것입니다.

장차 사회의 분위기는, 나만이 옳다는 독선을 배제하고 100% 승리가 아닌 나의 이익도 챙기고 상대의 이익도 생각해 주는 타협의 질서가 자리잡아 갈 것입니다.

앞으로 명예는 베풀고 열심히 일하는 데서 찾을 것입니다. 남을 간섭한다거나 쓸데없이 두리번거리는 한가한 사람은 없어질 것이고, 어려서부터 자기 일은 자기가 책임지는 분위기가 형성될 것입니다."

"권력욕과 명예욕은 어떤 차이점이 있습니까?"

"명예욕은 남이 알아주기를 바라는 것이 근본을 이룹니다. 그래서 남이 인정하여 주기만 하면 힘이 넘치고 살맛이 납니다. 그렇지 못하면 인생 자체가 의미가 없어지고 마는 것입니다. 그런 까닭에 허명일지라도 앞에 나서기를 좋아합니다.

권력욕은 자기 뜻대로 하려고 하는 마음이 주를 이룹니다. 그렇기 때문에 높은 자리에서 많은 권한을 행사하고 싶어합니다. 자기 마음대로 할 수만 있다면 다른 사람들이 안 알아주고 욕을 할지라도 상관없습니다. 뒤에서라도 군림하면 되니까요."

"스님, 권력욕의 폐단은 어떤 것입니까?"

"권력욕이 적당하면 책임감이 강하고 용기도 있고 각 분야에서 업적을 남길 수도 있습니다. 그런데 이게 지나치면 다른 사람이 누려야 할 자유를 자기 혼자 마음대로 사용합니다. 다른 사람은 아무 자유도 누리지 못하게 합니다.

옛날 왕정 시대에는 국가의 최고 권력을 잡기 위해서 골육간에 서로 해치는 경우가 많이 있었습니다. 권력이 인생의 전부인 사람은 부모 형제나, 의리든 덕이든, 무엇이든지 소모품에 불과합니다. '그 자리는 승리 아니면 죽음이다' 할 정도입니다.

가정에서도 부부간에 서로 자기만이 옳다고 마음대로 하려고 하는 것이나, 부모가 자식에게 자기의 가치관을 억지로 주입하려고 하는 것 등이 명분이야 어디에 있든 일종의 작은 권력욕에 속합니다. 자식들이 부모님의 뜻을 거역하고 자기의 판단이나 생각이 옳다고 멋대로 행동하는 것도 또 하나의 작은 권력욕에 속합니다.

그래서 반민주적인 것은 가정으로부터 시작하여 학교, 직장, 군, 어디라도 있게 마련입니다.

독재라는 것도 결국은 이러한 것이 고루 만연할 때 등장하는 것입니다. 국민이 감시하거나 시키지 않아도 충실하게 자기가 맡은 바 역할을 해 낸다면 독재가 발붙일 수 있겠습니까? 명예욕이나 권력욕은 불가분의 관계에 있습니다."

"스님, 독재의 명분이 국가를 위하고, 또 실제로 국가를 위한다 하더라도 근본은 권력욕에 해당합니까?"

"난세에는 영웅이 나와서 국민을 하나로 뭉치게 해서 국가를 재건하는 경우가 있습니다. 난세는 아니라도 혼란기에 부득이 국민의 뜻을 하나로 모으는 방법으로 독재적인 방법이 사용될 때도 있습니다. 그것이 때로는 유용하기도 합니다. 그러나 나 아니면 안 된다는 마음이 있다면 권력욕이라 해야 될 것입니다.

약간 벗어난 이야기가 되겠습니다만, 일인당 국민 소득이 5,000달러는 돼야만 독재를 면한다고 볼 수 있습니다. 그리고 10,000달러가 되면 확실하게 민주화의 길로 들어서게 됩니다. 절대적인 것은 물론 아닙니다. 국민의 수준을 달러로 비유해 본 것입니다. 모든 것은 국

민의 수준 여하에 달려 있습니다. 못사는 나라지만 독재하고 상관없
는 나라도 많이 있습니다.”

“스님, 이번에는 재물에 대해 말씀해 주십시오.”

“재물은 예나 지금이나 사람들의 최대 관심사이고 중요시해 왔습
니다. 그런데 재물욕도 적당하면 바람직합니다. 열심히 노력해서 삶
의 질을 높일 수 있으니까요.

재물을 잘 활용해서 더 많은 공덕을 쌓을 수도 있습니다. 재물이
없으면 나쁜 일도 하기 어렵지만 좋은 일도 하기가 어렵습니다. 재
물이란 활용하기 나름입니다.

재물욕이 지나치면 돈을 벌기 위해서 부정한 행위를 예사로 하게
됩니다. 무슨 짓을 하든 돈만 벌면 된다는 사고를 하게 된다는 말입
니다. 이 풍조가 만연하게 되면 대다수가 불공정 게임을 하게 되는
것입니다. 이때는 순수한 사람이 손해를 보기도 합니다. 그러면 많은
사람들의 가치관에 혼란이 오게 되는 것입니다.

대체로 기본이 돼 있지 않은 사람은 돈을 벌면 혼자 놀고 즐기는
데 써 버려서 결국은 자기 자신을 망치고 맙니다. 명예·권력·재물
이 우리의 생활에 다 필요한 요소들이지만, 근본을 잘 살펴서 자기
가 기왕 가진 명예와 권력, 그리고 재물을 잘 사용해야 합니다. 자신
의 마음만 충족시키는 데 사용하면 곧 끝이 드러나고 말게 될 것입
니다.

사람들의 마음이 밝고 흡족하게 되는 방향으로 사용하면 복도 더
늘고 보람도 두 배로 느낄 수 있을 것입니다. 그러나 아무리 자기가
가진 것이라도 자기만 생색을 내면 안 되지 않겠습니까? 남도 생색

을 내고 보람된 일을 할 수 있도록 기회를 제공해 주어야 하는 것입니다.

부처님께서 보시행과 보살행을 강조하심도 이와 같은 맥락입니다.(부처님께서는 복이란 오래 의지할 만한 것이 못 되므로 영원한 '해탈'을 추구하도록 가르쳤습니다. 모든 고통의 원인은 집착입니다.)"

"스님, 잠시 집착의 결과에 대해 말씀하여 주십시오."

"남에게 지기 싫어하고 타협할 줄 모르고 아만심이 강한 사람이 있다면, 함부로 자기만 옳은 줄 착각을 해서 적을 많이 만들게 될 것입니다.

그러나 전생의 공덕이 아직 남아 있고 현재 나름대로 행실을 바르게 하고 있는 중이라면 그 힘으로 한동안은 그 지위를 유지할 수 있을 것입니다. 그러나 힘이 다하면 험한 꼴을 당하게 되고 그 누구도 동정을 하지 않게 됩니다. 그 자신도 남을 이해하려고 하지 않았기 때문입니다. 내생에는 지혜도 있고 용기도 있을지라도 하천한 몸을 받고 남의 질시를 받는 생을 살게 됩니다.

또한 욕심이 과다한 사람이 복도 없는 데다가 그나마 행실도 엄정하지 못하다면 당장 험한 과보가 기다립니다.

거꾸로 지금도 명예가 가득한 사람이 마음 깊이 명예를 초탈하면 아주 좋습니다. 당장도 좋지만 그 명예는 다음 생에는 더욱 높아지고 숭앙을 받게 됩니다.

진정한 명예란 쟁취한 데서 오질 않습니다. 마음 속으로 또는 행동으로 남을 존중하고 이익되게 하는 데서 오기 때문입니다.

금생에 행실이 매우 나빠도 명예가 높은 사람이 있습니다. 그런 사람은 전생에 한 번이라도 남을 받들고 존중했기 때문에 그렇게 됩니다. 그걸 모르고 원래부터 자기는 별스러워서 그런 줄로 착각한다면, 곧 좋지 않게 됩니다.

아무것도 하지 않지만 옆에 있기만 해도 좋은 사람이 있습니다. 이런 경우 자세히 살펴보면 그 사람은 상대의 마음을 기쁘게 하고 힘이 나게 하는 역할을 하고 있는 것을 알 수 있습니다. 그런데 역으로 능력도 있고 아주 필요한 사람인데도 직장 같은 데서 남이 싫어하는 경우가 있습니다. 이 사람은 자기만 옳은 줄 알거나 남의 마음을 헤아리지 않고 상처 주기를 좋아하는 사람일 것입니다.

많은 사람들을 어떤 형태로든지 기쁘게 하는 사람은 그만큼 명예로워집니다. 오랜 세월 동안 그렇게 하면 '국민적인 스타다' 하는 대접을 받게 되는 것입니다.

그와 같이 자기가 종사하는 분야에서 많은 사람에게 실질적인 이익을 직접적이든 간접적이든 주게 되면 당연히 명예가 높아집니다. 그것은 정치·경제·문화·종교·언론·체육, 그리고 군사 모든 방면을 총망라합니다.

꼭 높은 자리에 있어야만 명예가 드높아지는 것은 아닙니다. 오히려 그 위치에 걸맞지 않으면 욕을 더 먹게 됩니다. 장차는 일신이 위험하게 될 수도 있습니다. 그래서 분수에 넘치는 명예는 지혜로운 사람이라면 경계해야 하는 것입니다.

공덕이 없이 함부로 명예를 탐하면 기다리는 것은 쓴 잔뿐입니다. 욕과 질시를 받고 하천해지며 종국에는 도와주는 사람이 없게 됩니다.

금생에 큰 권력을 가진 사람이 있다고 합시다. 그렇게 되는 원인을 살펴보겠습니다.

첫째, 전생으로부터 마음을 밝힌 공부를 하고 성인의 법을 공경한 연고로 권력이 생깁니다.

둘째, 전생으로부터 성인들을 받들고 사람들에게 보시행과 보살행을 한 인연으로 권력이 생깁니다.

셋째, 전생에 맺은 악한 인연으로 권력을 잡습니다.

첫째의 공덕으로 권력을 잡은 사람이 권력을 탐하는 마음이 크지 않으면, 어느 분야에 봉사하더라도 업적을 쌓을 수가 있습니다. 근본이 지혜롭기 때문에 매우 훌륭한 업적을 쌓을 수 있게 되는 것입니다.

그러나 그 지혜로움을 잘못 사용해서 권모 술수를 쓰고 명분을 내걸어 분쟁이나 조장하면 결과가 좋지 않습니다. 많은 사람들을 투쟁 속에 몰아넣고 자기의 편리를 도모한다면, 다음 생에는 비천하고 어떠한 권한도 주어지지 않게 됩니다. 심한 경우에는 삼악도의 과보가 있습니다.

왜 그럴까요? 워낙 큰 영향력을 가진 관계로 많은 사람에게 정신적으로나 물질적으로 큰 피해를 주기 때문입니다. 개인적으로 피해를 주는 것은 그 사람하고만 업 갚음을 하면 되고 과보가 그렇게 크지는 않습니다. 그러나 상대가 단체 대중일 때는 사정이 달라지는 것입니다.

두 번째의 공덕으로 권력을 잡은 사람은 수많은 사람들이 받드는 속에 자연스럽게 권력을 얻게 됩니다. 이 권력을 자기 영향력 하에 있는 사람들이 밝고 참신한 삶을 살 수 있도록 해 준다면 얼마나 좋겠습니까? 또 진리의 길로 지향할 수 있도록 하면, 그 공덕은 세세생생 따라다닐 것입니다.

그러나 거꾸로, 날 때부터 하늘인양 착각해서 권력을 가졌을 때 넘치는 수가 있습니다. 남을 억압하고 자기 편리대로 살면서 '당연하다. 나는 원래 상류고, 내 땅이고, 내집이다. 권력도 본래로 내 것인데…' 하는 특권의식을 가진다면 때가 되면 목숨을 부지하기도 어렵습니다. 종당에는 쏜살같이 악도에 떨어지거나, 다시 인간의 몸을 받더라도 비천한 몸을 면키 어려울 것입니다.

권력이란 것을 알고 보면 여러 사람이 나누어서 누려야 할 자유를 자기 혼자, 또는 소수의 집단이 독점하여 누리는 것입니다. 이것이 지나치면 독재라고 이름하고, 이것은 우주 자연의 균형을 깨는 행위가 됩니다.

대자연의 섭리를 주창하는 이 미묘한 마음의 세계는 항상 균형을 유지하려는 성질을 가지고 있습니다. 때문에 어떠한 권력이라도 시간이 지나면 덧없이 떠나고 마는 것입니다. 그럼에도 어리석은 사람들은 권력을 영원히 유지하려 합니다. 온갖 노력을 다 하는 것이지요. 가지가지 명분을 화려하게 내세우면서 말입니다. 그러나 결코 영원한 권력은 없습니다.

권력에 취하게 되면 자기가 하는 일이 대단히 정당한 행위로 착각을 하게 됩니다. 이때 누군가 잘한다고 칭찬을 하면 듣기에 좋습니다. 반대로 못한다고 지적하면 비방으로 받아들이게 되는 것입니다.

이럴 때 누군가 작당을 하여 아부를 일삼게 되면 자기도 모른 사이에 우쭐해집니다. 그러기에 자기를 나무란 사람은 터무니 없는 사람들로 보입니다. 어김없이 패씸하게 보이는 것이지요. 아무튼 그런 사람의 주변에는 간신들이 진을 치고 힘을 쓰게 됩니다.

요즘의 간신들은 어떠한 간신들이 있을까요? 나라나 회사의 살림살이에 중요한 나침반이 되는 통계를 제멋대로 조작하거나 해석하는 것입니다. 윗사람의 입맛에 맞추기도 합니다. 많은 사람들의 판단을 흐리게 하고 오도하는 현대판 간신입니다.

그리고 통계는 어디까지나 참고가 될 뿐인데도 절대적인 수치인 양, 그것만 가지고 무슨 경제가 잘 돌아가느니, 과열이니, 또는 미래가 어떠니 하고 맹신을 하는 것입니다. 이러한 사람은 간신은 아니라도 어리석은 우신에 속한다고 해야 할 것입니다.

세 번째의 전생의 원한으로 권력을 잡은 경우는 자기 민족을 임의로 살해하거나 또는 전쟁을 통해서 자기 종족이나 아니면 타민족을 멸살시킵니다. 때로는 어떤 가정을 파괴하기도 하는 것입니다.

이것은 특이한 예에 속합니다만, 종교를 박해하기도 합니다. 열거하자면 한이 없겠습니다. 이 경우 서로 마음을 돌이켜서 깊이 참회하고 선업을 쌓는다면 악연이 그 당대로 끝나는 것입니다.”

“스님, 그럼 원수는 갚을 차례가 된 쪽이 그만두어야 끝나는 것입니까?”

“바로 그렇습니다.”

“한쪽에서 그만두지 않는 한 결코 중단되지 않습니다. 그러기에 어렵지 않겠습니까? 진리의 스승을 만나서 갚을 쪽이 그만두거나 받을 쪽이 진심으로 참회를 한다면 중단되거나 받아도 약하게 받게 될 것입니다.

　그런데 전생으로부터 넘어오는 원한 관계는 현재의식보다는 잠재의식에서 자기 의지와는 별 상관없이 우연한 것처럼 진행됩니다. 그래서 밝은 마음을 닦다 보면 자기도 모른 사이에 원한 관계가 소멸되는 일이 있게 되는 것입니다."

　"스님, 여러 가지 과보를 정리해 주시고 이어서 오욕에 대해 말씀해 주십시오."

　"큰 권력을 가진 사람은 큰 선행을 할 수 있는 위치에 있지만 크게 악업을 지을 수도 있습니다. 따라서 그 과보도 대단히 큰 것입니다.

　정치·학문·종교 등, 그 어떤 사유로도 화합을 깨거나 많은 사람들이 불신과 증오를 일으키는 원인을 제공하지 말아야 됩니다. 영향력이 커서 다수의 사람들이 휩쓸려 들어갈 것이 뻔하기 때문입니다. 최종적으로 자기에게 과보가 돌아옵니다. 비록 옳은 이치라도 지나치면 더욱 피해가 커집니다.

　자세히 예를 들어서 논한다면, 종교적인 편견으로 종교간의 파쟁을 일으켜서 불신과 증오심으로 많은 사람들이 잘못을 범하도록 하는 것이나, 지역 간·국가 간의 투쟁을 불러일으키는 행위는 많은 사람들과 관계되는 것으로 심사 숙고해야 합니다. 자신과 만인을 위한 길입니다."

　"재물욕의 과보에 대해서 구체적으로 설해 주십시오."

　"전생으로부터 마음뿐만 아니라 몸으로 선행을 해서 남에게 이익을 준 사람이 물질이 풍부하여집니다. 온전한 재물입니다. 또 금생에 와서도 남에게 직접적이든 간접적이든, 이익을 주게 될 때 재물이 풍부해집니다. 남을 도와 준다고 하여도 지나치거나 잘못되게 도와

주는 경우는 예외가 될 수 있겠습니다.

과도한 재물욕으로 사기를 치거나 부정을 하여 얻은 재물도 잠시 향유할 수는 있습니다. 그러나 빚이 되어서 현생에 고초를 받고 가정에 풍파가 많으며 다음 생에는 가난해지고, 어떠한 노력을 해도 재물을 모을 수 없게 됩니다. 재물을 좀 모았다 하면 곧장 일이 터지면서 달아나 버립니다. 그리고 너무 지나치면 인간의 몸도 받을 수 없게 됩니다."

"스님, 식욕에 대하여 말씀해 주십시오."

"식욕은 생명을 유지하는 근본적인 욕구입니다. 식욕이라 해서 욕심으로 분류하면 좀 이상하겠지요. 그러나 실제로는 근본적인 깊은 욕구입니다. 우리가 안 먹고는 살 수 없지 않습니까?

이게 얼마나 깊은 욕구인가 하면, '옛 말에 3일을 굶어서 담을 뛰어넘지 않을 사람 없다'는 말이 있습니다. 그만큼 깊은 욕구라는 뜻입니다.

굶어 죽을 지경에 이르게 되면 더러운 똥 속의 구더기도 아름다운 음식으로 보입니다. 요즘도 굶주리는 나라에서 흘러나오는 이야기 중에 차마 있을 수 없는 내용들을 우리가 접하고 있지 않습니까?

본래 생과 사가 둘이 아닌 줄 알거나, 다시 업 따라서 환생함을 믿는 사람이라면 삶에 그렇게까지 연연하지 않습니다. 그런 사람은 굶어 죽을 지경이 되더라도 몸의 자세가 흐트러지지 않게 됩니다.

그러나 '죽으면 끝이다'라고 생각하고 사는 사람들은 평시에는 점잖고 의젓하더라도 몸에 위기가 닥쳐오면 살기 위해서 발버둥치게 될 것입니다. 당사자야 배움이 있고 자존심이 있기 때문에 의젓하고 쉽겠지만 몸이 무너지는 마지막 위기가 다가오면 근본 생존의 욕구가 발동을 합니다. 그때는 이성을 상실해 버리기 때문에 본인도 어쩔 수가 없습니다. 그래서 그때 평상시의 수행과 가치관이 드러나는 것입니다.

먹고 사는 것이 중요하기는 하지만, 생명을 유지하기에 충분한 데도 지나치게 식도락을 즐기고 포식을 하는 것은 본인의 건강에도 안 좋지만 미래의 업에도 매우 안 좋은 영향을 미칩니다.

옛날 왕들이 좋은 보약과 좋은 음식을 다 먹었지만 오래 살지 못한 경우가 더 많았습니다. 너무 음식에 연연하지 말아야 할 것 같습니다."

"스님, 음식이 풍부해서 탈인 곳도 있지만, 이 지구상에는 먹거리조차도 해결이 안 되는 절대적인 빈곤층이 많이 있습니다. 음식 보시의 공덕에 대하여 말씀해 주십시오."

"우리가 어느 정도 잘살게 되다 보니 먹는 것만큼은 해결된 것 같습니다. 그러나 어느 시대 어느 곳에도 어려운 층은 있기 마련입니다. 배고픈 사람에게는 음식 보시가 가장 시급하고 공덕도 큽니다. 음식을 널리 보시하고 베풀면 항상 풍요로운 곳에 태어나서 배고픔을 모르게 됩니다. '내 것'이라고 음식을 함부로 하게 되면 내생에는 물이 귀하고 음식이 귀한 삭막한 곳에 몸을 받기가 쉽습니다."

"스님, 사람뿐만 아니라 동물이나 식물도 음식을 섭취하기는 하지만 각기 섭취하는 음식도 다르고 방식도 다르지 않습니까? "

"이 우주의 일체 중생들은 여러 가지 방법으로 음식을 섭취해서 생활을 합니다. 이 음식의 섭취 방법에는 입으로 씹어서 먹는 단식이 있고 기운을 느껴서 음식을 섭취하는 기식이 있습니다. 또 몸으로 감촉하여 섭취하는 촉식, 그리고 선정의 즐거움으로 음식을 삼는 희락이 음식이 되는 곳도 있습니다. 지옥 중생들처럼 근본 업식으로 음식을 삼는 곳도 있습니다. 그곳은 고통 자체가 음식이 되고 에너지원이 됩니다.

우리 인간은 대체적으로 입으로 섭취하지요. 그러나 일부는 코를 이용하여 섭취하고, 일부는 피부의 감촉, 그리고 일부는 눈으로, 일부는 귀로 섭취해서 생명을 유지합니다.

입으로 먹는 것이 큰 비중을 차지하는 것은 사실이지만, 전부는 아니며 큰 역할을 할 뿐입니다.

왜 이러한 현상이 벌어지느냐 하면 음식이라 해도 마음의 작용일 뿐 꿈속의 환이며, 먹어도 먹는 바가 없는 그러한 것이 곧 음식이기 때문입니다. 음식의 본질은 성품이며, 이것이 각자 원하는 음식을 만들어 냅니다.”

“스님, 눈이나 귀로 음식을 섭취한다고 말씀하셨는데 이해가 잘되지 않습니다.”

“음식이라고 해도 실제로는 존재하지 않고 마음일 뿐입니다. 아무리 음식을 입으로 잘 먹어도 늘 두렵고 불안한 속에 산다고 생각해 보십시오. 과연 건강하고 살이 찌겠습니까?

또 누가 주위에서 자기 험담을 하고, 흉악한 소리가 좌우에서 늘 들려 온다면 과연 행복하고 살이 찌겠습니까? 나머지도 그와 같으니 잘 살펴보십시오.

그래서 남에게 좋은 말을 하고 환경을 정화하는 것도 알고 보면 타인에게 좋은 음식을 베푸는 것입니다.”

“스님, 식욕을 말씀하여 주시는 김에 ‘술’에 대한 것도 말씀해 주십시오.”

“술에 대해서 말을 안 할 수가 없군요. 주식도 아닌데 인간 생활에 영향을 많이 주니까요.

술은 나쁜 음식이라고 딱잡아서 말할 수는 없지요. 지나쳐서 나쁜 음식이 될 뿐입니다. 부처님께서도 술에 대해 많이 경계를 하셨는데 그러실 만합니다.

흔히 적당하면 약이 된다고들 합니다. 그리고 서로 화합하고 단합하는 대긍정적인 역할을 하기도 합니다.

어느 정도가 적당할까요? 취해도 실수만 안 하면 적당하다고 보는 사람도 있고, ‘하루에 한두 잔이면 적당하다’고 말하는 사람도 있습니다. 특별한 기준은 없지만 술을 전혀 못하는 분은 입에 대지 않는 게 적당하겠고, 그렇지 않는 분은 먹어도 별로 느끼지 못하는 정도가 적당하지 않나 합니다.

때로는 많이 마셔야 될 때도 있겠지요. 그러나 연속되면 곤란하지 않겠습니까?

이 자리에서 생활 속의 술 이야기를 하여 봅시다. 역사적으로 중요한 일을 진행하는 중에 술로 인해서 일을 그르친 예가 비일비재했습니다. 술을 때도 아닌데 마시거나, 먹었다 하면 곯아떨어질 때까지 먹는 그런 사람이라면 중요한 일의 책임자로서는 결격 사유가 되지 않겠습니까?

왜냐하면, 그 정도도 안 되는 정신력으로 무슨 일을 성취하고 책임을 지겠습니까? 오히려 일을 그르칠 것입니다.

술은 용기가 나고 호탕하게도 합니다. 그러나 대인이 겨우 술의 힘을 빌려야 되겠습니까? 술의 힘을 빌려야 할 정도라면 큰일은 못 할 것입니다.

사업도 그렇습니다. 성사되면 안 될 일을 술 한잔하고 마음이 서로 통했다고 성사시킨다면 되는 일입니까? 인정은 있어서 좋을지 모르나 그 회사의 앞길이 불투명하다 할 수 있겠습니다. 그런 풍조가 널리 퍼져서 어쩔 수 없다면 국가적인 차원의 문제가 되는 것입니다.

또 다른 문제로 어떤 직장인이 있다고 가정하고 이야기해 봅시다.

저녁에 술에 취했다가 아침에 말끔해졌다고 해도 위험한 일에 종사하는 사람은 사고의 확률이 높아집니다. 집중력이 떨어지기 때문입니다. 그리고 지구력을 요구하는 운동일 경우, 제 실력을 다 낼 수 없게 될 것입니다. 물리적인 사고가 안 나는 사무직이라도 업무 능력이 현저하게 떨어질 것입니다. 이것은 자기가 소속된 회사에 간접적으로나 직접적으로 피해를 주는 것입니다. 가정적으로도 충실할 수가 없을 것이고.

술을 너무 많이 마시는 나라는 장래가 문제가 됩니다. 생산성이 크게 떨어지게 마련이고 도덕적인 해이와 질서의 붕괴가 오기 쉽습니다. 개인의 입장에서 보더라도 질병하고 술은 깊은 연관이 있습니다."

"우리 나라 사람들의 음주 습관이 어떤지 말씀해 주십시오."

"우리 나라도 술을 많이 마시는 나라에 속합니다. 그렇지만 지금은 전보다는 잘 알아서 마신다고 보아집니다. 앞으로도 더 좋아지리라고 봅니다. 음주 문화도 점차적으로 개선이 되고 있다고 생각합니다.

원래 우리 나라는 술을 많이 먹는 나라는 아니었습니다. 고려시대는 차 문화가 성했거든요. 웬만한 자리에서는 차를 마시면서 담론하고 대소사를 의논했습니다. 그러던 것이 조선조에 들어서면서 막걸리 문화로 바뀌고 말게 됩니다. 결국 차 문화는 사찰에서나 겨우 명맥을 잇게 되고 말았지요.

다행이라 할까! 절에서나 마시던 차가 요즘은 우리 일상 생활에 자리를 잡아서 많은 사람들이 집에서 차를 마십니다. 그리고 어디를 가나 전통 찻집이 있어서 차를 마실 수가 있게 되었습니다.”

“술이 개인의 건강과 정신에 미치는 영향을 말씀하여 주십시오.”

“술이 개인의 육체에 미치는 영향은 너무나 잘 알려져 있습니다. 그러니 대충 정신적인 면을 언급해 보기로 하겠습니다.

술 중독이 사회적인 문제가 된 지 오래인데, 중독은 왜 되는지 살펴보겠습니다.

술을 즐겁게 마시면 중독이 잘 되지 않고 충분한 시간을 두고 마시되, 깡술을 마시지 않으면 중독이 잘 안 됩니다. 또 마음으로 취하는 데 목적을 두지 않는다면 중독이 되지 않습니다.

반면에 횟술을 마시거나 취하는 데 목적을 둔다든지 하면 쉽게 중독이 됩니다. 누구라도 3년 이상만 술을 잘못 마시면 중독이 될 수 있습니다.

한 번 중독이 되면 마음과 몸의 모든 신경계가 변화를 일으키게 됩니다. 그래서 술만 먹고도 살 수 있는 이상한 몸이 되고 맙니다.

중독이라 하는 것은 완전히 업이 굳어지고 몸에 배인 것입니다.

그러므로 중독자는 술을 오랫동안 끊었다 하더라도 한 번만 입에 대면 즉시 원래 상태로 되돌아가고 맙니다. 운전을 오래 한 사람이 안 하다가 갑자기 운전을 해도 곧바로 할 수 있는 것과 동일합니다. 금생에는 폐인이요 내생에는 인간 몸을 받아도 비보 천치가 되고 또 인간 몸 받기도 힘이 듭니다.

이것을 고치려면 처음에는 강제적인 억제가 필요하기도 합니다. 그리고 깊은 마음의 정리가 따라야만이 비로소 벗어날 수 있습니다.

중독이라는 것은 간단한 문제가 아닙니다. 가족과 이웃의 고통은 참으로 극심한 것입니다."

"스님, 성욕의 근본에 대하여 말씀해 주십시오."

"성욕도 근본 욕구 중의 하나입니다. 아까 식욕도 근본 욕구 중의 하나라고 말했는데, 근본 욕구라고 해도 아지랑이와 같고 허공의 꽃과 같습니다. 원래부터 결정적으로 실재하지는 않습니다. 그런데도 왜 뿌리가 질기고 깊은가?

한 망상이 홀연히 물결칠 때, 생각을 하고 또 하고 되풀이하면 습으로 굳어집니다. 그러면 그에 따른 행동이 있게 마련입니다. 이것이 여러 생을 두고 쌓이고 쌓인 것을 업이라고 합니다.

그것이 어느덧 한 몸을 이루게 되면 본래의 근본 바탕이 한없이 밝을지라도 욕심이 주인이 되어서 작용을 합니다. 아뢰야식에 조각된 것입니다. 비유하면 DNA에 단단히 기록돼 버린 것입니다. 그렇기 때문에 본래로 존재하는 것은 아니지만 존재하는 것처럼 작용을 합니다. 따라서 마음을 하나로 돌이켜 밝은 성품인줄 알거나 마음을 다른 곳으로 기울이라면 별 문제가 되지 않는 것입니다.

욕심이란 알고 보면 생명의 에너지이며 성품입니다. 일체 처에 집착을 여의고 마음이 무한대 속에 위치한다면 그것을 원동력으로 깨달음에 이를 수 있을 것입니다.

그러면 우리 일상 생활에 미치는 영향에 대해서 말해 볼까 합니다. 학생을 예를 들어보겠습니다.

한창 자라고 공부할 나이의 학생이 주관이 확실하지 못하면 성욕이 왕성해져서 손해를 보게 됩니다. 어떤 것인가 살펴보기로 하겠습니다.

이 에너지를 함부로 행동으로 낭비하면 기혈이 항상 하체로 집중되기 때문에 머리가 흐려져서 우선 공부에 진척이 없게 됩니다. 좀 더 지나치면 여기저기 기혈 흐름에 이상이 와서 눈이 햇빛을 못 본다거나 약시가 되기 쉽고 위장 장애가 나타납니다. 또 머리쪽으로 허열이 나서 두통도 있고 비듬도 잘 생기게 됩니다. 그리고 기억력도 현저하게 감퇴됩니다. 더 지나치게 되면 수족이 힘을 잃어서 계단을 오르내릴 때 휘청거립니다. 근육이나 뼈가 매우 약해져 정상적인 발육이 되지 않습니다. 또한 종기가 잘 나고 피부병이 잘 생기게 됩니다.

직장인이라면 업무에 충실할 수가 없겠지요. 아이를 생산할 때라면 튼튼한 아이를 낳기 어렵습니다. 중년이 넘어 가면 골다공증이라든지 관절염 등 많은 병의 원인이 될 수 있습니다. 또 피부가 쉬이 거칠어지고 얼굴에 잔주름이 오게 됩니다. 나이가 더 들면 용모도 추해지고 만병의 근원이 될 수가 있습니다.

끝없이 성을 추구하고 기쁨을 느끼면 결국에는 중독이 됩니다. 그렇게 되면 온몸으로 즐거움을 느끼고 더 이상 가는 것이 없다고 생각할 수도 있습니다.

이렇게 중독이 되면 하루종일 빠져 있어도 지치지도 않는 이상한 몸으로 변하게 됩니다. 그러나 그때쯤이면 곳곳으로 고루 돌아주어야만 하는 기혈이 한곳으로 지나치게 집중되게 됩니다. 그때는 몸 전체가 점점 허약해지는 것입니다.

다른 약이라든지 음식 또는 생각으로 음심을 불러일으키는 것이 한계에 도달하면 곳곳에서 신호를 보내 오게 되어 있습니다. '더 이상은 곤란하다'고. 그러나 그것을 무시하고 더욱 진행을 하면 덜컥 중병이 들고 마는 것입니다.

회복하려면 수년이 걸려도 어렵습니다. 이때쯤이면 잠재의식에서 생명을 보호하려는 방어 본능이 필히 발동하게 될 것입니다.(지금까지 그렇게 즐거웠던 그것이 돌아보기도 싫어지게 됩니다.)

어디까지나 지나칠 때를 경계하는 말입니다. 지레 겁을 먹을 필요는 없습니다. 그러한 원인 중에 일부가 될 수 있다는 것이지, 꼭 성욕의 과다에 의한 것만은 아닙니다. 다른 원인과 대개 합해져서 결과가 나타납니다."

"스님, 행동에 의한 결과가 그와 같다고 보고요, 생각으로만 욕심을 일으킬 때는 어찌 되겠습니까."

"이미 생각을 하면 발동하는 것입니다. 그러나 다른 점은, 생각을 했다고 해서 행동에 옮긴 것과는 같지 않습니다. 생각이 생각을 낳고 계속 연속되면 몸에 배게 됩니다. 그때는 행동에 옮길 때나 결과가 동일하게 됩니다.

생각이란 행동보다는 강력하지는 않습니다. 그러나 자꾸 되풀이하면 행동에 옮긴 것처럼 됩니다. 이런 경우는 역시 결과가 좋지 않습니다.”

“스님, 그에 따른 우주적인 과보에 대하여 말씀해 주십시오.”

“지나치게 생각과 행동에 몰두하면 아까운 인생을 낭비하게 됩니다. 그것이 전부인양 착각하게 되는 것이지요. 그러므로 한곳으로는 만족할 수 없게 됩니다. 조금 지나면 그것 자체가 당연하게 느껴집니다. 또 어느 정도 경과하면 그것도 식상합니다. 또 다른 분위기를 찾게 되는 것이지요. 아무리 좋은 것도 끝없이 이어지는 법은 없고 좋을수록 역으로 그 폐단은 큰 것입니다. 어느 땐가는 화가 되어 돌아옵니다.

그렇게 되면 그 자신을 파괴할 뿐만 아니라 그가 속한 가정을 파괴하는 것입니다. 그리고 사회 전반의 풍조가 그와 같을 때는 그 사회가 병들게 되는 것입니다.

내생에는 용모가 추해지고 몸이 부실하고 어리석은 몸을 받게 됩니다. 안정적인 가정을 이룰 수도 없습니다. 또 사랑받는 아내나 존경받는 가장이 될 수 없습니다. 그때는 전생으로부터 넘어오는 그 원인을 모르기 때문에 팔자를 탓하고 주변 사람들을 원망하게 되는 것입니다.

아주 지나치면 인간의 몸을 받지 못하고 악도에 떨어지는 원인이 됩니다. ‘남을 해치거나 원망하지도 않았는데 그 무슨 말인가?’ 할 수도 있겠으나, 그 업이 중독을 너머 한 단계 더 오르면 그럴 수도 있습니다.

그러나 너무 심각하게 생각할 것은 없습니다. 지나치거나 그것이 인생의 전부로 생각하는 것을 경계하는 것입니다. 그러한 경우는 마음을 돌이켜서 종교에 귀의해 열심히 공부를 하면 벗어나게 될 것입니다. 그렇지 못하면 봉사 활동이나 연구 활동을 한다든지 운동에 전념하면 차츰 문제가 없어집니다. 다 허망한 마음일 뿐입니다.

행동은 정숙하여도 마음이 정숙하지 못하면 결과는 별 차이가 나지 않습니다. 예를 들어서 조선시대의 여인들은 억압적인 사회 분위기로 행동이 자유롭지 못했습니다. 그래서 생각을 마음대로 표현할 수도 없었고, 더구나 행동에 옮기는 것은 큰 용기가 필요했습니다.

그러면 다 성스러운 생을 살았다고 할 수 있느냐?

마음이 평화롭고 여유로 가득 찼다면 참으로 좋을 것입니다. 그와 반대로 투기와 욕구불만에 가득 차 있었다면, 조금 전에 이야기한 과보와 대동소이합니다.

이 에너지를 완전히 돌이켜서 진리를 탐구하는 데 사용한다면 해탈의 길로 나갈 것이고, 마음을 돌이켜서 보시행과 보살행을 한다면 많은 공덕을 쌓을 수 있겠지요.

사회 풍조를 역사적으로 보면, 조금 건전할 때도 있고 그렇지 못할 때도 있어서 돌고 돕니다. 윤회한다고나 할까!

생각이란 집착이고 집착은 옮겨가는 대로 이름이 붙습니다. 식욕이니, 성욕이니 하는 식으로 말입니다. 결국 욕심의 종류는 여러 가지이나 몸통은 하나입니다. 하나가 참으로 끊어졌다면, 백 천이 끊어질 것입니다."

"스님, 우리가 살고 있는 이 시대는 성이 너무 문란하다고 말하고 있습니다. 처방을 말씀해 주십시오.”

“이제부터는 그 본질을 제대로 알고 무조건 죄악시하기보다는 인생을 헛되이 살지 않도록 확실하게 교육을 할 때가 되었습니다.

사람은 누구나 손해날 짓은 안 하려고 하는 본능이 있습니다. 제대로만 인식을 한다면 자연히 바로 갈 것입니다.

지금이 말세다 뭐다 하는데, 과거 역사에는 지금보다 훨씬 문란한 시절이 많이 있었습니다. 역사를 연구해 보면 곧 알 수 있습니다.”

“스님, 수면욕에 대하여 말씀하여 주십시오.”

“수면욕이라 하면 좀 생소하지 않을까 싶습니다. 우리는 인생의 3분의 1을 잠자는 데 사용하고 있습니다. 수면이 그만큼 중요한 것도 사실입니다.

잠도 닦는 사람에게는 수마라 하여 극복의 대상이 됩니다. 다른 욕심과 같이 본래부터 존재하는 그런 불변의 욕구도 아닐 뿐더러 잠을 자지 않으면 안 된다는 법도 없습니다.

여기에서 잠의 종류를 분류해 보겠습니다.

생각이 오락가락 해서 도무지 잠을 이룰 수 없는 잠이 있습니다. 머리가 띵하거나 두통이 있는데, 불면증도 이 종류에 속한다고 보면 되는 것입니다.

그리고 보통 일반적인 잠이 있습니다. 깊이 자면서도 언제든지 반응할 수 있고 자고 일어나면 개운합니다. 건강한 사람의 잠이라고 할 수 있습니다.

몸도 정신도 죽은 듯이 자는 잠이 있습니다. 너무나 지쳐 있을 때 자는 잠입니다. 업어가도 모른다고 하는 잠이지요.

몸이 아주 피곤한데, 잠을 못 이루고 설치는 잠이 있습니다. 생각을 많이 했을 때나 다리를 많이 사용해서 혈류가 다리로 편중될 때 그렇습니다. 아니면 약이나 기타 사유로 몸안에 열이 많을 때 나타나는 현상입니다.

몸은 자는데 정신이 깨어 있는 잠이 있습니다. 수행 정진하는 사람의 잠이라고 할 수 있습니다.

정신은 일부 자는데 몸은 자지 않고 있는 잠이 있습니다. 무사들의 잠입니다.

몸은 자는데 공포에 시달리는 잠이 있습니다. 잠자리가 바뀌었거나 주변 소리를 집중하면서 잠을 청하면 그렇습니다. 주위를 경계하면서 자기 때문에 그렇습니다. 그렇게 되면 잠재의식이 왕성하게 활동을 해서 공포를 불러일으킵니다. 이때는 정신이 자기도 모르게 귀에 모여 있습니다.

또 몸에 병이 들어서 뒤척이면서 잠을 못 이루는 잠이 있습니다.

특수한 사람을 빼고는 잠을 자야 할 것이니 올바른 잠에 대해 말해 보겠습니다.

흔히 시간만 나면 누워 있는 사람들이 있습니다. 이런 사람들 중에 허리 아픈 사람들이 많이 있게 마련입니다. 배와 허리에 혈이 잘 안 돌아서 냉해진 관계로 탈이 난 것입니다. 그렇게 되면 허리가 아프다고 더 자주 눕게 됩니다. 그럴 때는 오래 눕지 말고 운동을 해야 될 것입니다. 그리고 배나 허리를 따뜻하게 해야 합니다. 그 반대로 허리를 무리하게 사용해서 탈이 난 사람은 허리를 안정시켜야 낫겠지요.

잠을 너무 많이 자거나 수행자가 늘 혼침에 빠져 있으면 몸이 이완되어서 질병에 잘 걸리는 몸이 됩니다. 또 차가운 체질로 바뀌어 순환기 질환이 오기 쉬운 몸이 됩니다. 이런 경우 열심히 운동을 하고 혼침을 줄이면 좋아지게 될 것입니다.

기나긴 밤을 잠 못 이루는 사람들은 어떻게 해야 될 것인가?

이런 사람들은 늘 피곤하고 잠을 꼭 자야만 한다는 강박 관념에 시달립니다. 왜냐? 잠을 못 자니 피곤하거든요. 그래서 더욱 피곤하고 잠을 이루지 못하게 됩니다.

그러나 잠을 안 자도 죽지는 않습니다. 오히려 잠을 절대로 자려고 하지 말고 염불을 열심히 한다든지, 화두를 들고 공부를 하면 자연히 치유될 것입니다. 피곤하더라도 무시해 버리고 잠을 자지 말아야 됩니다.

또한 습관적으로 이 걱정 저 걱정 하는 것을 즉시 중단해야 합니다. 걱정할 게 오죽 많겠습니까? 그렇지만 걱정해 봐야 주변에 폐만 끼칠 것이니 '돼가는 대로 내버려 두자' 하고 웃고 살면 되는 것입니다.

보편적으로 잠을 편하게 자는 법이라면 한가로운 마음을 가지고 미소짓고 잠을 자면 됩니다. 그러면 건강에도 좋고 자고 일어나면 가뿐할 것입니다.

걸음을 많이 걸어서 잠을 못 잔다면 발을 벽에 십분 정도 올려 놓았다가 잠이 들면 될 것이고, 생각을 많이 해서 머리가 띵하고 잠이 안 온다면 머리에 수건을 덥고 자면 잠이 편하게 들게 됩니다. 이때 혹시 답답하면 수건을 치워 버리고, 반대로 두 무릎을 생각하고 잠이 들면 되는 것입니다.

  만약 닦는 사람이라면 오로지 화두 속에 살되, 잠이 오면 잠을 자
고, 잠이 안 오면 자지 않으면 됩니다."

복과 인연

"스님, 이번에는 복의 종류와 실천에 대해 말씀하여 주십시오."

"복이 있다 하면 다 좋은 걸로 생각하기 때문에 중요한 몇 가지만 언급하여 보도록 하겠습니다. 사람들은 이것 때문에 무한한 괴로움을 당하기도 합니다.

진정 공덕이라고 할 수 있는 것은 널리 베풀고 마음을 닦아서 영원히 근심을 놓아 버리는 것만이 공덕다운 공덕이라고 할 수 있을 것입니다. 마음 공부 잘하는 것이 최고의 공덕이라는 것입니다.

이 자리에서는 그 밖의 다른 복을 언급해 보기로 하겠습니다. 좋은 시대·좋은 국토·좋은 지방에 태어나는 복, 성격이 좋고 건강한 몸으로 나는 복, 좋은 부모 만나는 복, 좋은 스승 만나는 복, 좋은 친구 만나는 복, 좋은 배우자 만나는 복, 좋은 자식 두는 복, 좋은 제자나 부하를 두는 복 등입니다. 기타 명예니 재물이니 하는 것은 위에 저절로 따라다니기 때문에 언급하지 않는 것입니다.

복을 말하기 이전에 알아두어야 할 것이 있습니다.

정신이나 물질, 그리고 대자연의 어떠한 현상이라도 가는 것이 있다면 오는 것이 있습니다. 받는 것이 있다면 기필코 싫어도 갚는 것이 있게 마련입니다. 지금 당장은 아니라도 내생, 그 다음 생이라도 당연히 작용을 하는 것입니다.

이 현상은 선악과도 상관이 없는 근본의 작용일 뿐입니다. 세간에서 인과라고 말하기도 합니다. 부모 형제지간이라도 예외가 없습니다. 사람들은 자기도 모르게 어떤 행을 할 때, 손익 계산을 하고 행동에 옮깁니다. 거기에는 어떤 대상이라도 예외가 없습니다. 그런데도 자기만은 이해관계를 떠나서 행동하는 줄 착각을 하는 것입니다. 이것이 인간의 가장 중대 착각일 것입니다.

자기 이해 관계를 다 떠나서 행동에 옮긴 사람은 역사적으로도 몇 명 안 될 것입니다. 우리의 생활은 이해 관계가 거미줄처럼 얽혀 있기 때문입니다.

이제 복을 이야기할 테니 참고를 하면서 듣기 바랍니다.

닦는 사람은 절대적으로 스승 잘 만나는 복이 있어야 하고, 좋은 도반을 만나는 복이 있어야 합니다. 부차적으로는 터의 복이 있어야 되겠지요. 좋은 단월을 두고 제자 복이 있으면 더욱 좋을 것입니다. (복이란 한편으로 구속이니 잘 살펴보십시오)

그러면 공덕을 세부적으로 논해 보겠습니다.

평상시에 스승을 한없이 공경하면서 가르침을 받는다면, 스승의 깊은 지혜를 터득할 수 있습니다. 진심으로 스승을 공경해야 되는 것입니다. 마땅히 스승의 어떠한 허물도 보지 말아야 됩니다. 결코 절대적인 복종이나 군림이 아닌, 즐거이 받아들이는 마음을 말하는 것입니다.

그러한 마음이면 세세생생 좋은 스승 만나서 어느 분야든 대가가 되고 업적을 이룰 수 있습니다. 최고를 원한다면 마땅히 스승을 찾는 데 총력을 기울여야 하고 기필코 좋은 스승을 만나야 합니다. 그렇지 못하면 진정한 대가는 되기 어렵습니다. 예외가 있기는 하지만 말입니다. 제자가 아만통이 있고 자기 나름대로 이치와 원칙이 많다면 스승될 사람이 옆에 있다 해도 소용이 없을 것입니다.

스승도 여러 가지가 있습니다. 정치적인 스승, 학문적인 스승, 수행의 스승, 경제적인 스승, 사업적인 스승, 문화적인 스승, 놀이의 스승 등 참으로 다양합니다. 스승 없이 혼자 힘쓰는 것은 몇 배 힘이 들지요.

다음은 좋은 부모나 자식을 만나는 이야기입니다. 수억 만 생을 돌아볼 때에 주변 사람들이 다 한 번쯤은 부모도 되고 형제도 되었습니다. 다만 금생에 부모 형제 인연이 누구냐 이것만 다를 따름입니다. 마음으로부터 부모 형제를 사랑하고 공경하되 그 허물을 마음에 두지 않았다면 좋은 인연이 되겠습니다.

또 자기가 낳은 자식이라도 인격을 무시하지 않고 사랑하고 공경하였다면 좋은 인연이 됩니다. 금생에도 서로 사랑하고 존중하면서 행복하게 살아갈 수 있는 조건이 되는 것이지요. 금생에 또한 그렇다면 내생에도 좋은 부모, 좋은 자식으로 서로 만나게 되는 것입니다.

가정은 화목이 첫째입니다. 그렇지 않는 집은 우선은 큰 부자라도 얼마 안 가서 실패하고 말게 될 것입니다.

어느 부모라도 자식의 교육에는 관심이 많습니다. 부모는 자식으로 하여금 훌륭한 용기와 기상을 가지도록 해야 합니다. 자기 역할을 충실히 하면서 널리 남의 허물을 이해할 수 있는 사람, 그리고 화합하고 이익을 줄 수 있는 사람이 되도록 가르친다면 그 부모나 스승은 아랫사람에게 은인이 될 것입니다.

베푸는 데 즐거움을 찾도록 하면 더더욱 좋겠습니다. 그러면 출세하지 말래도 출세하고 행복하게 살게 되겠지요. 더 나아가 진리의 길을 겸하여 닦는다면 다음 생의 영원한 복전이 될 것입니다. 다른 공덕은 다함이 있으나 진리의 공덕은 영원히 다함이 없어서 해탈하는 것이기 때문입니다.

가족 관계는 참 묘하고 어렵습니다. 절대적인 복종은 절대적인 반항을 낳습니다. 깊은 이해와 친애하는 마음이 가족 간에는 중요하다고 생각됩니다.

다음은 친구의 공덕 이야기입니다. 자기의 욕심을 자제하고 경쟁심을 자제하면서 친구에게 이익을 주되, 바라지 않는다면 친구의 공덕이 생깁니다. 그러므로 살아가는 데 큰 힘이 되고 나쁜 방향으로 안 떨어지게 됩니다. 무슨 일을 도모할 때 주변에 친구가 없다면 매우 힘이 들겠지요.

다음은 배우자의 복 이야기입니다. 배우자 간에 서로 신의를 지킬 뿐만 아니라 서로 다른 점을 인정해서 한쪽이 일방적인 주장을 하지 않는다면, 어려움에 처할 때에 버리지 않고 병들고 추해졌을 때라도 자비의 마음을 버리지 않는다면, 밝은 마음으로 서로 돕고 살아간다면, 좋은 배우자를 만나는 인연을 심는 것입니다.

전생에 그랬다면 현생에 현숙하고 자상한 좋은 배우자를 만날 것입니다. 금생에도 또한 그렇다면 미래에도 그러할 것입니다.

결혼 적령기의 처녀 총각이 선을 보고 좋은 배우자를 만나려고 애를 씁니다. 짚신도 짝이 있다고 했듯이 인연 따라서 짝은 있게 마련입니다. 여기 저기 고른다고 되는 일이 아니겠지요. 격에 맞게 만날 뿐입니다. 그것을 안다면 한사코 욕심을 내야 할 이유가 없는 것입니다. 같이 고르는데 밑지고 결혼하겠습니까? 그래서 결국은 각기 수준대로 만나는 것입니다.

그러면 숙명적이냐? 그렇지는 않습니다. 노력하면 됩니다. 무슨 노력을 하느냐 하면, 자기의 마음을 닦는 것입니다. 자기의 마음이 상대를 불러들입니다. 마음 속에 원망과 질투가 자리잡고 있다면 그런 일이 벌어질 대상이 배우자가 됩니다.

마음이 지혜롭고 밝다면 밝고 지혜로운 사람이 배우자가 될 것입니다. 또 자기 몸과 마음의 관리를 잘하면 의외로 멋진 사람이 나타날 것입니다.

만약에 남을 도와주길 좋아하고 순수하다면, 지금은 가난할지라도 부자가 될 배우자를 만나게 될 것입니다. 마음을 밝게 쓰고 욕심과 어리석음을 추방해서 자기 자신을 향상시킵시다. 어느덧 좋은 인연이 찾아올 것입니다.

이제는 터에 대하여 말해 보겠습니다.

지나가는 개도 영역을 가지고 있고 쥐나 뱀도 자기 복대로 영역을 확보하고 있습니다. 하물며 사람이야 말할 것도 없습니다. 천상의 천인들도 자기 공덕대로 영역이 있습니다. 모양이 존재하는 곳은 어디라도 차별이 존재합니다. 과거나 현재나 자기 지은 대로 가는 것입니다. 이것은 억지로 욕심낸다고 되는 일이 아닙니다. 과거로부터 지금까지 자연과 이웃을 사랑하고 많은 이익을 주었을 때, 반대 급부로 주어지는 것이 터입니다.

이 우주는 너와 내가 한 몸입니다. 산이든 들이든 물이든, 멀고 가깝든, 그리고 동물이든 상관없이 사랑하고 이익을 주면 네가 사랑받고 존중받으면서 사는 것입니다. 그렇지 못하면 이땅이 한없이 넓어도 바늘 하나 꽂을 자리가 없게 됩니다. 홀로 존재할 수 없습니다. 나와는 전혀 상관없고 먼 것 같지만 실은 매우 가까이 있는 것입니다.

산이 좋고 물이 좋은 곳이 있다고 합시다. 저절로 그런 것이 아니고 누군가 열심히 노력해서 가꾸어 놓은 사람이 있습니다. 아니면 자연 스스로라도 가꾸고 있는 것입니다. 그런 곳에 가서 당연하다는 듯이 공짜로 이용하면 빚이 되는 것입니다. 더구나 함부로 이용하면 더하게 됩니다.

우리가 절에 가보면 대체적으로 뒷산에 나무가 크게 자란 것을 볼 수 있습니다. 지금은 절 산 아니라도 어디 가나 숲이 울창합니다. 그렇지만 전에는 절 산이나 깊은 산중 아니면 큰 나무가 없었습니다. 해방이 되고 나서 치안이 참 허술할 때가 있었습니다. 이때는 난방할 때 모두 나무를 사용했습니다. 물론 집 지을 때도 나무를 사용했지요. 산에 나무가 남아날 수가 없었던 것입니다.

전국에 도벌꾼들이 떼지어 다니면서 산의 나무란 나무는 모두 베어가 버릴 때 이야기입니다. 일반 산주들도 생활이 어려워서 산의 나무를 몽땅 팔아 버렸습니다. 때문에 산이라는 산은 대부분 벌거숭이가 되고 말았습니다. 절 산만큼은 도벌꾼으로부터 산의 나무를 지켜낸 것입니다. 그래서 오늘날 절 산에 가면 아름드리 나무를 볼 수 있는 것입니다.

가정이든 직장이든 빚이 쌓이면 결국은 설 자리가 없고 나의 터가 주어지지 않는 과보가 다가옵니다. 그리고 주어진 터를 자기만이 욕심스럽게 사용할 때에도 장차 터를 잃게 됩니다. 그런데 왜 이러한 결과가 나타나는가 의문이 있을 것입니다.

이 우주는 하나의 정신에 떠 있는 세계입니다. 실재하지 않고 결정적으로 굳어진 모양도 없습니다. 그래서 또 과보가 있고 변화가 있는 것입니다.

꿈을 비유해 보겠습니다.

여러분은 늘 꿈을 꿀 것입니다. 꿈에 빌딩도 있고 친구도 있을 수 있고 즐거운 일도 있고 그렇지 않을 때도 있겠지요.

그 꿈을 누가 만든 것입니까? 생각해 보십시오. 자기의 잠재의식이 활동을 하면서 꿈을 꾸는 것 아니겠습니까?

자기가 만든 것입니다. 꿈속에서 원수를 만나서 욕을 하고 미워하고 싸웠다고 가정해 봅시다. 자기 마음 속에서 자기가 자기를 미워하고 싸운 것입니다. 반대로 남을 도왔다면 자기가 자기를 도운 것입니다. 마음만 그런 것이 아니라 몸도 또한 같은 작용이 일어납니다. 그래서 마음에 요동이 오면 몸에 병이 생기는 것입니다.

이 우주는 하나의 몸을 이루고 있습니다. 그래서 다같이 잘되는 것이 내가 잘되는 것입니다.

너와 내가 둘이 아닙니다. 그래서 복된 행위를 하면 저절로 그 결과로 복을 받게 되는 것이고 그렇지 못하면 어려워지는 것입니다. 내가 이렇게 말하면 '세상살이가 그렇지 못하더라' 하고 말할 사람도 있을 것입니다. 그것은 단순하게 금생만 생각하기 때문입니다.

또 그렇게 생각하고 원망을 쌓고 있는 사람이 있다면, 지금 이 순간 자기를 돌아보십시오. 자기의 어디가 문제인가! 모르면 마음을 낮추고 상담을 해 보십시오. 아무튼 그런 분은 행복한 사람이라고 장담하지 못할 것입니다.

오늘날을 도 닦는 이들이 흔히들 말법시대라고 합니다. 부처님 당시와 비교해서 보면, 그때 도 닦는 사람들은 몇 제자들을 빼고는 대다수가 부자 장자나 왕족의 자제로 모든 공덕을 구족하고 있었습니다. 때문에 구차스럽게 복 타령을 늘어놓을 필요가 아예 없었습니다. 복따위는 의미가 없었고 오로지 진리의 길로 나아가서 깨달음에 이르는 것만이 그들의 관심사고 목적이었습니다.

그러나 세월이 흘러서 이 시점에 이르러 보니, 마음을 닦는다 하지만 부처님 당시와 비교해 볼 때 눈에 띄는 성과가 없습니다. 마음의 만족도가 형편없이 떨어지게 된 것입니다. 때문에 구도자도 복 타령을 늘어놓고 실제로 복이 다른 사람보다 나은 것 같으면 취하게 됩니다. 공부를 한다고 자부하는 자가 그렇게 되면 공부를 잘해서 복이 있다고 착각합니다. 복 자체가 진리인양 집착을 하는 폐단까지 일으키는 것입니다.

이 지경에 이른지라 과연 말법시대라 할 만합니다. 그렇지만 이것은 어디까지나 한 부분의 일이요, 이 시대야말로 진리를 닦기에 좋은 시절이기도 합니다.

오늘은 이 정도로 하고 기회가 오면 모든 인연의 파생 원리와 윤회의 원리를 구체적으로 말하겠습니다.

지금까지의 이야기 중에 참고가 되고 걸린 게 있다면 깊이 원인을 분석해서 마음에서 비우도록 하면 될 것입니다. 그리고 지금까지의 이야기를 다 잊어버리고 지워 버리십시오. 보다 중요한 것이 있습니다. 무엇이겠습니까?

마음에 잡념을 제하고 화두 일념으로 나아가는 것입니다. 그리고 항상 마음으로나 얼굴에 여유와 웃음을 잃지 마십시오. 그것이면 다 됩니다.

특별한 정진을 하지 않는 사람이라도 쓸데없는 원칙일랑 버려야겠습니다. 버리고 괴로우나 즐거우나, 미우나 고우나 마음에 두지 마십시오. 마음을 밝게 가지고 사십시오. 그러면 됩니다.

그리고 현재 하시는 일이 천직이거니 하고 즐겁게 하십시오. 마음이 떠나지 않게 처음부터 그렇게 노력하시면 사업도 잘되고 진급도 될 것입니다.

현재 하시는 일을 그만두고 다른 일을 하려고 마음을 두고 있는 분이라도 우선은 하시는 일에 충실하십시오. 그러면 자연스럽게 기회가 도래할 것입니다.

마음에 안 든다고 먼 산만 보고 있다면 오히려 더 멀어질 것입니다. 충실하다 보면 자기도 모르게 기회가 와서 다른 곳으로 옮기게 되는 것입니다. 처음부터 떠날 궁리를 하고 일을 하시면 실패하기 쉽습니다. 옮긴다 하더라도 또 되풀이하기가 쉽습니다. 생활 속에서는 이런 것들이 아는 것보다 더 중요합니다."

깨달음과 성불

스님과 암자로 돌아온 경안은 여전히 스님이 일러주신 행법과 운동을 기본적으로 했다. 요즈음 들어서 두 가지 행법은 일종의 정신 운동이라는 것을 알았다.

몸의 변화를 살펴볼 때, 나날이 달라지는 것을 뚜렷이 느낄 수 있었다. 몸이 따뜻해지고 개운해졌다. 그리고 몸의 급소인 혈을 눌러 보아도 아프지가 않았다.

몸을 관해 보면, 기혈이 생생하게 돌아 머리끝에서 발끝까지 막힌 데가 없었다. 그 통하는 힘이 점점 강해지고 있다는 것을 알 수 있었다.

행법을 행할 때, 몸에서 발산되는 황금빛은 점차 더 영롱하게 우주를 감싸고, 황금빛이 사라진 후에는 우주와 하나가 되는 그 상태가 점점 깊어져 갔다. 현실과 같이 역력하게 보고 느낄 수가 있었다.

부처님의 화신을 관할 때는 그 장엄하고 단엄한 모습이 형용할 수 없는 모습으로 나타났다. 그로부터 무한대의 힘이 경안의 몸과 하나로 합일되었다.

스님과 대화를 나누거나 또는 스님이 증가법을 시행하실 때가 있다. 그 후에는 두 행법이 몰라보게 진척되는 것을 알았다. 서로 연관되어 있는 것이다.

경안은 확실하게 알았다. 스님의 한마디 한마디에는 큰 힘이 있으며 피아노 조율하듯이 자기에게 은혜를 베풀어 주신다는 것을!

두 행법을 마치면 할 일 없는 평상심의 연속이었다. 황홀함도 아니요, 맑고 밝음도 아닌 모양을 논할 수도 없고, 드는 것도 나는 것도 아닌, 화두 아닌 화두가 끝없이 이어졌다. 두 행법을 하는 중에도 이 모양은 변함이 없었다.

다시 이틀 후, 스님이 말씀하셨다. 경안이 정진을 시작한 지 18일이 지났다.

"경안아, 이 삼천 대천세계는 오로지 홀연히 망령된 의식이 작용하여 있어 보이는 것이다. 그렇다고 없다는 것도 아니다. 있다, 없다고 하는 것은 오로지 마음이며 별다른 것이 없다. 알겠느냐?

지레 짐작으로 알아도 소용이 없고 체험으로 안다 하여도 이미 십만 팔천 리인 것이다.

지난번에는 천상 33천을 살펴보았다. 거기에는 욕심 세계와 극미의 세계가 다 포함되어 있었다. 이번에는 적멸 속에 안주하면서 한 가닥 그림자를 보이는 아라한의 세계와 불보살의 세계를 엿보기로 하자. 둘이 아닌 마음으로 출발하여 살피면 살필 수가 있다. 성스러운 경계를 함부로 논하는 것은 좋은 일이 아니다. 하지만 공부를 위해 부득이 그 자취를 살펴보는 것이다."

　스님의 말씀 따라 나누고 나누어 살피어 들어가자 점점 명확하게
감지되어 갔다. 아라한의 경계 아닌 경계를 느낄 수가 있었다. 같은
아라한이지만 대아라한의 경지, 중아라한의 경지, 그리고 소아라한
의 경지는 경계는 같지만 그 힘과 깊이, 그리고 행업이 다름을 알 수
있었다.

　"경안아, 아라한도 몸을 받느냐?"

　"아닙니다. 아라한은 성불하지 못했지만 업식으로 몸을 받지는 않
습니다. 그러나 원력으로 중생에게 이익을 주기 위해 인간 혹은 기
타 다른 세계에 몸을 나투는 수가 있습니다."

　"그렇다. 불신을 성취하는 것이 대아라한은 빠르나 소아라한은 늦
다. 그 까닭은 아라한의 경계라도 아주 미세함이 작용하고 있기 때
문이다. 인간의 몸으로 아라한을 이룬 후 그 몸을 마치면 업식과 그
의 습관이 사라지기는 한다. 그렇지만 소아라한은 미세함이 더 작용
하는 것이다. 아라한의 경계를 너의 느낌대로 말해 보아라."

　"비상비비상천의 천인들은 일체의 집착은 소멸하였지만 형상 아
닌 형상을 몸으로 삼고 있습니다. 그것이 해탈인줄 알고 있기 때문
입니다. 그러므로 오히려 몸이 없는 것입니다.

　아라한은 나고 죽음이 없는 근본 성품에 안주해서 형상과 형상 아
님에 자유 자재합니다. 역으로 하나의 세계를 형성합니다. 이것이 적
멸 속의 아라한의 세계입니다."

　"아라한의 위신력은 어떠한가?"

　"아라한은 나고 죽음이 없는 참된 진리의 몸을 이루어서 다시는
윤회에 떨어지지 않습니다. 그러나 지난 원력에 의해 시방 세계에

몸을 나투어서 중생들의 소원을 들어 줍니다. 여러 몸을 동시에 작용하여 여러 국토에 태어나기도 합니다.

한없는 자비와 우주를 밝게 아는 대지혜로 무장하고 여러 중생들의 모습을 보고, 또 그의 소리를 듣고 믿음이 있는 자를 버리지 아니합니다. 천상으로부터 지옥에 이르기까지 수많은 세계, 수많은 중생들의 마음을 밝게 아는지라 상념을 전개해서 깨달음으로 인도하거나 선한 행을 하도록 인도합니다. 그렇지만 뭇 중생들은 어두워서 잘 알지 못합니다. 그리고 여러 부처님 국토에 신통으로 일순간에 도달하여 부처님을 예경하고 더욱더 진리의 몸을 강화합니다.

이렇게 아라한은 오랜 세월을 닦고 닦아서 종국에는 부처님의 세 몸, 즉 법신(法身)·보신(報身)·화신(化身)을 성취하여 성불에 이릅니다. 원력이 보살과 같이 광대하지 못하기 때문에 그 신통과 지혜가 보살에는 미치지 못합니다. 또한 성불에 이르는 시간이 오래 걸립니다.

아라한이나 보살도 부처님과 같이 해탈하여 본래의 청정 성품에 머물러 있습니다. 하지만 아라한이나 보살을 두고 적멸에 계합했다고는 해도 성불했다고는 하지 않습니다. 같은 성품이라도 구분이 되기 때문입니다."

"그렇다. 잘 보았다. 둘이 아닌 이치를 요달해서 다시는 생사의 윤회에 떨어지지 않으면 그것을 일러서 해탈이라고 한다. 그러나 성불이라고 말하지는 않는다. 법신(法身)·보신(報身)·화신(化身)을 이루어서 32상과 80종호를 갖추어야만 비로소 성불이라고 하는 것이며, 이것을 바탕으로 불국토를 이루기도 하고 안 이루기도 하는 것이다.

본래 성품은 둘이 아닌데 왜 성불을 따로 논하는 것인가? 아라한이니 보살이니 성불이니 하는 말은 결국 모양이고 허공의 꽃과 같기 때문에 그렇다. 또한 그러므로 형상의 세계에서는 엄연히 구별이 되는 것이다.

그럼, 이번에는 보살의 경지를 살펴보아라.”

“보살은 광대한 자비와 원력으로 위로는 부처님을 받들고 일체 중생을 위하는 마음이 너무도 강한지라, 그 위신력이 아라한과는 비교할 수가 없습니다. 백천 만 세계에 두루 몸을 나투어서 인연 있는 중생들을 알게 모르게 이익을 주고 구원하는 것입니다.

천상으로부터 지옥계에 이르기까지 모든 세계에 동시에 몸을 나투십니다. 위신력으로 모든 중생의 생각을 알고, 모든 중생의 행동을 보고, 모든 중생들의 소리를 듣고, 모든 중생의 원한 바를 알아서, 온갖 모습으로 나타나 구제합니다. 때로는 신의 모습, 때로는 축생의 모습, 때로는 사람의 모습, 때로는 선인의 모습, 때로는 악인의 모습, 그 나투시는 목적과 용도는 범인들이 측량할 수가 없습니다. 널리 부처님의 법을 받들고 보좌함을 게을리 하지 않습니다.

보살도 적멸 속에 있어도 성불하였다고는 말하지 않습니다. 오랜 세월이 흐른 후 법신(法身)·보신(報身)·화신(化身)을 이루고서야 성불하게 되는 것입니다.

스님, 아라한이나 보살은 육신을 버린 후나 전에 능히 정신적으로 부처님의 형상을 나툴 수 있는데, 정식으로 화신을 이룬 경우와는 어떻게 다릅니까?”

“그것은 너도 이미 잘 알고 있지만 정리하는 차원에서 묻는 줄 알겠다. 아라한이 완전하지는 못하지만, 인간의 몸을 유지하고 있을 때도 정신적으로는 부처님의 몸을 나툴 수가 있다. 그러나 이것은 능력과 업의 차이로 완전치 못하고 부실할 뿐만 아니라 육신을 버린 후에도 완전하지는 못하다. 업이 완전히 굳어져서 일상 생활 속에 나타난 것이라야 진정한 32상의 화신을 성취하였다고 하는 것이다.

전륜성왕이 부처님과 동일한 32상을 이루었으나 이 또한 부처님의 32상과는 차이가 많이 나고, 법신(法身)·보신(報身)·화신(化身)을 이루지 못한 관계로 부처님을 이루었다고 말하지 않는다. 전륜성왕은 부처님과 닮기는 닮았다 하나 깨달음 자체가 없기 때문이다.

부처님의 삼신에 대해 살펴보자.

먼저 법신에 대하여 언급하자면, 법신이란 이 우주의 근본이요 항상 있는 그대로이다. 시간과 공간을 논할 수가 없고, 얻거나 잃을 수도 없다. 과거로부터 지금까지 원만 구족하다. 보신불의 세계는 네가 말해 보아라.”

“보신은 법신으로부터 한 단계 형상화된 진리의 몸입니다. 형상 아닌 형상으로 형상에 구애받지 않습니다. 그러므로 도리어 형상이라고 이름하는 것이지만 표현상의 방편일 뿐입니다.

보신불의 세계란, 천백 억 화신을 나투고 수많은 불국토를 장엄하기도 하는 화신불의 모체입니다. 천상과 지옥을 하나로 품에 안고 일체 중생을 낱낱이 살피시고 구제하는 화신불의 모체입니다.

이 우주의 모든 움직임이 보신불의 위신력을 바탕으로 해서 장엄되고 있습니다. 보신은 법신의 품안에 들어 있는 관계로 있어도 있는 바가 없습니다.”

"잘 보았다. 진리의 성품은 거울과 같아서 포용하지 않음이 없고 비추지 않음이 없지만 반면에 한 티끌도 용납하지를 않는다. 천 갈래 만 갈래 모양을 나툼이 마음이나 언설의 경계를 저 멀리 넘어서는 것이다. 보이는 모든 형상이 부처 아님이 없고 내 몸 아님이 없지만, 나누어 보자면 또한 한량이 없다."

"스님, '화두를 들고 조사선을 닦는다' 하고 말하는데 옛 조사들의 경계는 최종적으로 어디에 있습니까?"

"보고 듣는 것이 최종 경계요, 묻고 답하는 것이 최종 경계다. 이 것은 걸림이 없어 애씀이 끊어졌고 결과를 바란다 하더라도 결과가 없는 것이다. 무엇을 일러 최종이라 하겠느냐? 굳이 변설을 늘어놓자면 화두는 질풍과 같아서 재빨리 마음을 하나로 몰아 모든 터럭을 다 뽑아 버리므로 곧 안심입명 하는 것이다.

이때 한 번 더 스승의 채찍질에 혼줄이 난 후, 그런 연후 비상비비상천을 멀리 초과하여 곧바로 성품을 보아 법신에 계합하여 할 일을 마치는 것이다. 가장 안전하게 법신에 계합하는 도구이다. 또 가장 빠르게 법신에 도달하여 안심입명 한다.

'이 자리에는 성불이라는 말조차도 용납하지 않는다.' 이 말이 무슨 말인지 알아들어야 한다. 그러나 보신·화신을 성취하는 것이나 불국토를 이루는 것은 별도의 문제다.

깨달음을 성취한 대장부는 걸림 없는 몸을 나투어서 범부와 별다르지 않게 인연 중생과 더불어서 생사 고락을 같이 하기도 한다. 이렇게 조사의 경계는 가히 측량할 수가 없다.

그러나 때로는, 세월이 흘러서 법이 약해지고 증명하는 스승이 없

으면 조사의 경계와는 무관하게 무색계천에 안주하면서 해탈이라고
굳게 믿기도 하고 심지어는 겨우 욕계천도 못 벗어나는 정신 경계로
해탈되었다고 우기기도 한다.

　세간의 외도는 정신이 허하고 갈등과 욕심으로 헛것이 보여도 신
의 계시를 받았다, 혹은 내가 신이다, 내가 부처다 하고 뭇 사람들을
현혹하기도 한다."

습(習)과 취(取)

"스님, 사람들이 업을 익혀 가는 습과 취에 대하여 자세히 말씀해 주십시오."

"이 중생계는 습(習)과 취(取)로 근본을 삼는다.

습(習)이란 무엇인가? '나'라는 집착으로 망상을 일으켜 마음이나 몸으로 어떠한 생각이나 행위를 반복해서 익히고 쌓아서 조금씩 마음과 몸에 변화를 일으키면서 성격으로 굳어져 간다. 이것을 바탕으로 다음 생의 몸과 정신이 형성되어서 윤회를 하게 되는 것이다.

일상 생활 속에서 술에 중독이 된다든지 도박에 중독이 된다든지 하는 것도 습이다. 남을 칭찬하고 도와주기를 좋아하는 습도 있는가 하면, 매사에 부정적이며 남을 헐뜯는 습도 있다.

아무리 돈이 많고 시간이 남지만 다른 사람을 돕기 싫어하는 습도 있고, 이런 사람은 남을 돕고자 마음을 낸다 해도 우러나지 않는다. 호주머니에서 돈을 꺼내어 주고 나서도 마음이 꺼림직하게 생각을 한다.

열심히 노력을 해서 노래를 잘하거나 운동을 잘하는 것도 습의 일종이다.

전생부터 익힌 습은 잠재의식에 깊이 내장되어 있다. 금생에 와서도 잘하는 행위가 있는가 하면 아무리 배우고 노력하여도 잘 안 되는 행위도 있다. 그러한 것은 여기서 나열하지 않더라도 흔히 볼 수 있는 것들이다.

과연 사람들이 습을 익히는 데 걸리는 시간은 어느 정도일까?

우수하거나 열등한 사람들을 빼고는 대체적으로는 하루에 한두 시간씩 3년이면 어려운 학문이나 기술도 기본적으로 익힐 수 있다. 1년만 익혀도 능숙하지는 못하지만 그냥 흉내내어 써먹을 수는 있다. 그리고 3년 내지 5년이 경과하면 그 익힌 실력은 평생을 두고 잊어버리지 않게 된다. 10년이 지나면 달인이 되는 것이다. 따져 본다면 자기 전문 직종 외에도 평생 10가지 기술은 누구라도 익힐 수 있다고 본다. 안 믿을 수도 있겠지만 운전을 예로 들어보자.

옛날 차가 적을 때에는 운전도 특수한 사람들이 하는 것으로 알았지만 지금 형편은 어떠냐! 아무나 운전을 하고 다니지 않느냐?

컴퓨터든, 외국어든, 운동이든, 아니면 붓글씨든, 그림이든, 무엇이라도 노력하면 다 할 수 있다.

마음 씀도 걱정을 늘 하다 보면 습관이 되어서 항상 자나깨나 걱정이 저절로 되고, 성내는 것을 삼 년 간만 익히면 아무런 일에도 평생 성을 내게 되는 것이다. 그리고 억지로라도 웃고 즐거운 마음을 가지면 언젠가는 저절로 된다.

그래서 마음이 한가한 사람은 언제 어느 때라도 한가할 수 있는 것이다. 성격도 가꾸기 나름이란 것을 알 수 있을 것이다. 심지어는 깨달음을 얻는 것이 어렵다 해도 시작하면 된다.

(그러나 아무리 익혀도 원리를 연구하지 않고 보고 듣고 반복해 익히기만 한다면, 평생 가도 대가는 될 수 없을 것이다. 새로운 개념의 설계를 한다든지 아니면 기초적인 물리의 법칙을 찾아낸다든지 하는 것은 대가들의 영역이 되는 셈이다. 또한 다양한 변화는 대가들의 영역이다. 군사전략이든 무엇이라도 여기에 해당 안 되는 것은 없다.)

(원리를 아는 자는 스승이요, 원리는 모르되 먼저 오랫동안 익힌 자는 선생이라 한다. 원리를 추구하여 근본을 알고자 하는 것이나 주변으로부터 받아들여서 습을 익히는 것은 둘 다 중요하다. 두 바퀴와 같다. 교육을 함에도 주입식의 교육과 원리를 추구하는 교육이 동시에 균형 있게 이루어져야만 하는 것이다.)

취(取)에 대하여 이야기 해보자.

무엇이 취냐 하면, 중생은 주변으로부터 어떤 것을 취하여 받아들이면서 자기의 가치관을 확립해 간다. 예를 들자면 자라면서 부모형제나 이웃으로부터 보고 듣는 것으로 자기의 견해를 발전시켜 나간다. 또 자라는 환경이 도시냐 아니면 촌락이냐, 기타 자기의 처한 형편 따라서 자연 발생적인 선악관이 생긴다. 때로는 주변에 취해서 자기의 판단이면서도 객관적인 판단으로 우직하게 믿기도 한다.

다시 예를 들자면, 전쟁의 참화 속에서 어린 시절을 보냈으면 어른이 되어도 늘 불안과 공포가 있다. 그래서 모험을 두려워하고 권력 지향적이 된다. 심리적으로 힘이 센 곳으로 마음이 취하여 끌리는 현상이 일어난다.

또 남의 나라 지배를 받는 시대에 태어났어도 비슷하다. 권력 있는 곳으로 취하여 끌리고, 힘없는 곳에는 군림하려는 취함이 일어난다.

자기의 운명이 남의 손에 있다고 생각하기 때문에 스스로 판단하고 결정하는 힘이 결여된다. 세상을 부정적으로 볼 뿐만 아니라 자기의 뿌리인 국가나 조상에 대한 자긍심이 없어지는 것도 특징이 된다. 그리고 실속없이 자기를 과시하기를 좋아한다.

또 취함이 있으니 종교에 취함이다. 진리에 취함이 있다. 사상에 취함이 있다.

취함을 열거하자면 한이 없다 하겠다.

좋은 스승의 말씀이나 행위에 취하기도 한다. 자기를 향상시켜 깨달음을 얻거나 좋은 기술을 배우는 취함도 있고, 친구와 아름다운 노래에 취하기도 한다. 또 건전하고 밝은 뜻과 소리에 취하는 것도 있다. 술에도 취하지만 노랫소리에도 취한다. 자기가 좋아하는 즐거운 음악을 들으면 기분이 상쾌해지는 것이 다 취에 속한다. 악에도 취하고 선에도 취한다.

사회에 부정 부패가 만연하면 너도나도 부정 부패에 대한 불감증이 생긴다. 그리고 당연한 것처럼 인식되고 같이 참여하게 되는 것도 군중적인 취요, 전시에 양민을 약탈하고 학살하는 것이 일정 수위를 넘으면 군중적인 취가 일어난다. 그때는 그러한 행위가 당연한 것으로 인식되기도 한다. 그렇게 하지 않으면 생존할 수가 없는 분위기가 형성되는 것도 또한 취다.

사회 전반에 걸쳐서 질서를 잘 지키고 세금도 잘 내면서 봉사하는 분위기가 팽배하면 이 또한 취가 일어난다. 이런 사회에서는 같은 행을 하지 않으면 더불어 존재하기가 어려워진다.

자기 자신으로부터도 취하지만 타인으로부터도 취한다. 이 원리를 잘 활용하면 자신의 경계를 한층 바람직한 모습으로 향상시킬 수도 있고 남을 훌륭하게 가르칠 수도 있다.

정리해 보건대, 이 세상의 모든 사상과 법칙 내지 도덕과 법률 등이 알고 보면 습과 취를 바탕으로 하여 그 시대의 필요에 따라 자연 발생한다.

서로 손해를 보려는 마음이 없다. 그 가운데서 서로 합의점을 찾다보니 법칙이 자연 발생한다. 독단에 의한 것도 있지만 결국은 여러 사람들이 움직인다. 그러므로 '어느 시대 어떠한 법칙이 진리고 훌륭한 방법이었다' 하는 소리는 성립이 되지 않는다. 이 세상의 모든 법칙은 바람 따라 유행 따라 흐른다.

모양으로 드러난 진리나 종교도 예외가 없다. 단지 기간이 1,000년이냐, 2,000년이냐, 아니면 10년이냐일 뿐이다.

공산주의와 민주주의·사회주의·자본주의 등은 우리가 익히 들어왔던 용어들이 아니겠느냐? 그리고 왕정이니 공화정이니 하는 것이 있고, 독재자가 인권을 무시하고 통치를 하는 사회가 옛날부터 있었다. 이런 모든 것도 예외없이 습과 취를 바탕으로 한 공동의 업에서 출발한다.

자연 발생이라는 용어를 사용하는 것은 그 시대에는 나름대로 이유가 있었기 때문이다. 관계된 많은 사람들이 필요해서 자연히 어떤 움직임이 일어나는 것이다. 이 자연 발생은 거대한 흐름을 형성하므로 거부할 수 없는 대세가 되기 쉽다.

이러한 일이 일어나는 주요 요인은 관계된 많은 생명들의 과거 업이 공동으로 작용한다. 여기에다 시대적인 요인, 지형적인 풍토, 문화, 기타 여러 가지가 복합적으로 같이 작용한다. 취하고 버리는 것을 기본으로 하여 행위가 있고 인연 따라 돌고 돌아 윤회를 거듭하는 것이다. 우리 주변의 사소한 변화 자체도 인연에 의한 자연 발생으로 윤회하고 있는 것이다.

우리들이 오랜 옛날부터 사용하는 모든 법은 환경이나 풍토, 그 시대의 인연에 의해 자연적으로 발생한다. 그래서 다른 세상에서 보면 이해가 안 되기도 하고, 잘못된 법으로도 비칠 수 있는 것이다.

지금 이 순간도 서로 나라가 다르고 지역이 다르거나 아니면 계층이 다르면 서로 가치관이 달라서 다른 사람의 생각을 이해하거나 수용하지 못하는 수가 있다.

그러나 여기에는 옳고 그른 뚜렷한 가치 기준을 설정하기가 쉽지 않다. 거의 모든 법칙은 그때의 환경에 따라서 생기기 때문이다. 아무리 바람직한 사상이나 법칙이라도 환경에 맞지 않으면 외면당하고 말기 때문이다.

법칙이란 자연스럽게 발생하면서 수명을 다하면 조용히 사라져 갈 뿐이다. 수천 년, 수만 년의 세월로 본다면 종교마저도 예외가 아닌 것이다.

사람이 배우고 교육한다는 것은 절대적으로 중요한 일이지만 시간도 걸리고 매우 어렵다. 왜냐? 과거 전생으로부터 이어온 숙업은 일시적으로는 바뀌지 않기 때문이다. 교육을 해본 사람이나 그것에 관심을 가져본 사람들은 공감을 할 것이다.

그러나 환경이 변하면 사람은 시키지 않아도 급속하게 적응을 해 간다. 경제·사회·문화의 어떠한 여건을 개선하려면 잘해라 못해라 하는 것보다 환경이나 제도를 개선하는 것이 효과가 빠를 수 있다. 그리고 세상살이에 맡겨 놓으면 되는 것이다. 이것은 일종의 시장경제와 맥락이 같은 말이다. 그러나 그것도 쉽지는 않다. 그때는 언제든지 기득권의 반발이 따르기 때문이다.

역사적으로 어느 나라가 붕괴되고 새로운 나라가 생기는 과정을 보면, 그것을 사람의 행위가 좌우한 면도 있지만 자연의 영향을 많이 받았다. 흉년이 들고 자연 재해가 발생하면 온 민중이 끼니를 잇지 못하고 떠돌거나 도적이 되어서 흘러 다니게 된다. 이때 자연스럽게 반란군이 생기고 영웅이 나타나서 또 다른 나라를 세우게 되는 것이다.

때문에 모든 일은 순서가 있고, 때가 되면 인연 따라서 철벽같이 견고한 것도 순식간에 붕괴되는 것이다. 모든 것은 순차적으로 사람들의 행위와 맞물려서 환경이 조성되고 자연적으로 다음의 법칙이 생겨난다. 때문에 어떠한 법칙이라고 절대적인 것은 없는 것이다.

법칙을 잘 모르는 이가 있어서 너에게 인연의 원리를 묻는다면 어떻게 설명해 주겠느냐?”

“이렇게 설명하겠습니다. 만나고 헤어지는 것이 인연이며 그에 따른 결과가 또한 인연이라고요.”

“그래, 한 번에 매치지 않는 것을 보니 그래도 자상한 마음이 있구

나. 더 자세히 설명해 봐라."

"손뼉을 마주치면 소리가 나고 나무가 톱이란 인연을 만나면 집 지을 재목이 됩니다. 집 지을 재목이라는 이름을 가지고 있다가도 사람의 힘과 연장이라는 인연을 만나면 책상이라는 물건이 되기도 합니다. '그때는 무슨 책상이다' 하고 인연 따라 이름이 붙게 되는 것이지요. 이것이 물질의 만나고 헤어지는 인연의 결과이고 윤회라고 할 수 있습니다.

정신적으로 논한다면, 내가 친구를 마음으로 존경하고 좋아한다면 친구도 당연히 마음으로 좋아할 것이요, 내가 친구를 겉으로만 좋아한다면 친구도 또한 겉으로만 좋아하는 척 할 것입니다. 내가 어떤 여인을 일방적으로 소유하고자 하는 마음으로 좋아한다면 오히려 멀리 그 여인은 떠나갈 것이고, 돈을 모으고자 너무 욕심이 앞선다면 오히려 패가망신하게 되는 것입니다.

중생의 마음은 시계추와 같고, 그에 따라서 인연이 발생하고 그에 따른 결과가 있습니다. 이것은 과거·현재·미래에 연속이 됩니다. 이 법칙은 선이나 악과도 상관이 없고 다만 물리적 법칙으로 사람과 자연 환경, 내지 모든 것이 이 안에 예속되면서 돌고 도는 것입니다. 종교나 사상, 내지 남녀노소, 천상과 지옥까지라도 상관없이 적용됩니다.

저의 손에 종이 한 장이 있습니다. 이 종이를 불에 넣는다면 종이가 나로 인하여 불이라는 인연을 만나는 것입니다. 그러면 당연히 탈 것입니다. 선한 사람이 넣으나 악한 사람이 넣으나 동일하게 탑니다. 종교를 믿으나 안 믿으나 누가 종이를 불에 넣더라도 타고 마는 것입니다.

그렇기에 종교를 믿든 안 믿든 자기의 지음에 따라서 천상이나 지옥이 자연스럽게 다가오는 것입니다. 그러나 특수하게도 불에 안 탈 인연이 지어져 있다면 타지 않습니다. 이것이 인연의 성질입니다. 인연이란 이것으로 인하여 저것이 있고 저것으로 인하여서 이것이 있는 것입니다.

해탈을 하지 않는 한 생명이 있는 중생이든 생명이 없는 중생이든, 자연 환경과 일체의 사상까지도, 심지어는 천상과 지옥의 모든 세계가 인연 따라 나타나고 사라집니다.

업이 굳어질 대로 굳어진 인연은 기필코 때가 되면 어김없이 작용합니다. 그 과보가 다가오는 시기는 발동할 인연을 만나야 하므로 각기 다릅니다. 지금 당장일 수도 있고 다음 생일 수도 있습니다. 그러나 숙명적인 것은 아닙니다. 모든 것이 허망한 마음의 조작이므로 마음 쓰고 행위하기에 따라서 다른 인연으로 바뀌게 됩니다."

"잘 이야기했다. 앞으로도 수많은 원칙이 생기고 우리는 지키려고 노력을 할 것이다."

우주의 근본 성질

"우주의 생성에 대하여 말씀해 주십시오."

"우선 정신적이고도 원초적인 근본 설명을 들어보아라.

이 우주는 거대한 하나의 입체적인 거울에 비유할 수 있겠다. 전후·좌우·앞뒤·상하를 몽땅 포괄한 입체적인 거울과 같다.

너의 눈앞에 커다란 거울이 있다고 가정해 보아라. 그 거울 앞에 서면 차별하지 않고 비춰 줄 것이다. 비춤에 있어서 선하든 악하든 구별하지 않는다. 사람이든 짐승이든 가리지 않는 절대 평등으로 비출 것이다.

그러나 거울 자체는 절대 평등이건만, 그 속에 나타나는 모양은 차별이 있다. 따라서 천상 천하의 모든 생령들은 본질적으로 절대 평등하다. 하지만 형상으로 나타나는 모습은 단 한 가지도 같지가 않다. 이렇게 부증불감으로 조화를 이루고 우주를 형성하고 있는 것이다. 또 생활 속에서도 서로 조화를 이루어서 역할을 다하고 평등을 이루고 있는 것이다.

(만약 서로 이익을 주고 필요로 할 때 직업과 모양에 구애받지 않고

존중을 받는다면, 이것을 조화 속의 평등이라고 할 수 있을 것이다.)

실재하지 않는 허망한 비춤일 뿐이다. 그렇다고 해서 전혀 없다고 할 수도 없다. 이것이 이 우주의 실상을 억지로 비유해 본 것이다.

자, 이번에는 너의 주변을 싸고 머리 위뿐만 아니라 발아래, 그리고 앞뒤에 원으로 된 거울이 있고, 네가 그 안에 들어 있다고 가정해 봐라. 물론 그 거울은 태가 없는 완전한 거울이다. 그러면 너의 모든 부분을 상세하게 비춰 줄 것이다.

전후·좌우·상하·전체적으로 완전한 입체다. 크기도 한계가 없고 시간과 공간도 자유 자재하다. 뿐만 아니라 완벽하게 가지가지 차원의 감각을 다 느낄 수가 있다.

이 거울은 어떠한 깊은 원초적인 느낌이든 다 실상의 모습으로 현실화된다. 마음이 부자면 부자의 삶이 나타나고 마음이 가난하면 가난한 모습이 뚜렷이 거울 속에 나타난다.

성을 내면 성내는 모습, 즐거우면 즐거운 모습, 산을 생각하면 산이 나타나고, 들을 생각하면 들이 나타난다. 뛰어다니는 짐승을 생각하면 짐승이 뛰어다닌다. 별이 있고 달이 있다. 천상도 있고 지옥도 있다. 이 우주 거울 속에 전개되는 자체가 하나의 몸이며 삶이다. 그 무엇이 전개되더라도 언젠가 한 번쯤 마음을 일으킨 것이며 인연을 맺은 것이다.

돌이켜 보면 한 번쯤은 그 모습의 삶을 전생에 살아온 것들이다. 곧 한 번쯤은 생각을 낸 적이 있는 것이다. 눈앞의 어떠한 모습이라도 인연을 지어놓지 않은 것은 나타나지 않는다.

중생은 거울 속의 모습을 보고 '저 모습은 나의 것이요, 저것은 남의 모습이다. 저것은 나에게 이익되는 물건이다. 저것은 이익이 전혀 없다' 하고 구별을 짓는다. 습으로 익히고 취하는 인연을 또 일으킨다. 망상으로 전개되는 세계지만 이 우주적인 착각은 너무나 뿌리가 깊다. 알면서도 빠져 나올 수 없는 것이다.

눈앞의 모든 모습이 한 번쯤은 나의 생각이고 한 번쯤은 나의 전생의 모습일 수도 있다. 그런데도 그 안에서 차별을 느껴서 기뻐하고 또는 비참해 한다. 그리고 지옥을 싫어하고 천상을 좋아한다.

이 거울에 천상의 모습이 전개될 수도 있고 인간의 세계가 전개될 수도 있다. 또는 아귀의 세계가 전개될 수도 있는 것이다.

인간의 세계가 전개되면 이미 인간의 몸을 받아서 살고 있다고 보면 된다. 인간의 업을 짓는 생각이 끝나기 전에는 인간이라는 운명에서 빠져나갈 수가 없다. 실재하지도 않는 세계지만 그 안에 온갖 모습이 두루 갖추어져 있다. 그것이 현실이 된다. 이 현실 속에서 다시 생각을 일으키는데 어찌 스스로 벗어날 것인가?

큰 스승의 연을 지어 놓았는가? 홀연히 인연이 도래하고 단번에 알아차릴 것인데, 습은 뿌리 없는 나무와 같이 허망한 것이지만 이것이 어찌나 질긴지 순간 알아차렸다고 바뀌어지지는 않는다.

우주는 시작도 없고 끝도 없다. 시간이니 공간이니 하는 것도 절대적인 것은 아무것도 없다. 우주의 거울은 업 따라 어떠한 세계든지 다 전개된다.

빠르니 느리니 한계를 그을 수가 없다. 절대적인 사상이나 법칙도 영원한 것은 존재하지 않는다. 그 밖의 무엇이라도 영원한 것은 없다. 그러면서도 예로부터 변함이 없었다.

이것을 알겠는가? 이것이 대충 정신적으로 설명하여 본 우주의 모습이다.

모든 것은 마음의 작용이다. 그러나 근본은 마음이라는 것조차도 용납하지 않는다. 일단 경계에 사로잡혀 있으면 그 안에서의 시간이 느껴지고 여러 모습의 공간이 형성되는 것이다. 이 하나의 가상적인 삶은 나름대로 수명을 가지게 된다. 그 수명이 다하게 되면 또다시 다른 경계로 유전하게 되는 것이다. 그러나 이 모든 작용은 엄밀히 말하면 절대성이 없다.

왜 절대성이 없다고 하는가?

시간을 살펴보자. 시간이라는 것은 우주적으로 모든 세계마다 저마다 다르고 일정하게 정하여져 있지 않다. 근본 우주적 성질은 시간이라는 개념이 존재하지 않는다. 시간의 단위가 정하여 있다면 어느 세계나 시간을 느끼는 것이 동일할 것이다.

시간이란 중생들이 느끼기 나름이므로 육도 세계마다 시간이 다르다. 같은 인간계라 하여도 인간의 숙업이 극심한 변화를 일으키면 시간이 변할 때가 있다.

공간도 절대성이 없다. 근본 우주 성품은 공간이라는 개념이 없다. 다만 중생들의 느낌에 존재할 뿐이다. 그러므로 상상의 우주도 커졌다 작아졌다 한다. 작기로는 바늘구멍에도 들어가며 크기로는 한계가 없다.

그 까닭에 과학이 지금보다 훨씬 더 발전한다 하더라도 우주의 끝은 알 수가 없다. 우주는 중생의 업에 의해 형성되므로 본래 끝이 없기 때문이다. 거울 속의 끝을 찾는 것과 같고 꿈속에서 끝을 찾는 것과 같다. 생각으로 보는 우주는 끝인가 하면 거기가 시작 지점이다. 그 끝을 볼 수도 없고, 보았다 하더라도 끝 자체가 우주의 연속이다.

중생들의 모습도 결정적으로 확정되어 있지 않다. 물이 불로 될 수도 있고 돌이 흙으로도 될 수 있다. 불이 물로 될 수도 있고 바람이 될 수도 있다. 물 속에 불이 있고 바람의 성질도 있으며 흙의 성질도 있다. 인연을 만나면 수시로 변화를 부린다.

물질을 이루고 있는 모든 근본 요소는 인연만 성숙하면 다른 모습으로 바뀐다. 어떤 것도 숙명적인 것은 없다.

생명이라는 것도 보이고 들리고 느끼는 것 모두가 생명이라면 생명이고 아니라면 아니다. 사람이나 초목, 컴퓨터까지도 마찬가지고 보이거나 들리지 않는 경계라도 모두가 생명 아닌 것이 없다. 다 그 나름대로 역할을 하고 거기에는 그 자체가 정신이고 물질이며 영이다. 곧 생명이라는 말이다.

따라서 무정물로 분류하는 바위나 돌, 그리고 요즘 나오는 컴퓨터까지도 차이는 나지만 나름대로 뜻이 깃들어 있는 것이다. 또 복재한 양이라 하더라도 그 자체가 생명이요 뜻이다. 거기에는 당연히 과거도 있고 현재도 있으며 미래도 있는 것이다. 왜 그런가?

모두가 정신의 작용이며 한 꿈의 소산이기 때문이다. 다만 사람들이 인식으로 가리기를, 이것은 생명이요 저것은 생명이 아니다고. 구분하는 것이다.

엄연히 처처에 인과가 작용을 하고 있으며 끝없이 창조되고 있다. 무정물이라도 함부로 대하면 그것을 행한 당사자의 허물이 되고 업이 된다. 왜냐하면 그 마음에 깊이 아로새겨지기 때문이다.

이 세상의 사물은 어떠한 고정된 모양도 없다. 그러기에 정신과 물질 모든 것이 한시도 머무르지 않고 요동을 하는 것이다. 진리라는 것도 이미 그 속에 포함이 된다.

만약에 본래로 모양이 결정되어 있다면 금을 녹여서 그릇을 만들려 하여도 녹지 않을 것이다. 땅을 갈아엎어서 씨앗을 심어도 나지 않을 것이다. 음식을 먹어도 소화가 안 되어 살이나 피로 바뀌지 않을 것이고, 바람은 불지 않고 물은 흐르지 않아 모든 자연의 순환은 중지되어 버릴 것이다.

어리석은 자가 아무리 공부를 열심히 해도 학문을 익히지 못할 것이며, 착한 자는 항상 착하고 악한 자는 아무리 뉘우쳐도 소용이 없을 것이다.

가난한 자는 영원히 가난할 것이요, 부자는 영원히 부자가 될 것이다. 법칙도 한 번 정하여지면 변하지 않을 것이다. 억지로 토를 달면 방금 전에 말한 터무니없는 일이 일어나는 것이다.

결정적으로 정해진 법칙이 없으므로 변화가 있고 창조되고 소멸되는 모습을 되풀이한다. 인연 따라 지은 대로 유전한다. 그러므로 마음을 편안하고 자비롭게 쓰면 그러한 얼굴로 바뀌어 가는 것이다.

또 남자의 몸에 여자가 있고 여자의 몸에 남자가 들어 있다. 금생에 들어서 남성적인 의식을 가지고 남성 호르몬이 왕성해지면 남성의 특징이 강하게 작용하고 여성의 특징은 안으로 숨는다. 그래서 금생에는 남자의 모습으로 생활하는 것이다. 만약에 남자의 모습으로 생활하는 어떤 남자가 자기가 원하든 원하지 않든 간에 여자의 의식 속에 들어서 오래 생활을 하면 자기가 여성으로 느껴지고 몸도 여성화되는 특징이 나타나기 시작한다. 그때는 이성을 좋아해도 여성을 좋아하는 게 아니라 남성을 좋아하게 된다.

금생에 여자가 여자 몸을 싫어하고, 남성이 되길 갈망하고 남성으로의 의식을 가지고 오래 생활을 하면, 생명을 마치면 다음 생에는 틀림없이 남성의 몸을 받게 된다.

그만한 복도 있어야 하겠지만 인간의 몸이 아닌 다른 몸을 받더라도 수컷이 된다. 그럼 어떤 것이 남성 의식이고 여성 의식일까? 거친 것이 남성 의식일까? 그렇지는 않다. 너는 알겠느냐?"

"스님, 아직 잘 모르겠습니다."

"인간의 몸안에는 하늘 사람으로부터 동물, 그리고 박테리아에 이르기까지 같은 성분을 세포 속에 가지고 있다고 말한 적이 있다. 그래서 이 모습에서 저 모습으로 변천할 수 있는 것이다. 새로운 개체의 생명도 창조할 수 있다. 이 모든 것이 모양이 결정되어 있지 않기 때문에 가능한 것이다. 결정되어 있다면 이런 일은 일어날 수가 없다.

때문에 잘못된 업을 익혀서 악도에 몸을 받는다 하더라도 나올 기약이 있는 것이요, 선한 업을 지어서 천상락을 받는다 하더라도 아주 영원할 수 없는 것이다."

우주의 생성과 파괴

경안이 청진암에 와서 정진을 시작한 지 20일이 지나가고 있었다. 스님께서는 경안을 각성시키는 의미에서 다음과 같은 가르침을 주셨다.

"내가 앞서 삼천 대천세계에 대하여 잠깐 언급한 적이 있었지만, 우리가 접하는 삼천 대천세계는 무한대의 세계이다. 한계가 없다는 말인데 근본 성품이 그렇기 때문에 그 그림자 또한 한계가 없는 것이다. 둘은 그대로가 정신이며 또 다른 말로는 곧바로 물질이라고 칭한다.

하나의 소천세계에는 인간 사대주가 1,000개 있으며, 천상·아수라·축생·아귀·지옥도 각각 1,000개씩 갖추고 있다. 소천세계의 1,000배인 중천세계는 당연히 100만의 인간 사대주와 그리고 각각 100만의 천상과 지옥을 두루 갖추고 있는 셈이다.

그러면 대천세계는 어떨까! 중천세계의 1,000배인 10억의 인간 사대주가 있으며 각각 10억의 천상·아수라·축생·아귀·지옥이 존재하는 것이다. 그리고 삼천 대천세계란 아예 무한대이기에 숫자를 논할 수 없다.

극락세계와 같은 불국토가 또한 무수히 존재한다. 불국토는 윤회하지 않는 세계이기 때문에 구분을 한다. 얼핏 서로 대별되는 세계 같지만 꼭 그렇지는 않다. 삼천 대천세계 속에 불국토가 있다고 말할 수도 있고 불국토 속에 삼천 대천세계가 있다고 말할 수도 있다.

경안아, 이 지구가 처음 생길 때를 보아라.

어떻게 시작되는가? 한 생각, 조그만 잠재된 개념이 있어도 그것이 현실화해서 잘못된 관을 만든다. 명심해야 한다. 이 우주 거울은 실체가 없다. 그렇기 때문에 망념이 상을 만들어 낸다.

마음을 있는 대로 곧장 그대로 무사하게 놔두어라! 비울 필요도 없고 고요하게 할 필요도 없다. 본래로 밝고 지혜로운 것이 마음의 본질이다. 몸도 마음도 둘이 아니요 취하고 버릴 것은 아무것도 없다. 일 없는 자리에서 한가롭게 마음을 열어 놓아라.

본다는 것은 근본적으로 잠재된 의식의 조작이다. 그렇기는 하지만 제대로 보는 것과 제대로 보지 않는 것이 있다. 정관(正觀)과 사관(邪觀)이 있다는 말이다. 욕심과 잡념이 섞인 관은 사관이요, 마하의 고요한 관은 정관이다. 마음을 무념·무상 마하의 대삼매에서 관해라.

어떻게 시작되느냐?"

"세간의 숫자로는 헤아리기 어려운 수십백 억 년의 무한한 시간을 두고 중생들의 업에 의한 파동으로 인하여 자장인 기가 나타납니다. 이어서 가스와 같은 거대한 기류이 형성됩니다. 이때는 아직 특별한 모양은 없습니다.

시간이 더욱 흐르면 천도가 운행중에 더욱 농도가 짙어져서 가스층을 이룹니다. 또다시 천도의 운행중에 우주의 바다와 결합하여 수륜의 시초를 이루고 시간이 흐를수록 압력으로 인하여 더욱 짙어지고 농도가 심화됩니다. 그렇게 차차 시간이 흐르면 물로 이루어진 수륜으로 바뀝니다. 이때 한량없는 비가 내립니다.

또 무한한 세월이 흐르면 땅이 나타나고 금륜이 됩니다. 이렇게 하염없는 시간을 두고 천상으로부터 지옥에 이르기까지 차례대로 성립되는 것입니다.

지구는 거칠고 단단해집니다. 안으로 응집되어 모양이 축소되는 것입니다.

처음 인간들은 천상의 복력이 그대로 남아 있어서 음식은 천인들처럼 생각만 하면 나타나고 기의 힘으로 생명을 유지하므로 지금 우리가 먹는 음식은 섭취할 필요가 없습니다. 그때는 남녀의 성구별도 없을 뿐만 아니라 음욕도 없습니다. 몸의 크기는 태산과 같으며 몸에서는 광채가 찬란하고 이곳에서 저곳을 순식간에 날아서 이동을 합니다."

"수명은 어느 정도 되느냐?"

"지금 인간의 시간으로 수십 억 년에 이릅니다. 천상에 버금가는 공덕의 힘과 선정력을 유지하고 있습니다. 그들이 보기에 국토는 오염이 없고 화려·장엄합니다. 춥지도 덥지도 않으면서 참으로 성스러운 땅으로 보입니다. 화려·장엄하게 보이는 것은, 인간들의 공덕의 힘과 마음의 청정하기가 하늘 사람과 같기 때문입니다."

"이들은 어디로부터 태어나느냐?"

"광음천의 천인들이 수명이 다해서 많이 태어나고 기타 다른 상위 색계천의 천인들이 수명이 다하면 인간계에 태어납니다."

"왜 광음천의 천인들이 이땅에 많이 태어나는가?"

"화재에 의한 대삼재로 세상이 소멸된 후, 다시 세상이 시작될 때는 광음천 이상의 하늘에서 인간으로 몸을 받아 옵니다. 왜냐하면 광음천 이하의 세계는 소멸되어 새로 형성되기 때문입니다."

"그렇다. 잘 보았다. '수재'로 인해 세상이 소멸한 후, 다시 이 세계가 생길 때는 변정천에서 주로 인간계에 태어난다. 왜냐? 그 이하의 세상은 소멸되고 없기 때문이다. 이때의 인간들은 공덕이 더 수승하고 수명도 길다.

또 '풍재'로 인하여 이 세계가 소멸한 후, 다시 세상이 생성될 때 인간계에는 과실천의 천인들이 주로 태어난다. 왜냐? 그 이하의 세계는 소멸되고 없기 때문이다. 이때의 인간들은 공덕이 더더욱 수승하고 수명도 훨씬 길다. 이렇게 인간계의 처음 시작이 조금씩 차이가 있다. 이때도 인간들의 몸의 색깔이 여러 색인가?"

"여러 가지 색을 띠고 있습니다. 색은 정해진 것은 아니고 스스로 마음대로 색깔을 나타내는 것입니다."

"몸에서 나는 후광은 어떤 색이냐?"

"천인들과 같이 엷은 황금색이거나 밝은 흰색입니다."

"차이점이 있느냐?"

"마음의 밝기와 공덕의 차이로 색이 진하거나 엷거나, 혹은 강하기도 하고 약하기도 합니다."

"수명이 다하면 어찌 되는가 보아라."

"화생의 몸이 생을 마치면 시체가 남지 않습니다. 홀연히 사라지게 되는 것입니다. 수명이 다하면 거의 대다수가 다시 인간으로 태어나고, 일부는 천상에 나기도 하고 특수한 경우는 축생계에도 몸을 받습니다. 그러면 축생계가 생겨닙니다. 그러나 성스러운 축생계이고 수명이 대단히 깁니다.

이때까지는 태생은 없고 전부 화생으로 몸을 받아서 납니다. 세월이 흐르면 사람들은 점차적으로 집착하는 마음이 증가해서 복력이 줄어들게 되고 장엄함도 못해집니다.

이때까진 아직 남녀의 구별이 없거나, 구별이 차츰 나타나는 시기입니다. 아직 음욕은 없어서 결혼이라는 말이 없습니다. 그러므로 태어나는 것은 모두다 화생으로 몸을 받아서 나는 것입니다.

점차 마음이 탁해짐에 따라서 몸에 충만한 기운이 조금씩 떨어지게 되고, 음식을 섭취해야 합니다. 이때 사람들의 업력으로 우유와 같은 음식이 저절로 나타납니다. 이들 눈앞에 저절로 바로 나타나므로 그것을 맛있게 섭취합니다.

점점 마음이 전보다 탁해지고 국토의 모습도 빛을 잃어갑니다. 그 까닭은 집착하는 마음이 깊어져서 공덕의 힘이 조금씩 떨어지기 때문입니다. 이때도 사람들은 몸에서 찬란한 광채가 나고 신통이 자재하여 허공을 날아다니고 이곳에서 저곳으로 순식간에 이동합니다.

수명은 수억 세에서 차차 줄어드는데, 음욕이 생김에 따라 남녀가 분명해지기 시작합니다. 그러나 새로 태어나는 사람들은 아직은 화생으로 태어납니다. 이쯤에 이르면 지미가 땅에서 자연적으로 나타납니다. 향기롭고 아름다우나 이전의 음식보다는 자주 먹어야 되고 맛이 떨어집니다.

세월이 흘러 수명이 수백만 세에서 수십만 세로 떨어지면 결혼을 하는 사람들이 나타나게 됩니다. 결혼을 한다 해도 지금처럼 부부간에 관계를 하는 것이 아니라 천상의 천인들처럼 서로 느끼기만 하는 그런 관계입니다 그래서 화생으로 인간의 아기들이 태어나는 것입니다.

그러나 아직까지는 결혼을 하지 않는 사람들이 대다수입니다. 안 하는 것이 보편적인지라 결혼을 하는 사람들은 떳떳하지 못해 변지에 살게 됩니다.

사람들의 마음은 더욱 흐려져서 몸의 광채도 줄어들고 용모도 전보다는 못해집니다. 이때까지도 몸에 병이 없었습니다. 죽을 때가 다 돼서야 천상의 천인들처럼 나쁜 증세가 나타납니다. 그러면 죽음이 다가온 줄 알게 되는 것입니다.

이때쯤, 맛있는 자연의 선물인 지미는 결국 사라지고 지피가 납니다. 모양은 버섯과 같고 향기롭고 맛이 좋습니다. 사람들은 지피를 맛보고 지미의 맛보다는 못하다는 것을 알게 됩니다. 왜 지미가 사라졌는지 이유를 몰라 당황해 합니다. 탐착심이 전보다 더 늘어나서 자주자주 지피를 먹고 즐깁니다. 이 지피를 많이 먹고 탐착심을 많이 일으킬수록 용모가 추해집니다. 누구의 용모는 곱고 누구는 추하다고 논하는 일이 최초로 생기게 되는 것입니다.

그런 연후 지피는 다시는 나타나지 않고 지부가 나타납니다. 지부의 모양은 빛깔이 하늘 꽃과 같고, 맛은 부드럽고 연하여 꿀과 같이 달았습니다. 사람들은 맛있는 지피를 못 먹게 되자 당황하고 슬퍼하지만 별수없이 지부를 맛있게 먹게 됩니다.

이렇게 오랜 세월이 흐른 후, 지부 자체도 사라지고 자연의 멥쌀이 나타납니다. 지금처럼 껍질이 있고 작은 모습이 아니라 껍질도 없고 크고 맛이 있는 멥쌀입니다. 이때의 사람들은 이 멥쌀을 맛있게 자주자주 먹고 탐착심을 일으킵니다.

이런 세월이 조금 더 흐르면 탐착심으로 구별하고 구하는 마음이 본성을 이루기 시작합니다. 그전만 해도 구하고 찾고 하는 행위는 생소한 행위로 본래 인간의 본성과는 거리가 먼 것이었습니다. 이때쯤 바뀌기 시작합니다. 용모가 점점 추해지고 수명도 현저히 줄어들게 됩니다. 또한 몸의 광택도 줄어들게 되는 것입니다.

남녀의 모습이 완전히 구별되어 서로 바라보면 자연히 음욕이 생기게 됩니다. 그리고 몰래 하나 둘 남녀간에 음욕을 행하게 되는데, 지금처럼 정식으로 남녀의 관계가 이루어집니다.

음욕을 행한 자는 음욕을 행하지 않는 자보다 용모가 추해지고 은연중에 표시가 납니다. 음욕을 행한 자는 부끄러움을 품고 변지에 살고, 음욕을 행하지 않는 자는 용모가 훌륭하고 떳떳하여 중앙에 살게 되는 것입니다.

처음 음욕을 행한 자는 남에게 질시를 받게 되고 '그것은 옳지 못한 행동이다' 하는 말을 듣게 되므로 최초에 옳고 그름이 생기게 되는 것입니다.

이때부터 부부라는 말과 아내라는 말도 생기게 됩니다. 인간은 태생으로 바뀌기 시작합니다. 그러나 이때만 해도 대다수가 화생이어서 소수의 태생이 화생과 공존하게 된 것입니다. 다 화생이고 태생

은 소수인지라 화생은 정식이고 태생은 착하지 못한 행위에서 난 것
이라 하여 천하게 여기는 감정이 생깁니다. 귀하다, 천하다 하는 것
이 처음으로 생깁니다.

수명도 급격하게 줄기 시작합니다.

이때부터 점점 결혼하는 사람들이 하나 둘씩 늘어나서 저마다 음
욕을 행할 때 가려줄 집이 필요하게 됩니다. 그전까지만 해도 기후
가 춥거나 덥지도 않고 신통이 자재하고 음식도 자연으로 있어서 집
이 필요없었습니다. 그렇지만 부부가 생기고 아이가 있어 가정이라
는 말이 생기고부터는 집이 필요하게 된 것입니다. 여기 저기에 집
이 생기고 결국은 마을이 생기게 됩니다.

어느덧 세상은 바뀌어 국토와 환경도 나빠지기 시작합니다. 사람
들의 마음도 분별과 탐착심이 점점 더해가고 몸에 광명과 신통도 없
어지게 됩니다.

이제는 가정을 이루지 않는 사람은 찾아보기 힘들게 되고 오히려
결혼을 하지 않는 사람은 이상한 사람이 되고 비법이 됩니다. 또 태
생으로 난 사람은 정당한 사람이나 화생인 사람은 별스럽고 이상한
사람으로 보는 세상으로 바뀌고 마는 것입니다.

탐착심으로 연구를 하기 시작했습니다. 그때의 멥쌀은 무진장하여
아침에 베면 저녁에 다시 열매가 열리고, 저녁에 베면 아침이면 다
시 열려 식량 걱정은 할 필요가 없었습니다. 이때 어떤 한 사람이 생
각하기를, '매일 수확하는 것은 어리석고 괴로운 일이다. 한꺼번에
많이 베어 와서 쌓아 두도록 하자' 하고는 3일 분을 베어 와 쌓아 놓
고는 그 뒷날은 놀고 있었습니다.

이웃 사람이 찾아와서 '오늘 멥쌀을 수확하러 가자'고 했습니다. 그러자 그 사람은 의기양양하게 자기의 꾀를 이야기했습니다. 그 말을 다 듣고 난 이웃은 자기도 며칠 분을 베어 와 쌓아 놓고 집에서 놀게 되었습니다. 그러자 이것을 본 이웃들은 너도나도 몽땅 베어 쌓아 놓게 되니, 그렇지 않는 사람들은 멥쌀 구경을 할 수가 없게 되자 큰 문제가 일어났습니다.

이런 사람을 이웃은 게으른 사람이라고 비웃게 되었습니다. 부지런하고 게으른 사람이라는 말이 이때부터 생기게 됩니다. 욕심부리는 것이 당연한 세상으로 바뀌어 버리자 이것은 대세가 되었습니다. 이것이 옳은 것이 되고 그전까지의 질서를 지키는 자는 그른 자가 되고 마는 세상이 된 것입니다.

군중적으로 취가 일어나서 누구도 막을 수 없는 대세가 된 것입니다. 아침에 베어 내면 저녁에 열리던 멥쌀은 그루터기가 나타나고 껍질이 생길 뿐만 아니라 열매도 작아지고 맛도 없어졌습니다. 이렇게 되어서야 사람들은 지난날을 돌이켜 후회를 했으나 별도리가 없었습니다.

자연 발생적으로 각자 살기 위해 택지를 가르고 들판을 쪼개어 경계를 설정하고 각자 소유를 정했습니다. 경작이 시작된 것입니다. 그러자 부자도 있고 가난한 자도 있게 되었습니다.

그 전만 해도 얼굴 용모나 몸의 광택, 그리고 섭취하는 음식 등으로 복을 논할 수 있었으나, 이제는 쌓아 놓은 재산으로 논하게 되는 세상이 자연 발생적으로 도래한 것입니다.

이렇게 됨에 따라 도둑질을 하는 사람들이 하나 둘씩 생기기 시작했습니다. 도둑질한 사람을 잡아서 나무라고 '너는 나의 재산을 허락도 없이 훔쳐 갔다. 너는 나쁜 사람이다' 하고 때리자 맞은 사람은 '저 사람은 나를 때렸다' 원망하기에 이르렀습니다.

이제는 시기·질투·원망·증오 등이 생겨서 악도에 떨어지는 과보가 형성되기 시작된 것입니다. 이때에 없던 병이 자연으로 나타납니다. 치료하는 약과 의원이 필요하게 된 것입니다.

사람들은 모여서 걱정하기 시작했습니다. '이대로는 안 되겠다. 판결을 하고 다스리는 사람과 질서를 유지하는 단체가 있어야겠다' 하고, 그 중에서 훌륭하다고 생각되는 사람을 뽑아서 왕으로 삼고 법을 집행하는 집단을 만들게 되었습니다. 이것이 다스리는 것과 권력의 시작이 됩니다. 이러한 집단이 여기 저기서 생겨나서 촌락을 이루고 나라를 이루게 됩니다.

많이 탁해졌어도 수명은 수만 세에 이르고 세상에는 아직 악한 독충이나 미물은 없습니다. 국토는 청정하고 우순풍조하였습니다.

사람들은 그런 대로 청정한 본성을 잃지 않고, 인간의 고뇌와 행·불행을 느낄 수 있는 환경에 살게 됩니다. 때문에 수행이라는 개념이 자리잡게 되었습니다.

이때, 부처님과 여타 성인들이 출연하게 됩니다. 부처님은 법을 설하실 때 대체적으로 잡다한 수행법이나 계율을 설하지 않습니다. 그럴 필요가 없기 때문입니다. 몇 마디 청정한 마음의 이치를 게송으로만 설해도 사람들은 일시에 깨달아서 해탈할 수 있었습니다.

부처님의 설법은 간단 명료하였습니다. 이때의 사람들은 적당히 욕심이 있고, 적당히 병이 있고, 괴로움도 있었습니다. 그렇지만 마음은 그렇게 깊이 흐려지지 않았습니다. 때문에 한 생각만 돌이키면 쉽게 깨달았습니다."

"그렇단다. 부처님이 설하시는 법은, 사람들의 생각이 어리석어지고 욕심이 많아지면 의원이 병 따라 약을 쓰듯이 다양해진다. 또 지켜야 할 계율도 엄해진다. 최초의 사람들이 집착이 늘고 마음이 탁해졌다고는 하지만 지금과는 같지 않다. 그래서 부처님의 한 마디에 깨닫게 되는 것이다.

과거의 여러 부처님이 세상에 화신을 나투어 출현하시는 모습은 중생들의 근기와 인연 따라서 달라진다. 부처님의 출현은 수억 년의 세월이나 수만 년의 세월 속에 간혹 출현하시어 중생을 제도하는데, 참으로 지중한 인연이 없으면 부처님을 만나기 어렵다.

천상으로부터 지옥에 이르기까지 오직 깨달음에 이를 수 있는 곳은 우리가 살고 있는 남섬부주뿐이기 때문에 부처님은 인간계에만 출현하신다. 그러나 인간의 정명이 100세 미만일 때는 부처님은 출현하지를 않는다. 이는 부처님을 뵈올 인연이 박하고 근기가 아둔하기 때문이다."

"이번에는 전륜성왕에 대하여 살펴보아라."

"인간계에 왕이 정해지고 차차 권력과 다스림이 확립되면 전륜성왕이 출현하십니다. 전륜성왕은 광대한 복력과 지혜를 구족하고 부처님과 같이 32상호를 갖추고 태어납니다.

그러나 진리를 깨달은 해탈된 몸은 아니고 장엄함도 부처님의 상호에는 미치지를 못합니다. 그래도 자비하고 거룩함이 뭇 사람의 지도자가 되기에 조금도 손색이 없습니다.

전륜성왕의 출현은 네 가지로 나눕니다. 금륜왕·은륜왕·동륜왕·철륜왕입니다.

이 중 금륜왕이 최상의 복력과 지혜, 그리고 위광을 가지고 있습니다. 나타났다는 말만 들어도 일체 중생들이 경복하게 됩니다. 다 같이 우러러 기뻐하고 맞아들입니다. 감히 대항하려는 마음은 꿈에도 없습니다.

이 남섬부주뿐만 아니라 우리 세계에 속한 다른 인간계인 북구로주·동발제·서구다니주까지 금륜왕이 이르지 않아도 모든 것을 바치고 다스려 줄 것을 충심으로 바라게 됩니다. 이는 금륜왕의 전생 공덕이 천하에 두루 비추기 때문이며, 일체 중생들을 사랑하고 자비를 베푼 연고로 이러한 모양이 나타나는 것입니다. 금륜왕이 보위에 오를 때는 칠보가 저절로 나타나 구족하게 됩니다.

천 개의 바퀴살을 갖춘 둥그런 금바퀴

상아가 6개인 성스러운 나는 코끼리와

감청색 나는 성스러운 말

신주(신령한 구슬인 이 보배 구슬은 천지를 대낮처럼 비추고 신령한 영기를 뿜어서 마음을 청량하게 하고 병을 없애 주는 구슬)

옥녀보(비길 데 없이 아름답고 성스러운 여자)

거사보(전생의 닦은 바 공덕으로 보배와 재물을 무한정으로 왕에게 공급하는 장자.)

주병보(사천하에 적이 없는 강력한 병마) 등입니다.

이러한 칠보로 전륜성왕은 장엄을 하고 사천하를 다스립니다.

은륜왕이나 동륜왕·철륜왕은 위력이 금륜왕에 비하면 조금 떨어집니다. 전륜성왕은 어버이가 자식을 사랑하듯이 자비로 민중을 다스립니다. 민중은 마음 깊이 경모하면서 따릅니다. 가히 어미 코끼리를 아기 코끼리가 따르는 모습과 같습니다.

이때의 국토는 악충이 저절로 사라지고 우순풍조하여 근심 걱정이 없습니다. 날씨는 춥지도 덥지도 않고 곡식은 풍성합니다. 산천은 아름답고 깨끗한 샘물이 끝없이 흐릅니다. 나무와 풀은 무성하여 꽃과 열매는 어디나 널려 있습니다. 자연의 멥쌀은 등겨가 없고 온갖 맛이 구족해 있습니다.

왕은 오랫동안 십선을 행하다 목숨을 마치면 천상에 납니다. 왕이 죽으면 민중들은 전륜성왕의 법도대로 장사를 지내게 됩니다. 시신을 향탕으로 목욕을 시키고 오백 겹의 성스러운 천으로 동입니다. 왕을 들어 금관에 넣고 향수를 뿌리고, 다시 동곽에 넣고, 다시 들어 철곽에 넣고, 철곽을 다시 들어서 목곽에 넣기를 거듭하여 온갖 향나무로 섶을 쌓아 불을 붙여 화장을 합니다. 그리고 남은 유해로 칠보탑을 세웁니다.

전륜성왕도 초기에는 자주 출현하다가 인간의 복력이 약해지고 수명이 짧아지면 다시는 출현하지 않습니다.

사람들은 수명이 수만 세가 될 때쯤이면 100년에 한 살꼴로 평균 나이가 급속하게 줄게 됩니다. 이 까닭은 마음에 집착이 많아져서 욕심을 내기 때문에 타고나는 수명 자체가 짧아지는 것입니다. 그리고 평상시에 몸과 마음의 균형이 깨지는 지나친 행위를 다반사로 하기 때문에 타고나는 수명도 다 누리지를 못하고 수가 감해지는 것입니다."

"잘 살펴보았다. 조금 쉬었다가 다시 살펴보기로 하자."

경안은 스님의 말씀에 마음을 지워 버렸다. 경안은 스스로 알고 있었다. 스님의 위신력을 힘입어서 쉽게 느끼고 본다는 것을.

그리고 여러 경전에 위신력을 힘입어서 설한다는 내용이 종종 나오는데 그 말을 이해할 수가 있었다. 자기를 비우고 원초적인 맑고 맑은 본래의 마음에서 주제를 설정하고 관찰하는 것인데, 스님의 깊은 배려가 없다면 잘못될 수가 있다. 스님의 자상한 살핌이 있으니 그런 일은 잘 일어나지 않았다. 혹시 그럴 때는 스님이 수정을 해 주셨다.

스님은 아무 말씀 하시지 않아도 스님의 뜻과 결합하고 있는 중에서 관찰이 이루어지고 있으므로 근본적으로 제대로 떠오르는 것이었다. 결단코 스님은 자기의 허락 없이 관찰을 한다든지 그 내용을 마음에서 생각하는 것조차 용납하시지 않았다. 그 까닭은 스스로 혼자 하는 관은 사관(邪觀)이 되기 쉽고 사관의 경계를 멀리 초과한 상태라도 그것은 업으로 쌓일 것이기 때문이다. 업이 쌓인다면 그에 따른 과보가 있기 마련이다.

업이 쌓이는 단계를 훨씬 초과하여 자유 자재한 자라도 지나치면 이익이 전혀 없으며 오히려 공부와 생활에서 손해를 보는 일이 더 생기게 된다.

그러나 스님이 지켜보는 속에서는 달라진다. 이 관찰로 인해서 더욱더 큰 신심이 나기도 한다. 인과의 원리를 깊이 알게 되므로 종래는 욕심이 없어진다. 바로 되고 안 되고는 종이 한 장 차이도 아니다.

스승의 은혜는 삼계를 초탈하여 영원히 대열반의 언덕에 오르게 하는 원동력이기 때문에 거룩한 것이다.

정도(正道)냐 사도(邪道)냐는 집착이 있느냐 없느냐가 중요한 결정 요인이 된다. 그러나 진정한 진리의 스승을 만나게 되면 집착이 있든 없든 관계없이 정도로 바뀌는 것이다. 만약에 진리의 가르침을 만나지 못한다면 바른 법이라 하더라도 반은 삿된 법이 되고 만다. 본래부터 삿된 법이었다면 참으로 돌이킬 수가 없다.

예를 들어 날이 잘 선 칼이 있다 하자. 의사가 사용하면 사람을 살리는 칼이 되고 과일을 깎으면 과도가 된다. 그러나 강도가 칼을 들으면 흉기가 되고 마는 것이다.

(정(正)이니 사(邪)니 하는 것은 오로지 이름일 뿐 진리의 모양은 결정된 것이 없다. 진리라고 고집하면 오히려 삿된 법이 된다. 진리의 스승은 자유 자재하므로 형상 없는 보검을 뜻대로 용처 따라서 휘두른다. 그리고 어디에 사용하여도 격식에 맞는다. 이치를 모른 자는 정법을 사용한다 해도 삿됨을 이루고, 뜻에 맞으면 긍정하고 그렇지 않으면 무조건 부정하게 되는 것이다.)

"스님, 인간계 중에서도 우리가 살고 있는 세계만 유독 수명이 늘고 줄고 하는데, 그 까닭이 무엇입니까?"

"잘 물었다. 인간이 다른 세계의 중생들과 다른 점이 있다면 무엇 하나 일정하게 고정돼 있지 않다는 것이다. 행복과 불행이 수시로 교차하지 않느냐? 그리고 잠시 잠깐이라도 한 생각에 가만히 머물러 있지를 못한다.

우리 인간 세계의 특징이 있다면 강력한 기억력으로 익히고, 주변의 분위기를 받아들여서 취한다. 그러나 다른 세계의 중생들은 우리처럼 강력한 기억이 있다거나 취하는 것이 약하다. 우리가 살고 있는 인간계만이 잠재의식과 현재의식이 비교적 균형을 이루고 있는 것이다. 그리고 다른 모든 환경도 균형을 이루고 있다. 이러한 까닭으로 선업을 쌓을 수도 있고 악업을 지을 수도 있게 된다. 그리고 깨달음에 이를 수 있는 것이다.

이것은 다른 세계에서는 가능하지 않다. 그래서 깨달음을 성취할 때는 천인이든 아수라든 반드시 인간의 몸을 받아 와서 깨달음을 성취하는 것이다.

결론적으로 생각이 동함에 따라서 인연의 움직임이 맹렬하기 때문에 수명이 늘었다 줄었다 하는 것이다.

우리가 속한 인간계 중에서 북구로주 사람들은 평균 수명이 언제나 1,000살을 유지하고 줄거나 늘거나 하지 않는다. 거기에 태어나는 사람들은 생긴 모습도 남녀만 차이가 있지 모두가 한 모습이다. 심지어는 부모 형제인지 다른 사람인지조차도 알 수 없다.

남녀가 음욕을 행할 때는 주변에 나무나 풀의 움직임으로 부모 형제를 구별하여 부모 형제라면 헤어지고 다른 사람이면 음욕을 행하는 것이다.

아이가 태어나면 어머니는 들에 아이를 놔두고 떠난다. 그러면 사람들이 지나가다 손가락을 빨려 주면 그 기를 흡수하여 얼마 안 가서 어른이 되어 버린다. 그 까닭에 특별히 부모라고 가까움을 느끼고 남이라고 멀리 느끼지를 않는다.

이 북구로주가 천상과 지옥까지 전 중생계에서 외관상으로는 가장 평등한 세상이라고 할 것이다. 이곳은 가정이라는 것을 이루고 살지 않으므로 집이나 촌락이 없고, 먹고 살기 위해서 노동도 하지 않는다. 자연으로 나는 크고 향기로운 음식을 취해서 먹기만 하면 되는 것이다.

대지는 평평하고 삼재팔난이 없으므로 제방을 쌓는다든지, 나무를 심는다든지 어떠한 노력도 할 필요가 없다. 옷도 저절로 생기는 업을 가지고 있어서 필요하면 가져다 걸치면 되는 것이다. 자연은 항상 청결을 스스로 유지한다. 청소도 할 필요가 없다.

이 세계는 빈부 귀천도 없고 잘나고 못나고도 없는 까닭에 범죄라는 말도 없다. 시기·질투, 그리고 비교하는 마음도 본래 없다."

"스님, 그 세계는 정말 성인들이 사는 세계라고 보아야 하겠습니다. 그리고 이들은 욕심이 없으므로 큰 깨달음에 쉽게 들어갈 것 같은데, 왜 부처님은 그 세계에는 출현하시지 않는 것입니까?"

"북구로주 사람들은 전생에 선행을 하고 공덕을 많이 지었다. 이 사람들은 특히 무사하게 살기를 좋아하고 비교·분별하지를 않았다. 또한 특별히 욕심도 없었고 홀로 살기를 좋아하였다.

그러나 용맹스럽게 진리를 탐구하려는 마음이나 다른 연구심이 없었다. 그래서 북구로주에 태어나서 1,000년을 평화롭게 살기는 하지만, 이곳의 사람들은 깨달음은 얻을 수가 없다. 왜냐? 의문이 없기 때문이다.

당연히 그 생활이 성인들의 경계도 아니고, 지금의 업이 다하면 또 다른 세계에 몸을 받는다. 우리가 살고 있는 남섬부주의 환경이 이 세계의 환경을 훨씬 능가하면 서로 왕래할 수가 있다.”

“스님, 남섬부주에 전륜성왕이 나올 때가 있고 안 나오는 시절이 있는데, 차이점을 말씀해 주십시오.”

“전륜성왕은 좋은 인연과 큰 공덕을 지어 놓은 사람들이 세상에 태어날 때 그에 상응해서 나타난다. 그때는 자연 환경도 사람 살기에 매우 적합해진다. 천재지변이 없고 독한 뱀이니 벌레가 없다. 일반적인 질병들도 없는 좋은 시절이 된다.

우리 인간의 수명이 100년마다 한 살꼴로 줄어드는 감겁기 중이라도 전륜성왕이나 성인이 세상에 나오면 수명이 늘어난다. 또 그 시대 중생들이 화합하고 조화를 이루면 수명이 한동안 늘어난다. 그와는 반대로 수명이 늘어가는 상승기라도 환난이 계속되면 사람들의 수명은 줄어든다.

우리 남섬부주 사람들의 수명은 세간의 숫자로는 까마득한 수십 백 억 년이라는 오랜 세월을 두고 수억, 수만 세에서 100년에 한 살씩 점차 줄어 30세에 이른다. 다시 더 줄어 10세까지 이르게 되는 것이다. 그리고 평균 나이 10세부터 100년에 한 살씩 늘어난다. 이렇게 수만 세까지 늘어나는 것이다. 이렇게 계속 늘고 줄고가 되풀이된다.

이때 지진이 나고 화산이 터지기도 하고 운석과 충돌이 일어나기도 하는 등 이루 말할 수 없는 과정을 겪게 된다. 그리고 여러 번의 인류가 전멸하기에 이르는 대삼재를 겪게 되는 것이다. 새로운 세상이 열리기도 하고, 흔적도 없이 사라지기도 한다.”

"스님, 참으로 장구한 말씀이십니다. 사람들은 겁초에는 화생으로 몸을 받았고 후에 태생으로 바뀌지 않았습니까? 간혹 전설이나 경전 등에 난생·습생의 이야기가 전해 오는데, 그에 대한 말씀을 해 주십시오."

"우리 인간은 겁초에는 주로 화생이었다가 태생으로 바뀌었고 이제는 태생이 근본이 되었다. 그러나 종종 수많은 세월 속에 예외가 어찌 없겠느냐? 지금 이 순간에도 자연계는 특이한 돌연변이와 신기한 일이 한두 가지가 아니다.

입으로 새끼를 낳는 개구리가 있는가 하면 산속을 나는 산 갈치도 있다. 그 외에도 참으로 이해할 수 없는 일을 주변에서 종종 볼 수 있다. 특이한 업을 가진 사람들이 알로 태어나는 예가 있는데 대개 범상치 않는 이들이 많다. 그래서 혹자는 그 인물을 위인시하려고 지어낸 것이 아닌가 할 수도 있을 것이다.

부처님 당시 큰 시주였던 녹자모가 알로 아이를 낳은 기록이 있고, 그 외에도 경전에는 알에서 출생한 예가 종종 기록되고 있다. 수많은 세월 속에서는 충분히 있을 수 있는 일이다. 이보다 더 생소한 것이 있으니 습생이라 한다. 습생이란 분열에 의해 몸을 받는 것을 말한다. 인간의 경우란 참 희유한 일이다.

앞으로 과학이 발달하고 유전자 공학이 더 발달하면 실제로 가능한 일이지만 자연적인 경우는 드물다 아니할 수 없을 것이다. 그러나 경전에 전륜성왕 중 한 분이 습생으로 몸을 받은 것이 눈에 띈다.

사람들은 보편적이고 많은 사람들이 보고 들은 것은 인정하고 싶어도, 자기 주변에서 쉽게 발견할 수 없는 것은 인정하지 않으려 한다. 또 자기 생각의 영역을 넘어가면 믿으려 하지 않는 습성을 가지고 있다. 그래서 증거와 기록을 필요로 하는지도 모른다.

믿지 못할 영역이란 마음먹기에 따라서는 없는 것이 아니겠느냐! 사람이 태에 드는 것만 해도 꼭 부부가 합방을 해야만 임신을 하는 것은 아니다. 요즘은 수정란으로 임신을 하기도 하는데 옛날 같으면 믿을 수 있겠느냐? 전생에 특수한 인연을 가진 여자는 사람이 아닌 이성과의 교접이나 다른 영과의 교접으로도 임신이 될 수 있다.”

“인간이 겪는 삼재에 대해 말씀해 주십시오.”

“삼재가 무엇이냐 하면, 불에 의한 재난 · 물에 의한 재난 · 바람에 의한 재난 등을 말한다.

우리가 흔히 겪는 재난 중에 소삼재가 있다. 전쟁과 기아, 질병 등이다. 그리고 수재 · 태풍 · 화재 등이다. 이로 인해서 전쟁으로 사람들이 죽거나 굶어 죽기도 하고 병으로 죽기도 한다. 그리고 해마다 자연 재해로 많은 인명과 재산의 손실이 있는데, 이러한 것을 소삼재라고 한다.

중삼재가 있다. 인류의 평균 정명이 30세 미만에서 10세에 이르면 그 사이에 도병겁, 곧 대전쟁이 일어난다. 이때의 사람들은 악심과 증오로 가득 차 있고, 그러한 업으로 잡히는 물건마다 살인 병기로 변한다. 서로 보이는 대로 죽이게 된다.

다음으로 기아겁, 곧 굶어 죽는 것이다. 어디를 가나 먹을 것은 없다. 사람들은 먹고 살기 위하여 부모 형제라도 서슴없이 해친다.

다음으로 질병겁이 있다. 병마가 창궐하는 것이다. 이름을 알 수 없는 질병으로 사람들은 속수무책으로 죽어간다.

그리고 지구에 자연적인 대재난인 지진, 강력한 태풍, 또는 운석의 낙하 등으로 인류나 기타 생물이 대다수 전멸하는 것을 중삼재라 한다.

마지막으로 대삼재가 있다. 화재가 있으니, 우리기 속한 이 세계가 우주의 화에 의하여 종말을 고하는 것이다. 이때 지구는 흔적도 없이 사라져 버린다. 그리고 지옥·아귀·축생·아수라, 그리고 천상이라도 광음천 이하는 모조리 소멸되어 버린다.

수재가 있으니, 우리가 속한 이 세계가 물에 의하여 사라져 버리는 것이다. 이 뜨거운 물에 의해 지구를 비롯한 지옥·아귀·축생, 그리고 천상의 변정천 이하는 다 사라져 버린다.

또 풍재가 있으니, 우리가 속한 이 세계가 바람에 의해 사라져 버리는 것이다. 우주 자기풍에 의해 지구뿐만 아니라 지옥·아귀·축생·아수라, 그리고 천상 중에서 과실천 이하의 세상은 모조리 파괴되어 흔적조차도 없어진다. 이것이 대삼재다."

"스님, 더 자세히 설하여 주십시오"

"기륜·수륜 시대를 경과한 후, 인간들이 지금과 같은 본격적인 삶을 사는 금륜의 시대가 열린다. 인간의 수명이 겁초에는 수십 억 세에 이르다가 수만 세가 될 때 쯤이면 100년에 한 살꼴로 줄기 시작하는 것이다. 복력도 감해지고 마음도 점차 사악해진다. 그러면 필연적으로 자연 환경은 극한의 몸부림을 하게 된다.

인간 본연의 순수성은 점점 사라져 간다. 욕심의 산물인 각종 법칙이 만들어지고 인류는 서로 미워하고 징벌을 감행한다. 뿐만 아니라 잘못된 견해가 판을 치는 세상이 되는 것이다. 당연히 수명도 줄고 용모도 추해진다. 그리고 전체적으로 키도 점점 줄어든다.

큰 키는 악화된 자연 환경 속에서 몸을 지탱할 수 없기도 하지만, 부단히 마음의 에너지를 헛되이 낭비하기 때문에 병도 많아지고 몸도 작아진다. 또 복력의 약화로 좋은 음식을 섭취할 수 없으므로 키가 매우 작아져 가는 것이다.”

“스님, 키와 수명이 복력과 관계가 있다는 것에 대하여 다시 한 번 설명해 주십시오. 우리 주변에 키가 크다고 지혜롭고, 작다고 사악하지도 않습니다. 그리고 키가 작아도 훌륭한 사람이 많고, 부자도 많습니다. 여러 종족 중에도 형편없는 생활을 하는 종족이지만 키가 큰 종족이 있습니다.”

“잘 물었다. 너의 말은 당연하고 옳은 말이다. 왜 그렇겠느냐? 저마다 세세생생 익힌 업이 다르기 때문이다. 키가 작은 업을 지었으나 부자가 되고 높은 권좌에 오르는 업을 지은 사람도 있을 것이요, 키가 크나 수명이 짧고 어리석은 업을 지은 종족도 있을 것이다.

이렇게 부분적으로 보면 여러 가지 예외가 있다. 한 시대의 미세한 모양을 두고 비교하는 것은 아니니 잘 살펴야 한다.

지금 네가 주변에서 보는 것을 단순 비교하여 보더라도 키 차이가 나면 각기 얼마나 날 것이며 수명이 차이가 난다면 또 얼마나 날 것이냐? 잘났다 하더라도 얼마나 잘났겠느냐?

같은 시대에 난 사람들은 미세한 차이는 있을지언정 큰 차이가 없는 것이다. 어떤 사람은 70세밖에 못 사는데 또 다른 사람은 1,000살을 산다든지, 한 사람은 키가 2m인데 또 한 사람은 10m라면 크다 작다 할 것이다.

전혀 그렇지 않지 않으냐? 그러나 장구한 세월의 흐름 속에서는 조금 다를 수가 있다. 시대마다 비교를 한다면 키라든지 수명이라든지 용모라든지 하는 것이 각기 현저하게 차이를 나타낼 수 있기 때문이다. 그래서 그 시대의 업을 비유하여 불가피하게 표현하고 설명하는 것이다.

이 상관 관계를 잘 이해해야 된다. 잘못 이해하면 편견을 가질 수도 있고, 자기도 모르게 의혹이 일어나서 비방할 수도 있을 것이다.

다시 연결해서 말하겠다. 수십 백억 년의 세월 속에 수명이 늘고 줄고가 부단히 반복된다. 수명이 줄어드는 감겁기는 퇴보기라고 말할 수 있고 수명이 늘어나는 시절은 진보된다고 말을 붙일 수도 있을 것이다. 이렇게 늘고 주는 현상이 금륜이 존재하는 수십 백억 년 동안 계속되는 것이다.

대체적으로 인간의 수명이 수백 살 미만으로 떨어지면 자연 환경도 매우 열악해지기 마련이다. 도처에 사막이 생기고 높은 구릉과 협곡이 생겨난다. 따라서 사람이 경작하고 살 수 있는 토지는 얼마 없게 되고 만다. 그리고 사나운 짐승과 악한 독충들이 사방에 득실댄다.

수명이 더 줄어들 때에는, 비가 와야 할 때는 오지 않고 반대로 오지 말아야 할 때는 많이 온다. 사람들이 편안할 날이 없는 것이다. 곳곳에 지진이 나거나 화산이 폭발하고 얼음이 뒤덮는다. 대자연이 한없이 박해지는 것이다.

종종 사람이 때때로 몸살이 나서 몸을 쉬게 만들고 자체 정화를 하듯이 자연도 심한 몸살을 일으켜서 스스로 정화를 한다. 이때 소삼재나 자연의 중삼재가 일어나는 것이다."

"스님, 왜 중생들이 악하고 공덕이 없으면 자연도 박해지는 것입니까?"

"하나가 열이고 열이 하나다. 우주와 내가 둘이 아니기 때문에 그렇다. 비유하자면 바람이 불면 파도가 자연히 일어나는 것이요, 겨울이 되면 얼음이 어는 것과 같다. 또 처음 인간계가 시작될 때에 기륜이 생기는 것과 같다.

지옥 업을 지은 자가 지옥에 몸을 받을 때가 되면 자연히 지옥이 형성되는 것이요, 지옥 중생이 일체 없어지면 그 지옥은 소멸되어 없어지는 것과 같다. 이것이 유정과 무정의 관계다.

인간이 정명 30세에서 더 떨어져 10세에 이르면 그 사이에 삼재가 일어난다. 그때의 인간은 늦기로는 2~3년이요, 짧기로는 태어난 지 5개월 만에 시집을 가고 장가를 간다. 용모는 너무나 추하고 흉악해서 지금의 원숭이보다도 못해진다. 입은 한없이 튀어나오고 눈은 핏발이 섰으며 등은 굽고 짐승과 구별하기도 어렵다.

세간에는 우유니 꿀이니 기름이니 하는 것은 소멸되어서 이름도 없고, 들에는 오곡은 나지 않고 잡초인 가라지와 피뿐이다. 당연히 털이니 무명이니 비단이니 삼베니 하는 따위의 옷감은 없다. 있다면 굵게 짠 풀뿐이다.

땅은 순전히 가시덤불이요 보석따위는 어디에도 없다. 악충과 독충은 무리지어 산다. 경작할 토지는 어디에도 없다. 이때는 지금과는 달리 부모에게 불효하거나 악한 행을 많이 한 사람이 공경을 받는다. 다른 사람들이 존경하여 음식을 바치거나 받들어 모신다."

"스님, 어찌 그런 일이 있을 수 있을까요?"

"본말이 전도되면 그런 일이 일어나는 것이다. 지금 이 세상도 악한 집단에서는 흉악할수록 어른 대접을 받지 않느냐! 또 악하고 타락한 나라는 부패한 집단을 공경하지 않느냐?

그리고 전쟁을 일삼는 시대의 역사를 보아라. 무슨 영웅이니 통일이니 패왕이니 하면서 멀쩡한 나라에 쳐들어가서 서로 싸워 죽게 만들고 많이 죽인 자를 영웅이라고 하지 않느냐?

다시 이어서 말하겠다. '이때 도병겁이 일어나면' 사람들이 손으로 풀을 잡든 기와를 잡든 모두 흉기로 변하게 된다.

왜 그런가? 온전히 증오심으로 온몸이 뭉쳐 있기 때문이다. 특수한 업으로 인해 이런 이상한 현상이 발생하는 것이다. 보는 사람마다 서로 해치기를 서슴지 않고 상대를 가리지도 않는다.

도병겁이 끝나면 살아 남은 사람들은 얼마 되지 않는다. 서로 살아남은 것이 참으로 희유하다고 한다. 이때의 사람들은 지독한 증오심으로 목숨을 마치면 다같이 지옥에 떨어진다.

'기아겁이란 무엇인가?' 정명 30세 미만이 되고 10세에 이르면 그 사이에 기아겁이 발생한다. 꼭 이때가 아니라도 일상의 전쟁 후에는 굶는 사람들이 속출하는 것을 지금도 볼 수 있지 않느냐?

이때의 사람들은 거꾸로 된 법을 잘된 법이라 하고 악한 행 하기를 게을리 하지 않는다. 하늘에서 비가 오지를 않고 곡식은 줄기만 앙상하다. 사방을 찾아도 먹을 만한 음식은 없다. 사람들은 말라 죽은 풀도 먹고 똥 속의 구더기나 씨앗까지도 주워 먹다가 급기야는 자기의 똥까지도 먹는다. 아침 저녁으로 목마름을 해결하기에 바쁘다. 여기저기 쓰러진 시체를 먹고 시체도 없어지면 살아 있는 사람도 닥치는 대로 잡아먹는다. 이미 정신을 잃어서 부모 형제도 눈에 보이지를 않는다.

이때 사람들의 업은 특수해서 지금 사람들의 개념으로는 상상할 수도 없다. 먹지 않으면 헛것이 보이고 환장을 하여 버린다. 목숨을 마치면 다 같이 아귀보를 받는다. 이것은 지나친 식탐 때문이다.

정명 30세에서 10세에 이르면 '마지막으로 질병겁'이 있다.

이때의 사람들은 악심이 극을 이룬 뒤에 다시 선한 마음이 싹트기 시작하는 때이다. 이때 극한의 역병이 활개를 친다. 역병이란 굶주리고 더러운 곳에서 활개를 치게 마련이다. 그때는 몸의 질병에 대한 저항력이 극도로 약해졌기 때문에 역병에 저항할 수가 없다. 그래서 기아겁 후에는 역병이 따르는 것이다.

사람들은 아침에 인사를 나누었으나 저녁에는 볼 수가 없다. 여기저기 죽어 가서 사람의 씨가 마를 지경이다. 그러나 사람들은 서로 서로 걱정을 해주고 병이 낫기를 바란다. 그러한 까닭에 죽으면 천상에 나고 인간으로 다시 태어나도 수명과 복이 점차 늘어난다. 이때야 비로소 인간의 나이는 늘어나고 자연 환경도 점차 좋아지기 시작하는 것이다. 이로부터 100년에 한 살꼴로 꾸준히 늘어서 다시 수만 세로 늘어난다. 진보한다고 보면 되는 것이다.

퇴보할 때는 모든 조건이 점차 나빠진다. 몸을 마치고 다시 인간으로 태어나도 용모가 부모보다 못하다. 그리고 수명도 그의 조상보다 짧아진다. 윗사람들보다 근골도 튼튼하지 못하고 지혜가 더 떨어진다. 이것은 전 국토의 보편적인 현상이 된다.

이렇게 감겁기에 복력이 떨어질 때는 언제나 조상들보다 후대의 자손들이 지혜가 없고 충실하지 못하게 되는 것이다. 지금도 어느 나라에 그런 현상이 뚜렷하면 지혜로운 사람들은 한탄하기를, ‘우리 나라가 세력을 잃고 약화될 조짐이로다’ 한다. 또 어느 나라의 자손들이 갈수록 용모가 훌륭해지고 지혜가 있으면 ‘우리 나라가 이제는 강력하고 훌륭한 나라가 되려는가 보다’ 하고 미리 아는 것이다.

정명이 짧아질 대로 짧아진 시대의 인간들은 선행이라고는 행하지 않는다. 전에 지은 공덕의 힘으로 인간의 몸을 받기는 하나 갈수록 형편없는 모습을 하고 태어나게 되는 것이다. 몸과 마음의 좋은 기능은 하나하나 상실되어 간다. 태어날수록 퇴보에 퇴보를 거듭 한다.

더 지나치면 원초적인 욕심만 작용하는 짐승과 다름이 없어진다. 그러는 과정 중에서 다시 몸을 마치면 인간의 몸을 받지 못한다. 원숭이나 개 또는 자기의 성향 따라서 사나운 짐승이나 순한 짐승으로 태어난다. 익힌 습과 인연으로 부모가 될 짐승의 몸에 의탁하여 태어나게 되는 것이다. 그때는 몸도 마음도 짐승이므로 당연히 짐승의 몸이 형성되는 것이지만, 짐승의 몸을 받을 마음과 몸이 아니라면 결코 짐승의 태에 들지 않는다.

이와 같이 짐승의 몸을 받아서 한 생을 살고 거듭거듭 짐승의 몸에 의탁하다 보면 결국 그 복도 다하여 모양도 더 추하고 생각도 모자라는 하등 동물로 태어날 수도 있게 된다. 그리고 거듭하여 더욱 퇴보하면 미물로도 태어난다. 이렇게 되자면 무한한 세월이 걸린다.

아직은 짐승의 완성된 업이 아니지만 깊이 해결하여야 할 은원이 있거나 욕심으로 마음이 혼탁해지면, 눈앞의 경계가 바뀌어 훌륭한 경계로 보일 때가 있다. 그러면 태어나려는 욕심이 발동하여 짐승의 태에 들기도 한다. 마치 탁한 마음으로 공부를 지으면 엉뚱한 경계가 눈앞에 나타나듯이 아름다운 경계가 나타나면 기쁜 마음을 내어서 짐승의 몸에 의탁하고 마는 것이다.

물론 이것도 우연은 아니다. 자기가 지은 업의 소산이다. 그래도 이 경우는 한때의 업이 소멸하면 인연 따라서 다시 인간의 몸으로 태어나게 된다.

그러나 짐승의 업을 익혀서 점차적으로 인간의 본성을 아주 잃고 더욱 어두워지면 인간의 몸을 회복하기는 참으로 요원해진다. 점점 어리석음과 탁함이 더하여 종래는 짐승의 몸도 받지 못하게 될 수도 있게 된다. 아귀나 지옥 업을 받게 되고 마는 것이다.

그러나 마냥 퇴보하는 것만은 아니다. 점차 선근이 확대되고 악근이 축소하면 상승을 하여 인간의 몸을 회복하게 된다. 박테리아와 같은 하등 미생물 또는 충과 균 같은 유의 중생들도 분열과 합을 거듭하여 다른 모습으로 변해간다. 오랜 세월이 지나면 엉뚱한 개체로 변이될 수도 있다.

여기서도 상승과 퇴보의 작용을 한다. 이 상승과 퇴보는 엄밀히 말하면, 인연에 의한 변화라고 해야 맞다. 생명이 없다는 무정물인 돌이나 바위도 인연에 의한 변화를 거듭해서 다른 모습으로 변화돼 간다."

"스님, 일체 중생은 행복하려고 합니다. 누가 강제적으로 지옥으로 몰아 넣은 것도 아닌데 왜 지옥의 고통을 받거나, 혹은 축생의 몸을 받습니까! 또 아귀의 몸을 받고, 인간의 몸을 받더라도 불행한 몸을 받습니까?"

"그렇다. 너의 말대로 중생들은 자기의 이익이 되겠다고 생각하는 방향으로 움직이지, 손해가 나겠다고 생각이 되면 움직이지 않는다. 그럼에도 불구하고 결과가 바라지 않는 방향으로 전개되는 예가 비일비재하다. 왜 그럴까?

요즘은 자동차가 많아서 사고가 자주 나는 것을 볼 수 있다. 운전자가 사고 나기를 바라는 운전자는 없을 것이다. 그러나 마음이 바빠서 안정된 운전을 하지 않았다든지, 평상시에 정비가 불량하든지 하면 사고가 날 수 있다. 우연찮게 별다른 인연으로 다른 차가 와서 받을 수도 있을 것이다. 어찌되었든 결과는 좋지 않다. 단순한 사고 같지만 내면적으로는 여러 가지가 복합적으로 모여서 어떠한 결과를 나타낸다.

지옥 업을 받는 자는 지옥에 가기를 전혀 바라지 않지만은 지옥에 갈 인연을 부단히 알게 모르게 짓고 있는 것이다. 인연이 성숙하면 피할 수 없게 된다. 마치 맑은 물에 똥물을 부어 놓고 냄새가 나지 않기를 바라는 것과 같다.

인간들의 업이 밝아져서 상승을 하면 수명도 늘고 근골도 좋아질 뿐만 아니라 지혜도 점점 늘어간다. 사회 분위기도 점차 향상되어서 서로 화합하고 자유로워져서 선행을 하기에 좋은 환경이 조성되게 된다. 그리고 이웃 간의 다툼이라든지 국가 간의 전쟁, 그리고 천재지변이 줄어든다. 그래서 이때의 사람들은 점점 더 공덕이 늘어나는 행위를 짓는다. 그렇기 때문에 다시 인간으로 몸을 받아서 태어날 때는 더욱 용모가 충실해지고 지혜롭다. 전반적으로 이마는 반듯하고 코는 우뚝해지며 표정도 밝고 보기에 자비스럽고 총명해 보인다.

또한 다른 타방 세계에서 인간계로 몸을 받아서 오는 사람들도 역시 수승한 사람들이 와서 태어나므로 사회 분위기는 갈수록 좋아진다. 이때는 착한 사람과 남에게 이익을 주는 사람들은 존경을 받고, 이들을 이끄는 스승들은 더 한없는 존경을 받게 된다. 때맞추어 부처님이 세간에 나오시기도 하고 스승들이 진리로 인도하시기도 한다. 지위가 높을수록 용맹스럽고 정의로우며 어려운 일에는 앞장을 선다. 뭇 사람들의 모범이 되며 횡포를 부리는 일은 없어진다. 받기보다는 베푸는 것을 배나 좋아하게 된다.

의식주 걱정도 없어진다. 사람들은 남는 시간을 진리를 탐구하는 데 사용하고 그것을 즐거워한다. 개인이나 집단, 그리고 전체 자연 환경이 모두 함께 진보하게 된다. 이렇게 거듭 향상되어서 다시 인간의 수명은 수만 세에 이르게 되는 것이다.

이 과정 중에서 수많은 종교와 사상, 법칙, 그리고 선법, 악법 등이 나타나기도 하고 부질없이 사라져 간다. 모든 것이 참으로 무상한 것이요 덧없다. 나타나고 사라지는 것이 모두가 업식에 의한 인연의 소치일 뿐이다.”

“스님의 말씀을 듣고 보니 온갖 법칙의 난무함이 한량이 없습니다. 지금 현재 우리의 삶 중에도 종교와 법칙, 사상, 그리고 선이니 악이니 하면서 복잡하게 주장하고 다투고 있지 않습니까?”

“그렇단다. 선악을 떠나서 중도 실상의 법을 체험으로 깨우쳐야 할 것이다.”

"증감의 시대가 끝이 나고 이 세상이 소멸할 때의 현상을 말씀해 주십시오."

"오랜 세월 동안 증감이 여러 번 되풀이된 후, 이 인간계에 대자각의 시절이 온다. 이때의 사람들은 누구나 즐거이 베풀고 신정을 닦게 된다. 중도 실상을 깨달은 해탈은 아니지만 자연적으로 어떤 사람이 먼저 제2선정을 얻고 다른 사람들에게 그 미묘함을 설하면, 모든 사람들이 그 도를 닦고 성취한 후에 차례차례 목숨을 마치고 광음천에 태어나게 된다.

지옥의 중생들도 몸이 무너지면 인간계에 태어나서 2선의 도를 닦고는 광음천에 태어난다. 다섯 가지 무간 업의 죄업을 지닌 자 중에서 극중한 중생들은 지옥이 무너질 때 다른 타방세계의 지옥계에 다시 몸을 받는다. 마치 죄인이 이감되는 것처럼.

그 밖의 일체 지옥 중생들이 인간계에 몸을 받아서 2선정을 얻고 광음천에 태어난다. 그러면 지옥이 사라질 조짐이 나타난다. 햇볕이 쪼이면 얼음이 녹듯이!

그리고 다시 축생계의 중생들이 목숨을 마치고 나면 인간계에 차례차례 태어난다. 인간계에 태어나 2선정을 성취한 후 차례차례 목숨을 마친 후 광음천에 태어난다. 그러면 결국은 축생계가 다 비고 만다. 축생계가 사라질 조짐이 나타나게 되는 것이다.

아귀계의 중생들도 목숨이 다하면 인간계에 태어나서 2선정을 성취하고 차례차례 광음천에 태어난다. 아귀계가 다하는 것이다.

이 세계 소멸이 다가올 때는 인간계에서 축생보를 받는다든지 축생에서 지옥으로 가는 등 이러한 일은 일어나지 않는다. 어느 세계의 중생이라도 죽으면 인간계에 태어나서 2선정을 성취한 후 광음천에 나는 것이다.

아수라·4천왕·도리천·염마천·도솔천·화자재천·타화자재천·범천의 천인들도 목숨이 다하면 인간의 몸을 받아 와서 2선정을 성취하고 광음천에 난다. 광음천 이하 모든 천상의 천인들과 인간, 그리고 축생·아귀·지옥의 중생들 모두가 목숨을 마치면 인간계에 와서 2선정을 성취한 후 광음천에 나는 것이다.

그렇게 되면 지옥으로부터 시작하여 아귀계가 무너지고, 다음은 축생계가 다하고, 인간계가 다하고, 아수라·사왕천·도리천·염마천·도솔천·화자재천·타화자재천·범천 등이 차례로 무너져 소멸된다. 이러한 소멸이 일어날 때 일곱의 화륜이 차례차례 나타나 비추니, 모조리 '광음천' 이하는 남음이 없이 타서 사라져 버린다. 이때 이 지구는 허무로 돌아가게 된다."

"스님, 어찌하여 화륜이 나타나는 것입니까?"

"이 세간이 무너질 때면 자연히 나타난다. 중생들의 업력 때문이다. 소멸되는 천체의 내부와 외부에서 상응하여 화륜이 나타난다. 비유하면 아침이 되면 태양이 뜨는 것과 같다.

'이 세상이 소천세계를 일주할 때' 주기적으로 천재 지변과 소삼재가 되풀이된다. 그리고 우리가 속한 '소천세계가 중천세계를 일주할 때' 인간계에서 수십 백억 년에 걸쳐서 흥하거나 멸하고, 수명이 늘거나 줄어드는 증감이 있다.

우리가 속한 '중천세계가 대천세계를 일주할 때' 성주괴공(成住壞空)이 일어난다. 천도를 운행하는 중에 우리가 속한 한 세계가 일곱

개의 화륜을 만나면서 '광음천' 이하는 모조리 타 없어져 버린다.

우리가 속한 중천세계, 그리고 소천세계 속의 세상들 중에서도 우리가 직접 속해 있는 세계와 같이, 같은 운명을 맞이하는 세상들이 있다. 이때가 되면 중생들의 업력으로 교묘하게 준비된 듯이 소멸될 쯤해서 화륜을 만난다. 그때쯤 해서 모든 중생들이 2선정을 얻어서 광음천에 나는 것이다. 목이 마르자 샘이 있고 샘이 나타나자 목이 마름과 같다.

태초에 겁이 형성되는 것을 '성(成, 이루다)'이라 한다. 천상으로부터 지옥까지 차례대로 형성되는 것이다. 이 기간이 인간의 산수로는 까마득한 수십 백억 년이다.

'주(住, 머무르다)'가 있으니, 완성되어 머무르는 시간이 또한 수십 백억 년이다. 이때에 인간세계로 말하면 수명이 수만 세로 늘었다가 다시 줄어드는 증감이 되풀이되고 윤회가 되풀이되는 기간이다.

'괴(壞, 소멸되는 것)'가 있으니 소멸되는 것이다. 광음천 이하 중생들이 2선정을 얻고 광음천에 난 후, 화륜에 의하여 세계가 소멸한다. 소멸 시작부터 소멸의 완성까지는 수십 백억 년이 소요된다.

'공(空, 허공으로 존재하는 기간)'이 있으니 광음천 이하가 존재하지 않는다. 수십 백억 년의 세월이 걸린다.

이러한 모든 작용은 '중천세계가 하나의 대천세계를 일주할 때' 다 이루어지는 것이다. 이것은 어느 한 세계나 소천세계 또는 중천세계에서 일어나는 일로 어느 쪽은 파괴되는가 하면 어느 쪽은 지금도 형성된다. 마치 바다의 잔물결과 같이 생성과 파괴가 한없이 일어나고 있다. 가히 헤아리기 어려운 것이다.

이렇게 대화재 이후 무한한 시간을 비어 있다가 다시 광음천 이하의 세계가 형성된다.(기륜·수륜이 생기거나 또는 화륜이 형성되면서 어느 한 세계가 비로소 시작된다.) 그리고 무한한 세월에 걸쳐서 세상이 만들어지고 머물면서 변혁과 윤회가 되풀이되는 것이다.

이상이 '화재에 의한 대삼재'라고 한다.

다시 '수재에 의한 대삼재'가 있으니, 소멸이 무한한 세월 동안 진행이 된다. 또다시 소멸이 다가오면 변정천 이하 모든 하늘의 천인들과 지옥·아귀·축생에 이르기까지 모두 생을 마친 후 인간계에 태어나서 3선정을 닦아 얻는다. 모두가 변정천에 태어난다. 변정천 이하 모든 하늘과 인간, 그리고 축생·아귀·지옥이 비게 되고 대수재가 발생한다.

이 한 세상이 속한 중천세계가 대천세계를 운행하는 도중 뜨거운 물의 바다를 만난다. 뜨거운 물의 바다는 중생들의 업력에 의해 형성된 것으로 흔히 우리가 늘 접하는 끓는 물 하고는 성질이 다르다. 뜨거운 비가 내린다. 이로써 '변정천' 이하 모든 세상은 소멸되어 버린다. 이것이 '수재에 의한 소멸'이다.

이런 연후 또 무한한 세월을 두고 이 한 세계가, 변정천 이하는 허공으로 머무른다. 그리고 나서 무한한 세월을 두고 기륜·수륜이 차례로 형성되고 화륜도 형성되면서 한 세계가 건립되는 것이다. 다시 변화와 윤회가 되풀이되고 인간의 수명도 줄었다 늘었다 한다.

또다시 이 한 세상이 소멸될 시기에 '풍재에 의한 대삼재'가 있다.

풍재가 발생하기 전 '과실천' 이하 천인들을 비롯하여 지옥·아귀·축생에 이르기까지 모두 목숨을 마치면 인간계에 태어나 4선정을 얻고 하나 둘 과실천에 태어난다.

이때도 역시 인간계에서 축생의 몸을 받는다든지 아니면 지옥 중생이 축생의 몸을 받는다든지 하지를 않는다. 나는 새도 이때는 알을 품지 않는다. 모두 한결같이 목숨이 다하면 인긴의 몸을 받고 인간계에서 4선정을 얻은 후 곧바로 과실천에 태어난다. 그러면 지옥부터 시작하여 붕괴가 시작된다.

이때의 중천세계가 대천세계를 돌아 운행할 때 우주의 태풍을 만나게 된다. 이 바람은 우주 업풍으로 너무나 맹렬하다. 과실천 이하의 모든 세상을 가루로 만들어 사라지게 한다. 이러한 것도 헤아릴 수 없이 오랜 세월을 두고 일어난다.

'풍재' 후 헤아릴 수 없는 세월을 두고 어느 한 세계가 허무로 있게 된다. 다시 과실천 이하의 세상이 형성된다.

이렇게 중천세계가 대천세계를 돌면서 대삼재가 계속적으로 되풀이된다. 또한 대천세계가 한량없는 무량수의 세월을 두고 삼천 대천세계를 돌아 운행할 때, 어느 집단적인 세계가 완전히 사라지기도 하고, 또다시 집단적인 세계가 생성되기도 한다."

"스님, '과실천' 이상은 삼재 속에 안전한 것입니까?"

"과실천 이상의 천인들은 선정력이 화재·수재·풍재의 영향을 받지 않는다. 왜냐하면 물질의 경계를 떠났기 때문이다. 그러나 그들은 때가 되면 다시 윤회에 들어서 다른 세상의 몸을 받게 된다.

특이한 경우가 있다. 한 대천세계가 운행중에 어느 한 세계가 완전히 빌 때가 있다. 비상비비상천의 천인들로부터 지옥에 이르기까지 인간계에 태어나서 부처님의 가르침으로 다 해탈해 버린다. 그때

는 완전히 한 세계가 비어 버린다. 그러한 일은 무한한 한량없는 세
월 속의 일이다.”

“스님, 광대무변의 우주에 대하여 더 언급해 주십시오.”

“이 무한대의 우주는 시작도 없고 끝도 없다. 보이는 것도 중생들
의 업력대로 보이기 때문에 절대적인 모습은 없다. 다만 여기서 논
하는 방식은 우리의 눈으로 보는 세계를 대체적으로 논하고 있는 것
이다.

우리가 달을 볼 때 물도 없고 바람도 없는 세상으로 보지만, 다른
중생들의 눈으로 볼 때는 살기 좋은 장엄한 세계로도 보일 수 있다.
우리 지구 가운데가 불로 이루어져 있지만 다른 업의 눈으로 볼 때
는 참으로 안락하고 살기 좋은 세상으로 보일 수도 있다.

우리 인간계를 비롯해서 천상으로부터 지옥까지 이 한 세상의 중
심은 거대한 에너지 장이 있으니, 중생들의 업력으로 이루어졌다. 이
에너지 장은 큰산과 같고 기둥과 같은데 이름하여 수미산이라 한다.
밖으로 파동의 원이 있으니, 이 세상을 싸고 있는 신비 속의 상징인
거대한 산과 바다들이다.

수미산을 중심으로 기운이 합해지면서 밖으로 천체를 밀어낸다.
그리고 다른 천체들은 서로 당긴다. 이것이 균형을 이루면서 형태를
유지하고 있는 것이다.

그러나 때로는 그 균형이 조금씩 깨질 때도 있다. 그래서 천체가
서로 가까워지기도 하고 때로는 팽창해서 좀더 멀어질 때가 있게 된
다. 또한 하나하나 개별적인 중생계도 역시 내부로부터 팽창과 축소
를 되풀이한다. 팽창과 축소가 극에 이르면 그 세계는 소멸되는 것

이다.

소천세계의 중심에도 거대한 수미산이 있다. 그리고 중천세계의 중심에도 더 거대한 수미산이 있다. 대천세계도 마찬가지다. 이것은 끝이 없다.

작은 한 세계든 큰 세계든 모든 세계는 고루 지수화풍의 구조로 균형을 이루고 있다. 인간의 몸도 지수화풍으로 이루어져 있고 우리가 속한 세계도 역시 마찬가지이다. 바꾸어 말하면 금륜·수륜·화륜·풍륜이다.

지구나 태양처럼 '땅의 천체'가 있는가 하면 '불의 천체'가 있고, 그리고 '물의 천체', '바람의 천체'가 있다. 이와 같이 수미산을 중심으로 서로 견제하고 균형을 이루면서 한 세계를 이루고 있는 것이다.

소천세계도 마찬가지다. 대체적으로 지수화풍의 성질을 고루 갖춘 세계가 있는가 하면 그렇지 못한 세계도 있다. 불의 소천세계, 물의 소천세계가 있고 풍의 소천세계, 그리고 땅의 소천세계가 있다. 같은 여러 소천세계라도 특징을 살펴서 이름을 붙일 수가 있다. 그렇게 소천세계끼리도 서로 균형을 이루고 있는 것이다.

불의 소천세계는 여타 성질보다 불의 성질이 좀 많다. 그래서 불의 소천세계라 한다.

물의 소천세계는 여타 세계보다 물의 성질이 많다. 그래서 물의 소천세계라고 한다.

이와 같이 서로 성질이 조금씩 다른 만큼 서로 밀거나 당기는 것이 다르다. 어떤 소천세계와는 가까이 당기려는 기운이 작용하지만 어떤 소천세계와는 밀어내려는 작용을 한다.

이 우주는 어느 한쪽에서는 팽창을 계속하는가 하면 어느 한쪽에서는 축소를 계속한다. 영원한 팽창도 없고 영원한 축소도 없다. 축소와 팽창을 번갈아서 되풀이할 뿐이다. 이런 모습은 마치 우주가 호흡을 하는 것처럼 보인다.

또한 이 우주는 질서 있게 천도를 순행하고 있지만 때로는 '회오리'가 있다. 먼 두 곳의 천체가 순식간에 가까워졌다가 멀어지는 것을 회오리라 한다. 사람이 팔을 들고 있다가 내려놓으면 팔이 몸에 순식간에 가까워지듯이.

'충돌'이 있다. 하나의 소천세계나 또는 중천세계가 운행중에 소수 또는 집단으로 충돌하는 것이다.

'파'가 있다. 소천세계나 중천세계가 천도를 운행중에 다른 세계를 부딪쳐서 파괴하는 것이다.

'합'이 있다. 소천세계나 중천세계가 운행중에 서로 보완이 되는 성질을 가진 세계끼리 합해지는 것을 합이라고 한다.

'분열'이 있다. 소천세계나 중천세계가 천도를 운행시 때로는 둘로 나뉘어지는 것을 분열이라고 한다.

그리고 '생과 사'가 있다. 천도를 운행중 소멸하여 적막으로 돌아가기도 하고 때가 되면 다시 생성되는 것을 말한다.

이 마음의 성품 자리가 부증불감이듯이 우주는 전체적으로 부증불감이다. 늘지도 않고 줄지도 않는다. 우주의 본성이 부증불감인 까닭에 그 한계도 없고 고정된 모습도 없다. 이것이 우주 질서의 대체적인 모습들이다."

제 3 장

근본으로 회귀

축생계와 아귀계

"얼마 전에 육도 세계 중에서 아수라계까지만 관찰하였다. 나머지 세계도 관찰하도록 하자. 마음의 띠를 풀어 헤치고 걸림 없는 자리를 주시하여라. 주변의 모든 움직임을 있는 그대로 내버려 두어라. 보고 듣는 모든 것을 내버려 두는 것이다. 그리고 일상 생활 속에서 흔히 접할 수 없는 축생계를 보아라. 힘들이지 않고 확연히 볼 수 있을 것이다."

경안은 스님의 말씀대로 조용히 전설 속의 신비한 세계인 '용의 세계'와 '금시조의 세계'를 관찰하였다.

"용이 사는 거주지에서부터 수명, 그리고 생활 방식, 또는 특이한 것이 있다면 보이고 느끼는 대로 말해 봐라."

"용은 화생, 그리고 태생, 또는 난생·습생으로 몸을 받아 태어납니다. 몸을 받는 모습이 다르듯이 사는 주처도 조금씩 다릅니다. 깊은 대해의 바다 속에 사갈라 용왕의 거소가 있습니다. 바다라 하지만 우리가 알고 보는 그런 바다는 아닙니다. 장엄하기 이를 데 없으며 업이 다른 자가 볼 때는 보이지 않습니다."

"그렇단다. 그 바다는 향수해라 하는데, 우리가 속한 한 세계의 공통된 바다다. 이 세계 중생들의 업력에 의하여 펼쳐진 파동의 바다다. 따라서 모양은 둥근 원과 같다. 그 속에 큰 용왕이 살고 있는 것이다. 그 바다의 크기는 우리 지구의 바다와 비교해서 어떠냐?"

"아예 비교할 수조차도 없습니다."

"또 다른 용들은 어떠냐?"

"또 다른 바다나 물, 그리고 허공중에 사는 용들도 있고, 땅에 거주하는 용들도 있습니다. 난생·습생의 용들과 같이 나무 위에 거주하는 용들도 있습니다. 나무라도 우리가 일반적으로 보고 알고 있는 그런 나무들은 아닙니다. 용들의 눈에만 보이는 장대한 신비한 나무들입니다."

"수명은 어떤가?"

"이들의 수명은 장구하여 우리 인간들의 세상이 한 번 증감이 있을 정도의 오랜 세월 동안 죽지 않고 삽니다. 생활하는 처소도 그들의 업으로 볼 때는 매우 화려하고 장엄합니다."

"그들은 왜 용의 몸을 받는가?"

"용들은 전생에 깊은 선정을 닦아서 흔들림이 없고 지혜도 매우 밝습니다. 전생에 자신도 모르는 사이에 용의 마음과 용들의 선정을 익혔고, 용의 세계에 호감을 가지고 있는 자들이 용의 몸을 완성하고 태어나게 됩니다."

"용들의 편리한 점과 불편한 점을 이야기해 보아라."

"용들은 전생에 닦은 힘으로 매우 오래 살고 궁전도 화려하고 몸들이 장대합니다. 그리고 신통이 자재합니다. 불편한 점이라 하면,

항상 비린내나는 음식을 먹어야 하는 것, 평상시는 다른 모습으로 있을 수 있지만 남녀간의 교접시는 용의 본래의 모습으로 돌아가야만 교접이 성립되는 것 등, 비늘에 모래가 박혀 있어서 종종 심하게 아픈 것입니다. 결정적인 것은 ‘상극인 금시조’의 침노를 받는 것입니다.”

“금시조의 침노는 어떻게 받느냐?”

“금시조는 칼날 같은 입과 혀를 가진 새의 모습을 한 신령한 영조입니다. 용들도 이 새의 위력 앞에는 어쩔 수 없이 잡아먹히고 피할 수가 없습니다. 마치 평원에서 사자가 누 떼를 골라 가면서 잡아먹듯이 속수무책으로 잡아먹힙니다.”

“그래도 예외가 있을 것이니 살펴보아라.”

“그렇습니다. 진리의 법을 받은 용들은 잡아먹지 못합니다. 큰 위력을 가진 사갈 용왕이나 난타 용왕, 그리고 발난타 용왕, 그 외에도 큰 용왕들은 다 잡아먹지 못합니다. 그리고 작은 용들이라도 진리로 무장한 용들은 잡아먹히지 않습니다.”

“그렇다. 용이 비록 큰 힘을 가지고는 있으나 전생의 업연으로 인해서 금시조의 밥이 된다. 밝은 법을 닦으면 전생의 연이 소멸하므로 금시조도 결코 용을 잡아먹을 수 없는 것이다. 그리고 장대한 용들도 또한 잡아먹을 수가 없다. 물이 불을 이길 수 있다 해도 큰불을 작은 물이 이길 수 없는 것과 같은 이치다.

용이란 인간의 입장에서 보면 환영의 동물이요 영물이다. 그러나 서로 경계가 다르면 있어도 있는 것이 아니요, 그렇다고 없지도 아니한 것이 환영의 세계다. 이번에는 아귀 세계의 모양을 이야기해 보아라.”

경안은 스님의 말씀 따라서 아귀의 세계를 관찰해 보았다.

“왜 아귀라는 명칭이 붙었겠느냐?”

“아귀라는 호칭은 굶주린 귀신이라는 뜻입니다. 아귀라는 명칭은 탐욕심의 대명사입니다. 특히 그 중에서도 식탐이 대단합니다. 그러므로 악근이 치성하게 타올라서 어떤 음식을 먹어도 불로 변하고 맙니다.”

“아귀가 사는 세상의 위치부터 말해 보아라.”

“아귀는 대체적으로 향수해의 아래쪽에 거소를 정하고 있습니다. 아귀 중 가장 극중한 아귀는 입은 바늘구멍만한데 배는 태산 같습니다. 모습이 그야말로 흉측하기 이를 데 없습니다.”

“왜 그런 모습으로 태어났겠느냐?”

“언제나 잠시라도 먹는 생각만 있었고 다른 생각은 없었습니다. 오로지 탐욕으로 한 생을 다 보낸 결과이고, 그 생각이 사무치고 사무쳐서 오늘날의 모습을 하고 태어난 것입니다. 마음이 사악해서 공덕이라고는 조금도 짓지를 않았습니다. 그래서 아귀가 되어서 한없는 세월을 물 한 모금 먹지 못하고 고통을 받고 있는 것입니다.”

“그럼 주변에 물이 없느냐?”

“아닙니다. 있습니다. 그러나 이들의 입은 전혀 먹을 수가 없습니다.”

“왜 그러느냐?”

“마음의 욕심이 불이 되어 타오릅니다. 그런 까닭에 무엇을 먹어도 뜨거운 쇳물로 변해 버리는 것입니다. 먹었다 하면 입부터 시작하여 몸속의 오장이 다 타버립니다. 이러한 고통이 끝없이 이어집니다."

"어떻게 하면 그들이 물이나 음식을 먹을 수 있겠느냐?"

"마음의 욕심을 잠시나마 버리는 것이 상책입니다. 그러면 음식을 먹을 수 있습니다."

"그들의 수명은 어떤가?"

"너무나 길어서 용들의 수명보다도 한없이 깁니다. 인간의 시간으로 계산하기 어려울 지경입니다."

"또 다른 아귀를 살펴보아라."

"특색 있는 아귀가 있습니다. 남근과 여근이 두세 개씩 달리고 어떤 아귀는 더 많이 달려 있습니다. 눈과 귀는 앞뒤로 사방에 붙었고 팔도 여러 개입니다. 피부는 문어의 피부와 같습니다."

"그들은 지금 무얼 하느냐?"

"지금 교접을 하고 있습니다. 잠시 잠깐씩만 휴식을 취하고 평생을 남녀간에 교접만 하고 있습니다. 휴식을 취할 때는 한없이 힘들어하고 괴로워합니다. 그런데도 곧장 다시 성행위를 하고 끝나면 또 괴로움을 당합니다. 그것이 계속 반복이 되는군요."

"그들은 전생에 어떠한 업을 지었는가 보아라."

"이들은 전생에 오로지 성만 탐닉하였습니다. 뿐만 아니라 항상 남몰래 비정상적인 행위를 익힌 까닭에 경계하느라고 애를 썼습니다. 그 결과 눈도 여러 개요 물건도 여러 개가 된 것입니다."

"그럼 너는 저들의 쾌락의 깊이가 어느 정도인지 합해 보아라."

경안은 스님의 말씀 따라서 한쪽의 몸에 합일하여 보았다. 과연 대단하였다. 인간의 절정에 비할 바가 아니었다. 몸과 마음이 물들지 않도록 하면서 그 정도를 측정만 해 보았다.

"스님, 이들은 아무런 음식도 먹지를 않습니다. 그런데도 죽지를 않는데 무슨 까닭입니까?"

"그들은 안 먹어도 생명에는 지장이 없다. 왜냐하면 업식으로 음식을 삼는데 성 교접 자체가 음식인 셈이다. 따로 음식을 섭취하지 않아도 죽지 않는 것이다. 그리고 그에 앞서서 음식을 못 먹어서 고통받는 아귀는 음식을 못 먹는 그 자체가 음식인 셈이다. 너는 그들 앞에 몸을 나타내어라. 그리고 그들이 물을 마시게 해 봐라."

경안은 스님의 말씀대로 선정의 힘으로 정신의 몸을 크게 장엄하여 천천히 아귀들의 면전에 몸을 나타냈다. 아귀들은 괴상한 소리들을 지르면서 경안의 주위에 모여들었다. 경안은 바가지에 물을 담아서 아귀들에게 건네주자 처음에는 받으려 하지 않았다. 한 아귀가 조심스럽게 받아 들고 바가지를 입에 대었다. 그러나 결과는 신통치 않았다. 입에 가까이 가기만 했는데도 불길이 오르고 끓는 쇳물로 화해 버리는 것이었다.

아귀들은 화를 내고 또 한편으로는 물을 먹을 수 있도록 하여 달라고 하소연을 하는 것이었다.

"저의 힘으로는 안 되는가 봅니다."

"그렇지 않다. 너는 자비로운 마음으로 맑고 시원한 물을 관하면서 아귀에게 주어야 한다. 사물은 마음먹기에 따라서 변천한다는 것을 명심해라. 여기에서 중요한 것은 너의 마음 속의 홀연히 한 의심을 제거해야 한다는 것이다. 너의 행위에 확신을 가져라. 다시 한 번 해 보아라."

경안은 스님의 말씀이 그 무엇을 말씀하시는지 금방 알 수 있었다. 다시 물을 건네주었다. 그러자 아귀가 의심 없이 받아들었다. 그리고 물을 시원하게 잘 마시는 것이었다.

"스님, 아귀들이 항상 스스로 물을 마실 수 있도록 하려면 어떻게 해야 합니까?"

"내 말대로 해 보아라. 환영으로 아귀들을 여러 명 화현시켜라. 그리고 그들이 물을 마시는 것을 보여 주어라."

경안은 스님의 말씀대로 여러 아귀들을 화현으로 만들었다. 화현의 아귀들은 물가에서 즐겁게 물을 마셨다. 이것을 구경하는 아귀들은 처음 보는 일인지라 정말 희유하게 생각하고 '있을 수 없는 일이다. 저럴 수가 있을까! 저런 일이 우리에게도 가능할까! 우리도 저럴 수 있다면 얼마나 좋을까!' 하고 아귀들은 부러운 눈으로 보고 있었다.

"저들에게 '너희들도 물을 마실 수 있다'고 말해 주어라. 그리고 마음의 탐욕심을 버리면 물도 마실 수 있고 아귀의 몸도 버릴 수 있다고 해라. 아귀들이 잠시나마 기갈을 면하게 되면 너의 말을 경청할 것이다."

경안이 그들에게 물을 먹을 수 있다고 말했다. 화현한 아귀들도 덩달아서 걱정하지 말고 물을 마셔 보라고 권했다. 기존 아귀들은 환희하는 마음을 내어서 일제히 물을 향해 달려가서 물을 마시기 시작했다. 과연! 물은 불로 변하지 않았다.

경안은 그들이 물을 다 마시고 나자 마음의 탐욕에 대해 말해 주었다. 전생으로 비롯된 급하고 갈구하는 마음 때문에 심화가 발동해서 물이나 음식이 불로 변하는 이치를 이야기해 주었다. 아귀의 몸도, 물도 불도 실재하지 않는다고 설법했다.

경안은 스님의 위신력 속에서 아귀들에게 마음의 조작이 어떤 것인가를 설법하여 주었다. 그러자 아귀들은 숙연하면서도 기쁜 마음을 내고 지난날을 뉘우치고 아귀의 몸을 벗어버리는 자도 있었다. 그러나 대다수는 잠시나마 환히하는 마음을 낸 결과 몸의 기갈과 고통을 면할 수 있었다.

"스님, 잠시 몇 마디로 아귀의 몸을 벗어버리는 자도 있었습니다. 그러나 다른 아귀들은 기갈을 면하는 정도에 그치고 말았습니다. 왜 그렇습니까?"

"너의 몇 마디를 듣고 아귀의 몸을 버린 자는 전생에 춥고 배고픈 시절을 겪으면서, 그것이 베풀지 않은 까닭인 줄을 모르고 더욱더 탐욕심을 냈으므로 아귀의 몸을 받게 된 것이다. 그러나 선근이 있어서 한때나마 착한 마음을 일으킨 적이 있었다. 무엇인가 하면 절에 가서 시주를 하고 별 신심없이 대충이지만 형식적으로 설법을 듣고 온 적이 있었다. 그 인연으로 오늘날 너의 가벼운 설법을 듣고도 마음이 환히 용약하여 아귀의 몸을 버리게 된 것이다. 얼마 안 있으면 다시 인간의 몸으로 돌아가 태어날 것이다. 그러나 태어난다 하더라도 고생이 심하고 의식주가 부족할 것이다.

그리고 다른 아귀들은 너무 업장이 무거워 겨우 기갈을 면하는 정도에 그쳤다. 당분간은 스스로 물을 먹을 수 있을 것이지만 오래 가지는 못할 것이다. 왜냐하면, 다시 탐욕심이 일어나서 물을 먹을 수 없게 되기 때문이다. 그래도 오늘의 인연으로 아귀보를 더 빨리 벗어날 수는 있을 것이다.

물이 바다에 한없이 가득하여도 진정한 물이란 없다. 해당되는 업을 가진 중생들의 눈에만 바닷물로 보인다. 아귀들의 눈에는 흐르는 물도 불로 보일 뿐이다.

본래 물이란 것이 고정적으로 존재한다면 아귀의 눈에도 여전히 물로 보여야 할 것이지만 마음 따라 존재하기 때문에 물로 보이지 않는 것이다. 업이 좀더 가벼운 아귀들은 물로 보이지만 마시려고 하면 불로 변해 버린다. 나머지 아귀들은 본래부터 아예 불로 보인다.

아귀 몸이라 해도 근본이 아귀는 아니다. 아귀의 몸은 그들의 마음이 만들어 낸 헛된 상에 불과하다. 그 마음이 뿌리부터 바뀌어 변한다면 모습은 즉시 변해 보일 것이다. 너의 마음에 아귀의 모습이 비치는 것은 그들의 마음을 읽어서 네 마음의 합작으로 보이는 것이다. 실재적인 아귀의 모양은 고정되어 있지 않다.

자기 마음으로 자기 모습을 만들고 스스로 그 모습을 보는 것이다. 상대적인 모습도 상대의 마음에 의한 모습을 비추어 읽은 것이다. 그 흉측한 아귀의 몸도 마음 따라서 나타난다. 그들의 마음이 변하면 몸의 모습도 변한다. 그래서 한마음의 변화로 물도 먹을 수 있고 몸을 버릴 수도 있었다.

우리 주변에 어떤 사람이 성을 내면 얼굴이 험악해지지 않더냐? 혹은 슬퍼서 눈물을 흘리거나 놀라서 공포에 질려 있는 모습을 보았을 것이다. 한마음 따라서 여러 모양이 나타난다.

그렇다고 짧은 시간에 갑자기 알아볼 수 없게 변하지는 않을 것이다. 그러나 몇 년을 두고 보면 몰라보게 변할 수도 있다. 그렇다 해도 전혀 터무니없이 변하지는 않는다. 한 생을 마감하고 죽어서 새로운 몸을 받기 전이라면 그때는 다르다. 이때는 잠재의식과 현재의식의 방향 따라서 몸이 자유 자재로 변해 버린다. 이때가 가장 변모가 극심할 때다. 다시 몸을 받으면 그 어떤 모양으로 안정이 돼서 잘 변치 않는다.

아귀·지옥이라도 좋은 인연이 있다면 부처님이나 선지식의 인도를 받아서 구원받을 수가 있다. 지옥이나 아귀계의 중생들은 '천상과는 달리 역으로 현재의식이 잠재의식을 압도한다.' 눈앞의 고통만 극심하게 느껴지고 작용할 뿐, 희망이라든지 과거의 선근이라든지 다른 차원의 마음은 깊이 잠들어 있다. 그 까닭에 마음은 칠흑과 같이 어둡다고 말할 수가 있다.

그래서 구원을 받으려면 선근이 있어야만 한다. 부처님이나 선지식의 은혜를 입어야만 속히 구원받을 수 있기 때문이다. 큰 선근이 없으면 부처님 법을 만나기 어렵다.

왜 그럴까? 부처님의 자비는 우주에 두루하고 상주하지 않는 곳이 없건만 왜 구제를 하고 받을 수 있을까? 업이란 허공의 발자국이요 토끼 뿔과 같기 때문이다. 이제는 아귀들과 다른 귀계를 관찰해 보아라."

"모양은 참으로 다양합니다. 그 중에는 인간과 같은 모양을 유지하면서 매우 배고픈 귀들이 있습니다.

인간계와 가까운 곳에 머물면서 음식을 구하여 먹을 수는 있습니다. 그러나 밤낮으로 먹어도 배를 채울 수가 없습니다. 아무리 포식

을 하여도 잠깐이면 배가 곧 꺼지고 마는 걸귀인 것입니다. 아귀의
종류이긴 하나 인간의 모습을 아주 잃지는 않고 있습니다.

그와는 다른 신령한 '선취' 중에는 명산을 집으로 삼고 사는 신령
이나 큰물이나 작은 물을 집으로 삼고 사는 신령 등 산하 대지에 신
령한 기운이 깃들지 않는 곳이 없습니다. 그들의 복력도 저마다 차
이가 나고 수명도 일정하지 않습니다. 또한 용모도 차이가 많이 납
니다. 일일이 열거하자면 한이 없는 것 같습니다.

스님, 걸귀는 왜 먹고 먹어도 배가 고플까요?"

"본래 배고플 배가 어디 있고 먹는다면 무엇을 먹겠는가? 그 까닭
은 식탐과 기타 탐욕심으로 마음의 천진 성품을 장애하기 때문이다.
치성한 욕심이 몸을 이루어서 먹고 또 먹어도 배가 부르지 않는 것
이다. 음식을 먹으면 마치 허공에 던져 넣은 것 같다. 흔적도 없고
기운이 나지 않기에 또다시 먹지 않으면 안 되는 것이다. 항상 굶주
림의 고통이 떠나지를 않는다."

"스님, 그들이 배가 부르려면 어떻게 해야 하겠습니까?"

"먹어도 먹지 않는 이치를 알면 될 것이다. 배고프다는 한 생각이
불현듯 일어나면 배고픈 곳으로 향하여 정면으로 파고 들어가야만
한다.

이토록 어디서 배가 고픈지 끝없이 마음을 부여잡고 정면 대결을
벌이면 홀연히 몸도 마음도 없는 이치를 알고 배고픔의 노예에서 벗
어날 수가 있다. 이것은 아주 배고픔을 벗어날 수 있는 방법이지만
용맹스러운 마음과 어느 정도 선근이 없으면 안 되는 방법이다.

또 부처님이나 성인의 가르침을 믿고 귀의해서 마음에 욕심을 조

금이라도 버리면 된다. 욕심을 버리지 못했더라도 성인의 가르침을 귀에 스치기만 한다 해도 그 인연으로 잠시나마 배고픔을 면하게 된다.

믿음이 깊어지면 종래는 귀(鬼)의 몸도 벗어버릴 수가 있다. 그리고 그와 인연이 있는 사람이 지성으로 경전을 독송하고 선한 마음을 내거나, 다른 사람들에게 이익을 주고 기쁘게 하는 행위를 하면 그 영향이 귀에게 미친다. 복이 증가하므로 배고픔을 면할 수 있다. 왜냐하면 업은 무상하기에 그렇다. 오로지 허망한 한 생각일 뿐 실재하지는 않는다.”

“스님, 또 다른 귀(鬼)의 실체를 말씀해 주십시오.”

“그뿐만 아니라 나무나 동물, 그리고 사람에게 의탁하여 사는 귀가 있다. 자기와 전생에 가족이었거나 아니면 친구, 이웃, 때로는 원수와 같은 사이일지라도 인연이 있으면 의탁한다. 이를 일러서 접신되었다고 말을 한다. 친하여 의탁하는 때도 있지만 원한 관계로 의탁할 때도 있는 것이다.”

“스님, 그렇다 하더라도 특별한 그 무엇이 있어야 접신이 될 것이 아니겠습니까?”

“마음의 상태가 중요하고 거기에 인연이 중요하다. 그리고 접신이 되는 근본 원인은 욕심 때문이다. 마음이 고요하고 힘있게 안정이 된 사람은 접신이 되지 않는다. 그러나 마음이 가라앉고 비어 있을 때나, 그리고 마음이 맑기만 할 때도 접신이 될 수 있다. 이때의 접신은 매우 선한 행위를 좋아한다.

아는 소리를 하고 병을 고쳐 주거나 주변에 이익을 주기도 한다.

이런 경우는 스스로 계시를 받았다고 믿거나 부처님의 가피를 입었다고 생각한다. 그 까닭에 접신이 되었는지 본인도 잘 모른다. 또한 주변에서도 잘 알 수가 없다.

도를 논하고 아름다운 말을 곧잘 하고 성스러운 행위를 보여 주는 접신도 있어서 눈밝은 선지식만이 진위를 알 수가 있다. 왜냐하면 아는 소리를 한다고 다 접신이 되었다고 말할 수도 없기 때문이다.

깨달은 자의 행위는 앉으나 서나 바름으로 돌아가지만 깨닫지 못한 자의 행위는 설령 바르다 할지라도 삿된 것이 되기 쉽다.

사람이 허하여 몸과 마음의 균형이 깨져 있을 때, 그와 인연이 비슷한 상태의 귀를 만나면 접신이 되기 쉽다. 마음이 악하면 악한 귀와 접신이 되고, 어리석으면 어리석은 귀와 접신이 된다. 욕심이 특히 많으면 욕심이 많은 귀와 접신이 되게 되는 것이다.

마음에 스트레스를 많이 받는 사람이 병든 귀와 접신이 되면 병이 한시도 떨어지지 않는다. 음욕이 많은 사람이 매양 음욕을 생각하면 음귀와 접신이 되어서 진기가 다 고갈될 때까지 성을 탐닉하게 된다.

또 제법 길흉을 판단하면서 아는 척 하는 접신도 있고 그 종류를 다 말하자면 한이 없을 것이다.

마음이 허하여도 접신이 되고 너무 지나치게 정기가 많아도 접신이 되는 예가 있다. 종교를 믿는 이들이 광적으로 종교를 믿으면 또한 접신이 될 수도 있다.

접신이 될 때는 그가 바라는 방향대로 성스러운 모습이 나타나기도 한다. 그렇기 때문에 접신이 된 줄은 아득히 모르고 오히려 착각해서 기뻐하게 된다. 곧 은혜를 받거나 가피를 입은 줄 착각을 한다는 말이다. 그러나 적절하고 성스러운 마음을 가질 때는 은혜를 받고 가피를 입는 것이 당연하다."

"스님, 접신의 근본 원리를 말씀해 주십시오."

"마음의 파동이 같을 때 접신이 되는 것이다. 인연이 같고 파동이 일치되지 않는다면 객관적인 상대가 있는 접신은 이루어지지 않는다.

선한 욕심이든 악한 욕심이든 지나치면 접신이 되는 것이다. 일반적으로는 두려워할 필요는 없다. 아주 지나칠 때만 있는 현상이다.

접신 자체가 대상이 있는 것도 있겠지만 근본으로 들어가 보면 자기의 마음에서 일어나는 현상이다. 상대가 실제로 있어서 접신이 되는 경우는 많지 않다. 상대가 있는 접신이라도 상대가 곧 나와 둘이 아니다. 접신이라는 것도 근원을 알고 보면 존재하지 않는다. 단지 허망한 생각일 뿐이다."

"접신이 되면 치료하는 방법은 무엇입니까?"

"마음의 집착을 버리는 것이 근간을 이룬다. 그리고 마음을 편안하게 하고 즐거운 마음을 가져야 한다. 더 나아가서 마음의 공부를 해야 한다. 훌륭한 선지식이 있으면 더욱 좋고 없다면 부처님의 성스러운 경전을 수없이 독송하면 좋다. 집착이 많거나 마음이 잘거나 약한 사람, 그리고 투기·질투가 많은 사람은 반야부 경전이나 조사 스님들의 어록을 읽어야 된다. 그리고 행동이 거칠거나 안하무인인 사람은 『법화경』이나 『아함경』을 읽으면 좋다. 또 할 수만 있다면 참선 정진을 하면 매우 좋다.

다른 방법이 하나 있으니 '부처님의 거룩한 모습을 마음으로 깊이 생각'하면서 염불을 하는 것이다.

접신의 병통이 뿌리가 깊어서 심각한 경우는 격리 치료를 받아야 된다. 몸의 차고 더움을 조정해 주어서 치료할 수 있다. 여기에다 적절한 약을 배합하여 치료를 할 수 있다. 흔히 약으로는 안 된다고 알고 있지만 약을 적당히 쓰고 환경을 적절하게 바꾸어 주면 좋은 치료가 된다. 이때는 정신 치료약보다는 일반적으로 진찰해서 몸의 균형을 맞추어 주면 된다.

이 방법은 다음 기회에 말하기로 하자. 또 다른 방법으로는 절에서 천도제를 지내 주는 것이다. 이것도 다음 기회에 말하기로 하자."

"스님, 다음은 묘나 사당, 그리고 나무에 의지하여 집을 삼고 사는 귀에 대하여 말씀해 주십시오."

"묘에 의지해서 사는 귀는, 살아 생전에 묘에 의탁해 살게 된다고 굳게 믿고 죽으면 묘귀가 된다. 단 인간으로 환생할 은원이 없어야 한다. 또 축생으로 태어나야 할 우치함도 박복함도 없어야 한다."

(망상의 세계를 확대해서 이야기하는 것이다. 실제로 있다, 없다고 생각하는 사람들이 있을까 염려된다.)

"스님, 선취에 대하여 말씀해 주십시오."

"대체적으로 큰 곳의 주인은 전생에 사람으로 있을 때 선한 행을 한 자들이다. 또 지혜가 있거나 한 사람이 죽어서 자기의 취향대로 산신이나 수신, 그리고 유명한 곳의 신이 되기 때문이다.

이들도 묘귀처럼 전생의 잘못된 견해와 집착으로 이러한 몸을 받기가 쉽다. 특징이라면 복과 지혜 또는 위력이 있다는 것이다.

이러한 선취가 인간의 길흉사를 알아서 하는 것은 아니다. 그들도 인연 따라서 몸을 받은 것일 뿐이다.

우리 주변에 산이든 나무, 그리고 바위·사람, 어떠한 물건이라도 정신의 파동이 발산되고 있다. 이것은 곧 신령한 것이요 모양인 것이다. 그러므로 신령하지 않는 것은 없다고 말할 수 있다. 형상화해서 무슨 신이다 하고 말을 붙일 수도 있는 것이다.

잠재의식이 활발하게 움직이는 사람들이 마음을 내서 보면 신령한 움직임을 형상화해 볼 수가 있다. 그들의 눈에는 산신령으로도 보이고 수신으로도 보이는 등 모양으로 나타나는 것이다.

여기서 알아야 한다. 모양은 신령함이며 신령함은 마음의 조작이다. 곧 신이니 뭐니 하는 것이 마음의 조작이다. 깊은 의식에서 없다면 없는 것이지만 있다고 보면 있는 것이다. 신령한 신령이 결국은 자기 마음의 작용이다. 그러므로 있든 없든 마음 쓸 일이 없는 것이다.”

지옥의 인연

"경안아, 이번에는 지옥의 세계를 관찰해 보자. 과연 지옥의 인연이 무엇인지! 너는 지옥을 관찰함에 있어서 먼저 몇 가지 알아야 한다.

지옥 불의 위용은 수천 리 밖에서도 모든 생명을 불태워 버리는 힘을 가지고 있다. 몸에 화기를 입지 않도록 해야 한다. 또 지옥 중생의 모습은 너무도 참혹해서 직접 보면 놀라서 생명을 잃을 수도 있다. 마음의 타격을 입지 않게 해야 한다. 지옥의 독기는 지독해서 눈이 멀어 버릴 수도 있다.

또 하나 조심해야 할 것은 거센 바람이다. 그 거센 바람은 천하를 가루로 만들어 버리는 칼날 같은 위력을 가지고 있다. 그 바람은 성질이 차거나 뜨겁고 너무나 거세다.

그러나 모든 지옥의 모습은 허공의 꽃과 같다. 성품의 바다에서 일어나는 신기루다. 장검으로 허공을 가름과 같다.

다만 고요함 속에서 마음을 일으켜서 조용히 보아라. 춥고 덥고 또는 참혹한 모습을 묵묵히 보아라. 별 탈없이 보고 느낄 수 있을 것이다. 몸과 마음에 어떠한 영향도 입지 않으면서도 느낄 수가 있다. 춥고 뜨거움도 한낱 마음인줄 알아라.”

경안은 스님의 말씀대로 몸과 정신을 그대로 유지하면서 지옥의 모습을 관찰했다.

“위치부터 이야기해 보아라.”

“향수해가 있고 향수해 밑으로 아귀계가 있으며, 그 밑에 중심으로 무간지옥을 위시한 8대 지옥이 있습니다. 다시 각 지옥마다 16지옥이 그 둘레에 있습니다. 그리고 그 밖에 수많은 지옥들이 밖을 싸고 있습니다.

무간지옥을 중심으로 철위산 속에 싸여 있으며, 밖으로 대철위산이 다시 싸고 있습니다. 그리고 다시 그 밖으로 금강산이 싸고 있으며, 아귀와 지옥의 경계 사이를 다시 금강산이 싸고 있습니다. 또한 향수해가 있고 대금강산이 있으며, 좌우·앞뒤, 그리고 아래쪽으로 겹겹이 다른 산들이 싸고 있습니다.

그러나 거리가 있고 처소가 실로 있는 것이 아닙니다. 차원이 다른 세계로 우리의 생각 중에 존재합니다. 그런데도 미묘하게 존재하는 것입니다. 따라서 생각의 차원이 바뀌면 즉시 지옥의 위용을 보고 느낄 수가 있는 것입니다. 결코 멀리 찾아가서 보고 느끼는 것이 아닙니다. 차원이란 거리가 없기 때문입니다. 또 시간도 정해지지 않았습니다. 당연한 우주의 모습일 뿐입니다.”

“경안아, 향수해와 금강산, 그리고 철위산의 본질을 설명해 보아라.”

“향수해는 광대해서 그 크기를 짐작하기 어렵습니다. 향수해란 우리가 살고 있는 지구의 바다와 같은 개념은 아닙니다. 한 세계의 중생들의 업력으로 발산되는 파동의 힘에 의해 만들어진 지수화풍 사대 중의 수대입니다. 다시 말씀드리자면 ‘한 세계’ 중의 각 천상으로부터 지옥까지 합으로 이루어진 물의 층입니다.

그리고 금강산은 지옥과 다른 세계의 경계를 이루는 층으로 커다란 원의 형태를 띠고 있습니다. 이 또한 중생들의 업의 힘으로 이루어졌습니다. 지대, 곧 ‘땅의 층’입니다.

철위산은 지옥 중생들의 업에 의하여 이루어진 지대, 땅의 층이며 지옥은 풍대·화대·수대·지대가 고루 합해진 모양으로 구성되었습니다.

이러한 것은 중생들의 마음의 세계가 형상화된 것이며 우리의 몸의 구조를 나타내기도 합니다. 우리의 마음에도 천상의 마음부터 지옥의 마음까지 고루 가지고 있습니다. 그런데 표면에 나타난 마음이 각자 다릅니다.

몸 또한 천상으로부터 지옥까지 구성 요소를 다 가지고 있습니다. 그러나 밖으로 나타나고 혹은 숨고 또는 조화를 이루고 하는 것이 차이가 납니다.

우리 마음의 구조와 몸의 구조는 우주의 구조와 동일합니다. 지옥도 천상과 같이 결국 우리의 생각이 형상화된 것입니다. 만약 누군가 지옥과 같은 인생살이를 하고 있다면 이 지옥도 덩달아 싹이 트고 만들어지는 것입니다.”

“경안아, 8대 지옥부터 차례로 살펴라.”

경안이 하나의 지옥을 살펴보니 이 지옥의 중생들은 온몸은 푸르고 검으며 입은 길게 찢어지고 눈은 피를 흘리는 듯하여 차마 바라볼 수가 없었다.

날카로운 긴 쇠손톱이 나서 과연 무시무시한데, 만나는 중생끼리 성을 내어 손톱으로 할퀴면 살점이 떨어지고 가죽이 벗겨졌다. 이미 죽었는가 할 때 찬바람이 불어와 몸에 닿으면 다시 살아난다. 그러면 '나는 살았구나' 하고 생각한다.

이 지옥의 중생들이 사나운 마음을 내면 칼이나 창이 저절로 손에 잡힌다. 그러면 칼을 휘둘러 상대의 몸을 찌르고 껍질을 벗긴다.

이러한 행위가 한없는 세월을 두고 이루어진다. 그 고통은 필설로 형용할 수가 없었다. 그 잔인함과 참혹함을 눈뜨고는 볼 수가 없다. 소박한 인간들은 보기만 하여도 목숨이 위태롭다.

경안은 스님이 시킨 대로 접근하여 보았다. 비록 정신의 몸이지만 완전한 감각을 느끼고 보는데, 뻗치는 살기는 간담을 서늘하게 했다. 휘두른 칼날에 스치기만 하여도 온몸이 처절할 정도로 전율했다.

경안은 마음으로 그 정도를 가늠하되, 몸과 마음을 마하 상태로 유지하여 실질적인 충격은 느끼지 않도록 조절을 했다.

스님께서는 이 지옥을 상지옥이라고 말씀하셨다. 그리고 이 지옥의 인연을 말씀하셨다.

"이 지옥 중생들의 눈앞에 전개되는 것은 그들의 마음이 형상화된 것이다. 전생에 끝없이 마음으로 남을 해치려 하고 몸으로 실천에 옮겼다. 더불어 입으로 한없는 악담을 밤낮으로 행하여 그 마음이 100% 극에 이르면 결국 이 지옥에서 업보를 받는다.

전생에 많은 사람들이 먹는 음식 속에 조그만 이익을 위하여 독한 약을 첨가하여 모양을 내거나, 이곳 저곳 가지가지 용도에 각종 약품을 사용하여 많은 사람들을 병들게 하면 이 같은 과보가 기다린다. 그 행위를 평생 동안 해서 100% 극에 이르면 면할 수가 없는 것이다.

그래서 '악한 생각을 하면 악한 꿈을 꾸듯이' 악한 마음의 뿌리가 다할 때까지 이 지옥을 벗어나지 못한다. 막는 자도 없고 오라는 자도 없지만 스스로 고통을 받게 되는 것이다."

경안은 다시 그들의 미래를 살펴보았다.

이 상지옥에서 나온 자들은 살길을 찾아서 다른 곳에 이르지만 업보가 끝나지 않아서 다시 흑사지옥에 이른다.

이 흑사지옥은 온통 뜨거운 바람이 몰아친다. 이 불 같은 바람이 뜨거운 모래를 몰아와서, 몸에 붙으면 몸은 마치 검은 구름처럼 검어지고 가죽을 태우고 뼈에까지 이른다. 몸 가운데서 사나운 불길이 일어나서 다시 온몸을 태운다. 이 불길은 몸을 태우고 굽고 그을리고 터지게 한다. 그러나 죽지는 않는다.

이 지옥의 생명은 업식으로 유지된다. 음식 자체도 업식으로 음식을 삼는다. 그러므로 이 지옥의 고통 자체가 생명을 멈추게 하는 것이 아니라 생명을 유지하는 에너지 원이 된다.

그래서 지옥 중생들의 생명은 어떠한 고통이 있더라도 죽지는 않는다. 다만 그 업보가 끝나야만 생명이 다하는 것이다.

이와 같이 상지옥의 16소 지옥도 고통받는 내용이 각각 다르다. 무한한 세월을 두고 상지옥 안의 16소 지옥을 두루 돌아다니면서 한없는 고통을 받는다. 그 업보가 다하면 또 다른 곳에 몸을 받게 된다.

8대 지옥 중의 하나인 흑승지옥을 살펴보았다.

흑승지옥의 큰 지옥에는 16개의 작은 지옥이 둘러싸고 있었다. 왜 흑승지옥이라고 할까?

흑승지옥의 옥졸들은 이곳에 온 죄인의 몸을 곧게 펴서 누인 다음, 쇠줄을 퉁기고 그 죄인의 몸을 쪼개고 쪼개어서 백천 가지 실과 같은 단을 만든다. 그러나 죄인은 죽을 수가 없으니 업보가 다하지 않은 까닭이다.

또다시 옥졸은 뜨겁게 달구어진 쇠줄을 죄인의 몸 위에 놓고 가죽을 태우고 뼈와 살을 찌고 골수까지 끓인다. 때로는 쇠줄 옷을 입히고 온몸을 지지고 볶아서 태운다. 벌겋게 달구어진 쇠줄을 여기 저기 쳐놓고 죄인을 그곳으로 지나가게 하면 뼈와 살이 타는 고통이 한량없다. 그래도 죽지도 않고 구호도 받을 수가 없으니, 왜냐하면 숙세의 성내는 마음의 뿌리가 다할 때까지는 이 지옥을 나갈 수 없기 때문이다.

흑승지옥의 과보가 다하면 그에 딸린 한빙지옥이나 흑사지옥으로 간다.

스님께서 이 지옥의 인연을 말씀하셨다.

"전생에 허물을 말하기를 좋아하고, 성내는 마음으로 상대를 비방하여 마음 아프게 하는 일이 다반사고, 높은 지위에 있을 때 함부로 선악을 판단하여 다른 사람 처벌하기를 능사로 삼으면 이 지옥에 날 인연이 된다. 미워하는 마음과 비방하는 행위가 잠시 잠깐이 아닌 평생 100% 극에 이르면 업보를 면키 어렵다.

부처님이나 스승, 그리고 부모에게 악한 마음을 내고 악한 행을 하면, 또한 이 지옥의 연이 된다. 그 행위가 평생 동안 계속되어 증오하는 마음이 100% 극을 이루면 이곳에 나게 된다.

눈앞의 참혹한 광경이나 사납고 냉혹한 옥졸들은 다 전생으로부터 넘어온 자기 마음의 상태를 나타내 주는 모양들이다. 마음의 성품에는 선도 악도 없고 주는 자도 받는 자도 없다. 그렇지만 성내는 악심이 밝은 심성을 가리어 버리면 지옥이 눈앞에 다가온다. 악업이 다할 때까지 고통은 한량이 없는 것이다.

이 지옥의 모습이 어찌 새삼스럽겠느냐? 인간이 잔혹해서 동물들을 때리고 찔러 죽여서 포를 뜨고 일정하게 자르는 것은 우리 주변에서 흔하게 볼 수 있는 것이다. 사람도 고문을 할 때는 비틀고 지지고 때리고 하는 것을 다반사로 한다. 그리고 어쩔 수 없는 전쟁도 아닌데 호승심이나 영토를 탐하는 욕심으로 전쟁을 일으켜서 아군과 적군을 수없이 죽게 한다.

지옥이 그렇게 새삼스러운 것도 아니다. 다만 지옥은 그 고통이 수천 만 배, 수억 배가 되는 것이 다르고, 과보를 받는 기간도 한량없다.”

경안은 다음으로 퇴압지옥을 살펴보았다. 퇴압의 큰 지옥에는 16의 소지옥들이 에워싸고 있었다.

이곳에는 죄인을 가운데 두고 양쪽의 산이 다가와 자루에 넣은 물건을 짜듯이 눌러서 짠다. 뼈와 살이 터지고 짓이겨져서 피와 더불어서 낭자해진다. 그러면 산은 다시 원래의 있던 곳으로 돌아가는 것이었다.

쇠로 된 코끼리와 같은 여러 사나운 동물들이 나타난다. 죄인의 몸을 짓밟아서 뼈를 으깨고 살을 흩어서 피와 고름이 흐르게 한다. 다시 옥졸들은 커다란 맷돌에 죄인을 집어넣어서 뼈와 살을 갈아낸다. 핏물이 되어 흐르게 한다. 큰돌 위에 눕히고 다시 큰돌을 눌러 가지고 피와 고름을 짜낸다.

때로는 죄인을 쇠절구에 넣고 머리부터 발까지 찧는다. 피범벅을 만든다. 죄인은 한량없는 고통 속에서도 죽지는 않는다. 왜냐하면 과보가 다하지 않았기 때문이다.

스님께서 말씀하셨다.

"전생에 마음으로나 행동으로 인간이나 동물을 가리지 않고 사나운 마음으로 죽이고 짓이기고 한 과보가 그와 같다. 수많은 사람들이나 동물들을 몰살시키고 압사시킨 행위가 극에 이르러 이 지옥의 과보를 받는 것이다.

증오심으로 함부로 사람들이나 기타 생명들을 무참하게 살해하거나 폭탄으로 건물을 폭파하여 생명을 대량으로 죽이는 것 등, 이러한 못된 행위가 지나치면 이 지옥의 과보를 받는 것이다. 이러한 행위는 오로지 욕심과 성냄, 그리고 잘못 알고 있는 어리석음이 바탕이 된다.

평생 동안 자비심이 없이 잔혹한 행위를 일삼으면 결국은 지옥의 업이 된다. 단 한순간 악한 마음을 내어도 좋지 않는 결과가 있거늘 평생을 되풀이한다면 지옥을 면할 수가 없다. 이것은 종교를 믿든 안 믿든 상관이 없으며 동물이든 사람이든 예외가 없다. 지옥 업을 지으면 지옥에 몸을 받는 것이다.

다만 진리의 말씀을 단 한 구절이라도 귀로 들어 놓거나 실행에 옮겨본 자라면 그나마 과보가 빨리 끝나는 것이다. 그렇지 않으면 이 지옥의 과보가 끝나는 것은 가히 기약할 수가 없다.

참으로 죄가 많은 사람이라도 부처님에게 귀의하고 마음으로 깊이 참회하고 마음을 깨끗이 하면 이 지옥의 참혹함은 면할 수가 있다. 또 선지식을 만나서 마음을 닦고 진정으로 참괴심을 일으키면 이 지옥의 참혹함은 면할 수가 있다.”

경안은 다음으로 규환지옥을 관찰했다.

왜 규환지옥이라 하는가 하면, 이 지옥에 몸을 받은 죄인들이 뜨거운 가마솥에 삼길 때 울부짖는 소리가 끝이 없으므로 규환지옥이라고 한다.

규환지옥의 옥졸들은 죄인이 오면 쇠갈고리로 찍어서 들끓는 솥에 집어넣어서 삶는다. 또 번철 위에 죄인을 올려놓고 뒤척이면서 굽고 볶는다. 그래도 죄인은 죽을 수가 없다.

스님께서 말씀하셨다.

“경안아, 규환지옥에 오는 죄인은 전생에 자비심이라고는 전혀 없이 폭파하여 사람을 죽이거나 산에 불을 놓아서 동물들을 한없이 태워 죽였다. 뭇 생명들을 굽고 지지고 하는 등 살생을 한 까닭에 이 지옥의 과보가 있는 것이다.

성내는 마음으로 사납게 살생의 피로 손을 더럽히고 악한 행위를 즐겨 하는 것이 너무 지나쳐서 일상 생활의 전부를 이루고 평생을 되풀이하면 죄업이 100%에 이르러서 이 규환지옥의 과보가 기다린다. 규환지옥의 솥 안의 들끓는 물의 온도는 수천 도, 수만 도여서 가까이 가기만 해도 익어 터져 버린다.

경안아, 마음을 잘 단속하고 끓는 솥에 몸을 담궈 보아라.”

경안은 스님의 말씀대로 천천히 솥에 접근을 하였다. 가까이 가기도 전에 화기가 온몸을 태울 듯했다. 몸과 마음을 허공과 같이 하고 솥에 다가갔다. 가만히 손을 담궈 보았다. 마음을 마하 상태로 유지해서 몸에 화기의 침해는 없었지만 그 뜨거움의 고통은 느낄 수가 있었다. 참으로 인간계의 뜨거운 물에 비하여 수만 수십만 배의 뜨거움이었다.

경안은 다시 대규환지옥을 관찰하였다.

대규환지옥은 규환지옥의 과보와 비슷한 과보를 받지만 고통이 비할 수 없이 심하여 대규환이라고 하였다.

스님께서 말씀하셨다.

“사랑이란 이름으로 증오를 하고, 투기와 질투로 악한 마음을 내어 살생을 하는 등 사악함이 극에 달하면 대규환지옥이 기다린다.”

이번에는 소자지옥을 관찰하였다.

소자지옥은 역시 16의 소지옥을 거느리고 있다. 죄인이 이곳에 이르면 끌어다 놓고 무쇠 성 가운데 넣어 두면 사방에서 뜨거운 불길이 나와서 마치 화장막 속의 불길같이 죄인을 태우고 볶아서 죄인은 한량없는 고통이 따른다.

또 무쇠의 방은 불이 붙어서 안이 모두 붉게 달구어져 있다. 죄인은 들들 볶인다. 그 고통이 말로 다할 수 없지만 죄인은 죽을 수가 없다.

대소자지옥도 소자지옥처럼 옥졸은 쇠꼬챙이로 죄인을 사정없이 찍어서 불 속에 단단히 매달고 이리저리 돌려서 그 몸을 태우고 굽고 거듭하여 살이 터지게 한다. 마치 개나 돼지를 매달고 불로 굽듯이! 그러나 죄인은 결코 죽지 않는다.

경안은 마지막으로 무간지옥을 관찰하였다.

무간지옥에도 16의 소지옥이 있다. 그런데 왜 무간지옥이라고 하는가?

무간지옥은 한량없는 고통이 잠시 잠깐도 끊어지지 않으므로 무간이라고 한다. 한 명이 들어가나 억만 명이 들어가나 가득 차게 보이므로 무간이라 한다. 지옥의 수명이 참으로 무한하여 헤아릴 수 없으므로 무간이라고 하며, 지옥의 불꽃이 빈틈없이 몰아치므로 무간이라고 한다. 만 번 죽고 만 번 살아나서 절대로 죽을 수 없으므로 무간이라고 한다. 모든 지옥 중에서도 고통이 제일이고, 여기에 몸을 받는 자의 죄도 최고로 극중하기 때문에 무간이라고 한다.

부처님의 탑사와 경전을 파괴한 자, 법을 비방하여 진리의 근원을 끊어 버린 자, 깨달은 스승을 해친 자, 자기가 옳다고 주장하여 사람들로 하여금 패가 갈리고 서로 싸우게 하여 대중의 화합을 깬 자, 자기를 낳아 준 부모를 죽인 자, 큰 전쟁을 일으켜서 수많은 사람들을 죽게 만들고 증오하게 만든 자. 이러한 자들이 몸을 받아서 죄의 과보를 받기 때문에 무간이라고 한다. 또한 무간지옥의 모양과 고통을 필설로 설명할 수 없기 때문에 무간이라 고한다.

경안은 무간지옥의 모양을 감히 설명할 수 없었다.

스님이 말씀하셨다.

"무간지옥에는 오라는 사람도 없고 보내는 사람도 없다. 업이 무르익으면 홀연히 무간지옥에 이르러서 영원한 세월을 보낸다. 참으로 벗어날 기약이 없지만, 그래도 과보가 다할 때가 있다.

이 무간지옥에는 수많은 사람들과 연관된 악한 행위를 했을 때, 진리의 근원을 파괴할 때, 본인의 근본 뿌리를 해칠 때에 무간 업이 형성된다.

대삼재시에 모든 지옥이 다 비어서 무너질 때라도 과보가 다하지 않으면 다른 세계의 무간지옥에 또 몸을 받는다. 그 과보가 다할 때까지 벗어날 수가 없다.

그렇다고 누가 타방 세계 무간지옥으로 이감을 시키는 주체가 있는 것도 아니다. 스스로의 업력 때문에 그런 현상이 일어난다. 그만큼 무간지옥의 과보는 극중한 것이다.

그러나 어떤 자가 현생에 무간의 업을 지었다 하더라도, 진심으로 부처님의 거룩한 법에 귀의하면 무간의 과보만큼은 면할 수가 있다. 진리의 스승에게 귀의하여 본래의 성품을 요달하고 지옥이 실재하지 않음을 깨달으면 무간의 과보는 면할 수가 있다. 강조하자면 무간지옥의 업보는 너무도 극중해서 부처님이나 대스승의 큰 가피를 입지 않고는 결단코 벗어날 수가 없다."

(아사세 왕이 무지해서 오무간 업을 짓고 두렵고 괴로워하다가 부처님 앞에 참회를 할 때, 부처님이 자비심을 발하여 무상법을 설하셨다. 아사세 왕은 숙세의 인연이 깊은지라 문득 깨닫고 지옥고를 면했다. 마음에 깊은 후회와 절망, 그리고 원한이 곧 허망한 생각의 그림자이고 근본이 없는 이치를 요달한 것이다. 그래서 지옥의 씨앗을 잘라 버리고 지옥고를 면하게 된 것이다. 진정한 참회가 이루어진 것이다.

참회란 무엇인가? 눈물 흘리고 잘못을 뉘우치고 후회하는 것이 참회일까! 그것도 참회는 참회지만 진정한 참회는 아니다. 진정한 참회가 되려면 거기다 더하여 상응하는 행을 해야 한다.

후회하는 마음과 미워하는 마음, 두려워하는 미음이 모두 허망한 줄 깊이 깨달아야 된다. 그리고 양쪽 마음을 다 비워 버리는 것이 진정한 참회가 된다. 그렇지 않고 늘상 후회를 하고 뉘우친다면 하나의 업이 형성되어서 과보를 또 불러일으킨다.

과보는 잘하고 못하고는 상관이 없기 때문이다. 어느 쪽이든 움직이면 작용할 뿐이다. 마치 수렁에 빠진 발과 같다.)

"경안아, 너는 무간지옥의 광대한 위용을 잘 보았을 것이다. 그리고 그 처절함도 보았을 것이다. 무간지옥의 죄인 중에 본마음이 크게 사악하지 않은데도 불구하고 업을 잘못 지어서 고를 받고 있는 중생이 있는지 찾아보아라."

경안은 스님의 말씀 따라서 가슴이 미어터지는 듯한 감정을 흘려보내면서 관찰하자 바로 한 사람이 보였다. 그는 전생에 여자의 몸으로 특별히 다른 나쁜 행위는 하지 않았다. 절에 나름대로 잘 다니면서 가족의 안녕과 복을 빌면서 다니던 여자였다. 열심히 다녔지만, 안타깝게 부처님의 가르침을 배우려는 마음은 없었고 오로지 가족의 안위나 생각하고 다녔다.

부처님의 진리가 무엇인지 가르침이 무엇인지 알고자 하는 마음은 아예 없었다. 법회 시간에 법문을 듣고 남 따라서 여기 저기 강의도 듣고 하기는 하지만 건성으로 들었다. 참으로 부처님의 가르침을 알고 깨달음을 얻고자 하는 마음도 행위도 할 필요를 느끼지 못한 여자였다.

그렇게 세월이 흐르고 알음알이가 생겨서 무언가 아는 듯하자 안하무인으로 사찰에서 주인 노릇을 하려는 마음이 생겨났다. 자기가 아는 것이 참으로 잘 알고 있는 줄 착각하고 스님의 말씀도 거역하게 되었던 것이다. 종래는 비방까지 하고 자기가 오히려 스님보다 법을 잘 알고 있다고 믿게 되었다.

절 안에서 도깨비와 같이 사람들을 이간질해서 패를 가르고 파당을 지어 신심 있는 신도들의 신심을 떼고 공부하는 사람들의 공부를 방해하거나 새로 절에 오는 신도들을 떠나가게 하였다. 그래도 죄업이 큰지 모르고 절을 위하고 법을 위한 줄 착각했었다. 지금은 때가 되어 무간지옥의 업을 받고 있는 것이다.

"스님, 이 여자는 크게 남을 해친 적도 없었고 남의 물건을 훔친 적도 없습니다. 그런데도 지옥 중에서도 가장 극중한 무간지옥의 고통을 받으니 어찌된 일입니까?"

"그렇지. 무간지옥은 8대 큰 지옥 중에서도 최고로 중한 죄인들이 오는 곳이다. 한두 번 악한 마음을 내고 또는 살생을 한다 해도 여간해서는 무간지옥에는 올 수가 없다. 대단히 큰 죄를 다반사로 지어도 무간지옥만큼은 오기가 쉽지 않다.

그러나 쉽게 들어오는 경우가 있으니, 그 중 하나가 정법이나 부처님을 비방하고 가르침을 비방하는 것, 그리고 가르치는 스님을 비방하고 해코지하는 것이다. 비방하고 해코지하면 어느 한 사람으로 그치지 않고 그로 인하여 많은 사람들이 신심을 잃고 법에서 물러나고 깨달으려는 원력을 버리기 때문이다. 그 때문에 많은 사람들이 결과적으로 정신의 의지처를 상실하게 되고 만다. 권고해야 할 것을 거꾸로 방해하는 결과가 되고 만 것이다.

무지몽매하거나 용기 없는 사람들은 신한 마음을 냈다가도 의심을 내고 물러설 것이 아니겠느냐? 그러한 까닭에 무간지옥의 업이 발생한다.

거짓말로 많은 사람들을 선동했다면 죄업이 크다. 그러나 선동할 때 말이 죄다 사실이라면 죄업이 더 커진다. 왜냐? 더 많은 사람들의 마음을 움직여서 법에서 물러나게 하기 때문이다. 그 죄업은 상대적으로 더욱 커진다. 과보는 결국 선동한 본인에게 돌아간다.

이 행위는 부처님과 아라한의 몸에 피를 내는 행위여서 무간지옥의 과보가 성립되는 것이고, 그럴 듯한 말로 다중의 사람들을 설득하여 패 갈림을 짓게 하는 것이므로 결국 파화합(破和合)의 죄가 되어서 또다시 무간지옥의 죄가 성립되게 되는 것이다.

그래서 그 중죄인은 죄 같지도 않아 보이는 죄를 지었지만 그 과보는 무량하여 지옥고를 벗어날 기약이 없는 것이다.

목련존자 어머니가 무간지옥에 떨어진다. 그것을 비교해 보면 이해가 될 것이다. 그래도 이 여자는 선근이 조금은 있다. 왜냐하면 건성으로 들었어도 부처님의 법을 듣고 배우기는 하였으므로 잠재의식 속에는 그대로 살아 있다.

경안아, 그 여자 죄인에게 다가가서 그를 무간지옥 밖으로 끄집어 내어 보아라.”

경안은 스님의 말씀에 따라서 마음을 고요하고 단정하게 하면서 한 생각을 지어서 하나의 몸을 나투었다. 그 몸은 정신의 몸인지라 다른 사람의 눈에는 보이지 않았으나 스님이나 기타 다른 차원의 눈에는 보이는 것이었다. 또 현실의 몸과 다름이 없었다.

경안은 스님의 말씀대로 그 여자를 무간지옥 밖으로 끄집어내어 보았다. 그러나 이 웬일인가? 이 여자 죄인은 홀연히 사라져서는 다시 무간지옥 속으로 들어가서 고통을 받고 있는 것이 아닌가! 매우 황당한 일이었다.

스님이 말씀하셨다.

"그렇게 황당해 할 것은 없다. 그것이 순리이다. 그 여자에게 누가 무간 업보를 받도록 안내한 자도, 밀어넣은 자도 없다. 다만 스스로 무간의 업보를 받고 있는 것이 아니겠느냐? 자기가 짓고 만들어서 눈앞의 험악한 세계에 몸이 갇히고 고통을 받고 있는 것이다. 구더기가 똥을 찾아 드는 것과 같다.

그 근본의 악한 마음의 뿌리가 소멸하기 전에는 결코 지옥을 벗어날 수가 없는 것이다. 마음이 뿌리까지 바뀌면 눈앞의 지옥은 자동으로 소멸된다.

내가 시키는 대로 해 보아라. 다시 끄집어내되, 너는 그전에 부처님의 거룩한 모습으로 모양을 바꾸어라. 그 여자의 마음 구석에는 부처님을 향한 마음이 미세하게 작용하고 있다. 거룩한 부처님의 모습을 보면 기쁜 마음을 일으키게 되므로 한 순간이나마 고통을 면할 수 있을 것이다."

경안은 스님의 말씀 따라서 부처님의 모습으로 모양을 바꾸자 자신의 마음도 따라서 성스러운 자비심으로 충만하고 마음의 평화와

밝음이 사방으로 물결쳤다. 몸에는 한없는 광명이 뻗어서 보는 자는
곧 마음이 편안하고 악한 마음이 쉬어지는 것이었다.

(부처님의 모습은 원초적인 것이다. 조각가가 정을 휘둘러서 32상과
80종호를 나타내고는 있지만 제대로 부처님의 모습을 나타낸다는 것
은 불가능한 것이다.

부처님의 상호란 이 우주 전체의 천상의 천인들로부터 지옥의 중생
들까지 모든 형상을 가진 일체 모양의 근본이요 극치다. 왜냐하면, 최
상의 깨달음과 공덕을 지녔을 때에 갖출 수 있는 상호이기 때문이다.
이 삼천 대천세계의 유정·무정을 통털어서 가장 으뜸 가는 상호다.

모든 중생들은 저마다 상을 가지고 있다. 몸이 크고 용모가 단엄하
고 아름다운 천인들로부터 인간들보다 못한 동물들, 형모가 추악한 아
귀, 그보다 더 참혹한 지옥 중생들, 모두가 상을 가지고 있다. 일정한
기준으로 그들의 복과 지혜, 그리고 마음의 밝음, 선하고 악함 등을 비
교하여 알 수가 있다. 심지어는 식물들, 그리고 가만히 있는 산이나 바
위, 하천까지도 나름대로 상호를 가지고 있다.

이를 깊이 살펴보면 일정한 연관성이 있다는 것을 알 수가 있다. 식
물이나 산들도 선한 상, 악한 상 등을 느낄 수가 있다.

천상 천하에 온갖 공덕을 장엄하고 나타나는 부처님의 화신은 형상
으로 논하는 한 우주의 최고 근본 상이므로 가장 본연의 모습에 가까
운 상이다. 이러한 상을 실제로 보면 누구라도 경복하게 되어 있다. 천
인이든 사람이든 식물이든 동물이든 다 본성은 동하지 않음이요 밝음
이기 때문이다.)

경안은 장엄한 모습으로 몸을 바꾸고 그녀의 앞에 섰다. 죄인은 뜻하지 않게 나타나는 부처님의 자비스러운 모습을 뵙자 자기도 모르는 사이에 마음이 잠시 편안한 상태로 돌아갔다. 그러자 몸의 극심한 고통도 멈추었다.

스님이 말씀하셨다.

"경안아, 그녀 앞에 거울을 만들어서 그녀 스스로 자기의 모습을 보게 해라. 그런 연후 전생의 일을 이야기해 주어라."

그녀는 거울에 보이는 자기의 모습을 지켜보면서 경안으로부터 전생의 일을 듣자 기억을 떠올리고는 참회의 눈물을 흘렸다. 지옥의 고통 속에서는 그 무엇도 생각할 수 없고 오로지 고통을 면하려는 마음뿐이었는데 잠시나마 몸의 고통이 멈추자 경안의 말을 듣고 전생의 일을 떠올릴 수 있었던 것이다.

이때 스님이 말씀하셨다.

"경안아, 이미 그녀가 참회하는 마음이 있으니 지난 생 중에서 남과 더불어서 가장 행복을 느꼈던 때를 더듬어서 떠올려 보라고 하여라. 그리고 다시 거울을 보도록 해라. 그러면 그녀의 추악한 용모가 보다 더 좋은 모습으로 변하는 것을 스스로 볼 수 있을 것이다. 그때 그 까닭을 말해 주어라."

과연! 경안의 말을 들은 그녀가 행복했던 시절을 떠올리자, 거울에 비치는 그녀의 모습은 점점 인간의 모습으로 돌아갔다. 그녀 자신도 거울을 보고 놀라는 것이었다.

경안은 말해 주었다. 마음과 몸이 둘이 아니라고. 마음에 집착을 버리면 밝은 마음이 나타나고 밝은 마음이 일부라도 나타나면 용모가 그에 따라서 변하게 된다는 것을.

"두려움과 공포도 한갓 마음의 장난이다. 마음으로부터 지워 버려라. 잘못되었다는 생각까지도 지워 버려라. 그러한 마음을 어디에도 두지를 마라. 용모가 보기에 좋다, 안 좋다 하는 생각도 지워 버려라. 마음을 편안하게 하여라. 그리고 편하다는 생각도 버려라. 자신이 있다는 생각, 없다는 생각도 다 지워 버리고 있는 그대로 놔두어라. 좋은 느낌이든 안 좋은 느낌이든 그대로 놔두어라. 주변에 보이고 들리는 모든 것을 그대로 놔두어라. 그러면 모든 장애가 사라질 것이다.

본래 스스로 다 갖추고 있으니 구할 필요가 없는 것이다. 지혜와 공덕도 그대로 구족하여 있다. 정이니 사니 하는 것은 다 뜬구름과 같아서 허망한 것이다. 본래의 모습은 근본으로 청정한 것이다."

그녀가 경안의 말대로 마음을 다스리자, 그녀의 용모에서 점점 검은 빛이 사라지고 밝아져 갔다. 그리고 사악한 기운도 점점 없어지고 선한 모습과 지혜로운 모습이 드러났다. 비로소 무간지옥의 검은 마음은 사라지고 숨어 있던 본래 밝은 마음이 나타난 것이다. 그녀의 얼굴에 기쁜 마음이 역력하게 보였다.

원래 그녀의 성품이 악한 것도 아니었으나 잘못된 신앙심으로 무간 업을 지었던 것이다. 그러나 오늘날 특이한 인연으로 근본 마음을 회복하자 곧 인간의 본마음으로 쉽게 돌아온 것이다. 그녀는 깊이 감사하고 무간지옥에서 홀연히 사라져서 인간의 몸을 다시 받았다.

일반적으로 바탕이 사악하면 무간을 벗어나도 다른 지옥에 몸을 받고 또는 아귀의 몸을 받을지언정 바로 인간의 몸을 받을 수 없는 것이다. 그렇지만 그녀는 특별한 인연으로 깊이 마음을 돌이켜서 그와 같이 된 것이다.

"스님, 세간의 속설 중에 염라대왕 이야기가 있습니다. 한 말씀 해 주십시오."

"염라왕궁은 우리가 사는 세계의 남쪽 방향으로 큰 금강산 아래에 위치하고 있다. 그리고 염라왕궁도 있기도 하고 없기도 하다. 염라왕궁은 속하기는 지옥계에 속하고 중생의 마음 속에 실재한다.

어떤 사람이 평상시에 마음 속에 알고 있기로, '이 몸이 죽으면 사후에 염라 왕에게 심판을 받고 갈 곳으로 간다' 혹은, '사후의 세계 심판자는 염라 왕이다' 하고 깊이 믿고 있는 자가 죽으면 염라왕궁이 나타난다.

또 언제나 남을 자기 저울로 달아서 심판하기를 좋아하고 허물을 지적하기를 좋아하는 자들이 임종을 하면 자연히 그 망자의 눈에는 염라왕궁의 세계가 눈앞에 나타난다. 그러면 거기서 심판을 받고 갈 곳으로 간다. 모든 지옥 업을 지은 자들의 눈에 이같은 모습이 나타나는 것은 아니다.

먼저 말한 바와 같이 전생에 사후의 심판자는 염라 왕이라고 굳게 믿고 있거나, 항상 남을 심판하기를 좋아하거나 그런 일을 즐기는 사람의 눈에만 염라 청이 나타난다. 왜냐? 자기 스스로 의식이 그러하므로 염라 왕에 의하여 심판을 받는 것처럼 망자의 눈앞에 전개되는 것이다. 다른 사람의 눈에는 나타나지 않는다.

자연히 사나운 옥졸과 구리 솥이 보이고 끓는 쇳물이 그의 앞에 나타난다. 그러면 옥졸은 죄인을 끌어다가 쇳물을 떠먹여서 오장을 다 태워 버리는 것이다.

이러한 것이 근본으로는 실재하지 않지만, 업이 그런 사람의 눈에는 그와 같은 세상이 전개되고 고초가 실제로 따르는 것이다.

흔히 알고 있듯이 염라대왕은 '이 세상 사후 세계를 주재하는 것'이 아니다. 염라 왕이라도 이곳에 몸을 받으녀 무시한 고초를 받고 나서야 즐겁게 오락하고 사는 것이다. 그리고 다음에 오는 자를 취조하여 모진 고통을 가하는 것이다. 다만 한 세계의 일부일 뿐이다.

세상 사람들은 늙고 병들고 죽는 것이 당연한 줄은 안다. 그러나 자기는 천년 만년 살 것같이 원대한 계획 속에 살아간다. 주위에 병이 들어서 눈이 감기고 목소리가 잘 나오지 않고 제대로 걸을 수 없는 사람을 보아도 자기하고는 상관이 없는 줄 안다.

일가 친척의 가호 속에 겨우 미음을 한 숟가락씩 받아먹어 가면서 생명을 유지하는 것을 보아도 남의 일로만 여긴다. 늙어서 머리가 희고 걸음걸이가 휘청거려서 잘 걷지 못하는 사람을 보아도 자기하고는 상관없는 일로 생각한다. 갑자기 물에서 죽고, 산에서 죽고, 일터에서 죽고, 차에 치어서 죽고 하는 것을 많이 보지만 다 남의 일로만 생각한다.

심지어는 자기의 눈이 잘 안 보이고 기억력이 흐려진다든지, 머리에 새치가 나타나면 걱정은 한다. 하지만 아직은 힘이 있는지라 더욱 방탕하여 자제할 줄을 모른다. 미래세를 위해서 마음을 닦아야겠다 하면서도 젊은 기운만 믿고 세월을 낭비한다.

겨우 정신을 차려서 하는 소리가 '나이를 더 먹으면 열심히 마음을 닦으리라' 하고 다짐하고 만다. 사람들은 꼭 나이를 먹어야만 죽는 줄 착각을 하는 것이다."

종 교

다시 며칠이 흘렀다. 아침 저녁으로 서늘한 기운이 감돌았다.

경안이 스님에게 질문을 하였다.

"스님, 사람들이 잘 살고 못 사는데 종교의 영향이 큰 것입니까?"

"상당히 중요한 질문을 하였다. 크다고 할 수도 있고 그렇지 않다고도 할 수 있겠구나. 저마다 잘 살고 못 사는 것은, 과거로부터 현재까지 조화로운 삶을 살았느냐에 달려 있다. 그런 사람들이 그 사회의 다수를 구성하면 잘 살게 되는 것이다. 투쟁적인 마음으로 국민 전체가 살아간다고 해도 결코 그 나라가 부강한 강국이 되는 것은 아니다.

다수가 믿는 종교는 중요한 역할은 한다. 지나치게 집착하지 않도록 하면서도 밝고 지혜로운 마음을 갖도록 일조를 한다면 종교의 영향으로 잘 산다고도 할 수 있다. 반대로 종교가 국민의 마음을 좁게 만들어 버린다면 결국은 암담해질 것이다. 세월이 흐르면 그 피해가 널리 나타난다.

과거로부터 지금까지 우주의 근본 법칙은 변함이 없다. 그러한 법

칙을 이름하여 진리라고 한다. 종교라는 이름하고 꼭 절대적인 상관
이 있다고는 말할 수 없다. 선각자들이 나와서 그 시대와 그 나라 풍
토에 맞추어 일반 국민들이 여법하게 살도록 가르친다. 이것을 후에
종교라는 이름을 붙인 것이다.

(종교라는 어원은 불교에서 나온 말이다. 부처님의 가르침은 우주
근본이요, 으뜸가는 가르침이라는 것을 다른 가르침과 구분해서 종교
라 했다. 뒤에 서양 학자들이 신을 섬기는 것을 종교라고 하는 바람에
지금은 약간 다른 뜻으로 쓰인다.)

사람들이 사는 환경과 풍토가 다를 수밖에 없듯이 가르침도 약간
씩은 다른 것이다. 물론 잘된 가르침도 있고 그렇지 못한 가르침도
있기 마련이다. 이것을 일러서 삿된 가르침이니 정법이니 하는 것이
다. 그러나 이러한 가르침이 잘 되었든 못 되었든 그 시대와 풍토에
맞게끔 설한 것은 사실이다. 세월이 무상하여 너무 그 시대에 집착
된 가르침은 다른 시절에는 잘 맞지 않는 경우가 있다.

이야기를 들으면 혹자는 '우리 종교는 진리이기 때문에 시대를 초
월하여 어떤 경우에라도 변할 수 없는 철칙이다' 라고 할지 모르겠
다.

그렇다. 제대로 설해진 법이라면 어느 시대, 어느 곳에서도 진리
임에는 틀림이 없겠으나, 그렇다 해도 어디까지나 법이란 근본의 껍
질일 뿐이다. 똑같은 법이라도 그 시대 사람들의 근기와 습성들이
다 달라서 쓰는 것이 다르다. 멋대로 해석하고 근본 뜻과는 다르게
사용하는 예가 생기는 것이다.

그러면 종교로 인하여 그 사회가 퇴보하는 일도 있게 된다. 오히

려 종교 때문에 국민들이 속박당하는 일이 있게 된다는 이야기다. 이때는 종교라는 이름하에 우주의 섭리에 역행하는 행위를 하면서도 가장 올바르게 믿고 실천하는 줄 착각하게 되는 것이다.

한 가지 분명한 것은 시대적으로 나타나는 사상은 흥할 때도 있고 쇠할 때도 있다는 것이다. 그리고 어떠한 행위라도 그에 상응한 인과가 자연 발생적으로 기다린다는 것이다. 그러면서 끝없이 돌고 돈다. 이것이 형상 세계의 모습이다.

우리의 근본인 우주의 성품은 예나 지금이나 변함이 없건만 나타나는 모양은 무상하여 잠시도 머무르지를 않는다. 형상이 있는 한 영원한 것은 없다. 이것이 철칙이다.

예를 들어서 불교 이야기를 해 보자.

부처님이 처음 인도에서 전법하신 이후 그 가르침이 오백 년 간은 매우 법답게 실천되었다. 국민들은 편하고 나라는 부강했다. 그 후 오백 년 간도 그랬다.

한참 동안 인도는 이 지구상에서 최고의 선진국이었다. 각국의 뜻 있는 사람들은 동서를 막론하고 인도로 유학을 떠났다.

중국의 법현 스님이 쓴 『불국기』에 그 시대의 인도 모습이 어떠했던가가 잘 나와 있다.

국토는 우순풍조하고 집과 도로는 잘 정비되어 있으며 범죄라고는 없다. 있다면 거짓말하는 것이 큰 범죄라 하였다. 그러한 범죄를 범한 사람은 다른 데로 추방한다고 되어 있고, 이 세상에서 가장 복 받은 나라라고 부러워하는 대목이 있다.

그러나 그 후기에 인도에 들어간 당나라의 현장 스님은 쇠해 가는 인도의 모습을 여기저기 기술하고 있다.

현장 스님이 도착했을 때, 인도의 불교는 내부적으로 점점 민중과 거리가 멀어지고 있었다. 그 까닭은 민중과 호흡을 같이 하는 종교가 아닌 귀족층의 종교로 전락하고 있었던 것이다. 너무나 어려운 논리에 매달리고 그것이 궁극적인 부처님의 가르침인양 본말이 전도되는 양상이 나타난 것이다. 어려운 논리는 그것이 부처님의 사상을 잘 나타낸다고 할지라도 일반 민중은 이해하기도 어렵고 생활과는 거리가 멀다. 민중의 입장에서는 남의 나라 이야기와 같은 것들이다. 또 베푸는 종교가 아닌 받는 종교가 돼 가고 있었다.

이때 회교도의 침략을 받게 된다. 이들은 기후가 좋은 인도 북부와 중부에 본거지를 두고 전 인도를 다스렸는데 이곳은 불교가 성하던 곳이었다. 그래서 불교도는 극심한 피해를 당하게 된다.

절이 파괴되고 승려들은 죽음을 당하게 되는 것이다. 삼보가 파괴된 것이다. 삼보가 피해를 입으면 민중의 힘만으로는 진리나 종교가 이어지기 어렵다. 이어진다 하여도 한두 세대다.(그래서 높여서 세 가지 보배라 한다.)

승가가 몰락하면 그것을 대치할 신도 조직이라도 있어야 할 것이나 그렇지가 못했다. 신도 속에 스승이 존재하는 힌두교는 살아 남았지만 불교는 인도에서 점차 사라지게 되는 운명을 맞게 된 것이다.

다시 언급해 보지만, 시대마다 민중들의 업력이 다르고 취향도 다르다. 때문에 어떤 특정 종교가 흥하고 멸하는 것이 꼭 잘하고 못하는 것에만 달려 있는 것은 아니다. 종교 생활을 제대로 하고 있어도 업력에 의해 인연 따라 쇠할 수도 있고 잘못 해도 한때나마 흥할 때도 있는 것이다. 그리고 또 다른 숨은 원인이 있다. 무엇일까! 알겠느냐?

불교는 쇠하였지만 불법은 영원한 것이다. 불법이란 쇠하거나 홍하지 않는다. 불교는 모양이기 때문에 윤회의 틀 속에서 홍하거나 쇠하는 것이 당연하지 않겠는가?

우리 나라의 예를 들어보자. 통일 신라가 불교를 정신의 주체를 삼고 삼국을 통일하면서 문물이 풍성하고 예술이 극치를 이루는 나라를 이룩하였다. 고려에 들어서자, 풍수지리에 집착한 데다 말기에 이르러서는 스스로 마음을 닦고 베풀어서 복을 짓기보다는 복을 비는 것에 매달렸다. 또 사찰 자체가 사람들 위에 군림하는 업을 짓다 보니 결국 불교는 쇠했던 것이다. 수많은 부처님의 가르침 중에서 중요한 것은 제쳐놓고 별로 중요한 것이 아닌 것을 붙들고 불교라고 실천했기 때문이다. 그러나 잘못 실천하였다고 하여도 조선시대보다는 사람들의 생활이 윤택했다.

종교가 사람들의 생활에 막대한 영향을 주기는 하지만 잘 살고 못사는 것은 그 시대 사람들의 하기에 달렸다.

지금 이 시대를 보자. 유럽, 아프리카, 아시아, 남미, 북미 등 지역마다 각각의 종교가 있다. 똑같은 종교를 믿고 있어도 잘 못사는 나라가 있는가 하면 잘사는 나라가 있는 것이다.

모든 것은 자기 할 탓이다. 오로지 자기의 마음 쓰기와 행동하기에 따라서 달라질 뿐이다. 다만 전생으로부터 이어오면서, 그러기에 닦는 것이 아니겠는가? 그리고 배우는 것이다.

못 살기 위해서 종교를 믿는 것도 아니겠지만 잘 살려는 데만 목적을 둔다면 안 될 것이다. 영달을 목적으로 종교를 믿는다면 제대로 된 신심이라고는 할 수 없지 않겠느냐?

더구나 병이나 낫기 위해 종교를 믿는다면 형편없는 신심이라고 해야 할 것이다. 그러한 것이 약간은 필요하다고 하겠으나 목적이 된다면 종교 자체를 모독하는 것이 된다. 스스로 하등 종교를 믿는 것이다.

또 한편으로 종교를 으뜸가는 가르침이라고 하지만 그것을 신봉하는 사람들의 자세가 바로 되지 않으면 그 역시 좋지 않다. 종교라는 이름을 내세워서 군대를 몰아 침략을 하는 일이 간혹 있었다. 사람을 죽이고 구속하면서도 무슨 진리를 위하고 실천하는 양 착각을 한다. 조금만 다른 이야기를 해도 진리에 반하니, 종교의 가르침에 위배되니 하면서 말을 막아 버린다. 이러한 사례는 역사적으로 비일비재했다.

이러한 것은 종교라는 이름을 앞세워서 잘못된 행을 한 대표적인 사례들이다. 내가 여기에서 구체적으로는 말하지는 않겠다. 과연 종교의 본질을 바로 알고 있는가, 아니면 다른 까닭이 있는가!

어찌 되었든 이런 경우도 예외없이 미래세에는 그에 상응한 응보가 기다린다. 제대로 알고, 제대로 믿고, 제대로 실천해야겠다.”

경안이 다시 질문을 하였다.

“스님, 우리의 생활에 믿음이 어떠한 영향을 주는 것입니까?”

“이 세상은 근본으로 믿음 속에 유지되고 있다. 그것을 바탕으로 해서 서로 주어진 삶을 살면서 조화를 이루는 것이다. 1년은 365일이라든지, 겨울이 가면 봄이 온다든지, 시냇물은 높은 데서 낮은 곳으로 흐르는 등, 모두가 믿음 속에 있다.

인간의 일상사를 보자면 부부간의 믿음, 그리고 부모 자식과 형제 지간의 믿음, 이웃 간의 믿음, 친구간의 믿음, 직장에서의 상하간의 믿음, 서로 약속된 법을 지키는 믿음, 스승과 제자간의 믿음, 종교의 믿음, 이루 다 열거할 수 없는 모든 것이 믿음을 기초로 하고 있지 않느냐?

믿음이 없다면 아무것도 제대로 굴러가는 일이 없을 것이다. 일일이 다 이야기를 하지 않더라도 누구나 다 알고 있는 일들이다. 우리 주변에 항상 같이 하기 때문에 간혹 소중한 것을 망각할 때가 있기는 하지만.

우리의 생활에서 믿음이 없다면 너무 어려워질 것이다. 아무리 훌륭한 성인의 가르침이 있어도 믿음이 없다면 소용이 없고, 위대한 스승이 있다 해도 이익을 얻을 수가 없다.

사람이 한평생을 살다 보면 뜻하지 않는 실패가 따르기 마련이고, 여러 가지 위기에 봉착할 때도 있다. 이럴 때는 마음이 불안 초조하고 밥맛을 잃어버릴 것이다. 자신의 능력을 과신하는 사람도 어느 한계에 봉착하면 순식간에 절망에 빠지는 수가 있다.

세상은 고해인지라 희망 속에 살 때는 저절로 힘이 나고 즐겁지만, 그렇지 못할 때도 많다. 그 까닭에 믿고 의지할 수 있는 종교가 필요한지도 모른다.

믿음이 깊은 사람은 그렇지 못한 사람보다 어려움을 슬기롭게 넘길 수가 있다. 더욱이 믿을 수 있는 스승이나 동료가 옆에 있다면 더욱 안정이 될 것이다. 그러나 이러한 믿음도 욕심과 의타심으로 깊이 믿으면 되려 부작용이 생긴다.

자기 자신을 지나치게 과신하면 만용이 되기도 한다. 이렇듯 두 얼굴을 가지고는 있으나 믿음이란 여러 모로 우리 생활의 근간을 이루고 있다.

이어서 생활 속의 믿음이 얼마나 중요한가를 이야기하겠다.

다리를 튼튼하게 놓아두면 사람들은 안심하고 이용한다. 그런데 금방 무너져 내린다면 어떻게 되겠느냐?

군부대의 화포가 약속된 화력이 나오지를 않거나 빗나간다면 화포의 숫자가 무슨 의미가 있겠느냐?

요즘 전자 상거래를 많이 하고 있다. 판매하는 물건이 선전과 다르다면 활성화가 안 될 것이다. 또 보호돼야 할 개인의 정보가 마구잡이로 새어 나간다면, 전자 상거래나 인터넷이 편리하다 할 수 있겠느냐?

믿음이란 일상사에 이렇게 중요하다. 우리는 믿음을 생활화해야 한다. 남이 나를 믿을 수 있도록 스스로 충실해야 한다."

"스님, 이 사회에서 종교의 갈등이 없겠습니까?"

"전혀 없기야 하겠느냐! 지각없는 사람들이 엉뚱한 짓을 하기도 할 것이다. 역사를 보면 종교의 갈등이나 사상의 차이에서 싸움을 많이 했다. 국가 간의 원한 관계는 때가 되면 풀리지만 종교로 인해 적이 되면 수천 년을 넘어간다.

사회가 만든 양반·상놈은 때가 되면 없어진다. 그렇지만 종교가 만든 양반·상놈은 없어지지를 않는다. 힌두교의 사성 계급이 그것이다. 종교가 다르면 양가가 혼인하기 어렵고, 부모 형제간에도 종교가 다르면 화목하게 살기가 어렵다.

이렇듯 종교란 참으로 고약한 면도 있는 것이다. 그 종교의 가르침이 잘못되서 그렇지는 않을 것이다. 그것을 신봉하는 사람들의 가치관이 좁아서 그렇게 된다고 봐야 할 것이다.

어느 종교가 다른 사람들을 미워하라고 가르칠 것인가? 사랑하고 자비롭게 대하도록 가르칠 것이다. 그렇게 하는 것이 진정으로 자기를 위한 길이 아니겠는가. 또 자기가 믿는 종교를 위한 길일 것이다. 만약에 교리 자체가 잘못돼 있다면 또 모를 일이다.

나와 뜻이 같은 사람이 좋게 보이는 것은 기본에 속한다. 그렇지 못한 사람은 나쁘게 보이고 악하게 보일 수도 있다. 이런 것은 부처님의 중도 사상과도 상관없고 예수 그리스도의 가르침하고도 상관이 없을 것이다.

그리고 선이니 악이니 하는 것하고도 상관이 없고 어리석은 사람들의 착각일 뿐이다. 남을 종교적인 이유로 배타하고 미워하도록 가르치거나 행한다면 가장 먼저 악도에 떨어질 것이며, 인간의 몸을 받아도 온전한 몸을 가지고 나지 못할 것이다. 이것은 이미 부처님이 경전에 증명해 놓으신 것이다. 비록 자기는 신성한 일을 하는 줄 착각할지 모르지만.

나와 길이 다른 사람을 평등하게 사랑으로 대하는 것이 쉬운 일은 아닐 것이다. 하지만 노력을 해야 하지 않겠느냐!

아무튼 우리 나라는 다종교 사회다. 그래서 자기가 믿지 않는 종교도 이해할 수 있도록 공부를 한다면 좋을 것이다. 그런 사람은 훌륭한 사람이라고 해도 된다.

일반 신자들도 다른 종교의 서적들을 보고 이해하면 좋을 것 같다. 목적을 진리에 둔다면 가능한 것이고 목적을 종교에 두는 사람들은 해당이 안 되는 이야기다.

순서는 자기의 종교 교전을 우선적으로 공부하고 다음으로 다른 종교의 교전도 공부하면 되는 것이다. 자기의 교전은 보되 다른 교전은 못 보게 한다면 자신이 없기 때문일 것이다.(삿된 가르침을 막으려고 그렇다지만)"

"스님, 이제는 불교의 특색에 대해 말씀해 주십시오."

"모든 종교는 나름대로 원대한 깊은 가르침이 있다. 비슷한 부분도 있을 것이고 독특한 색깔도 있을 것이다.

불교는 중도 실상을 깨달아서 성불하는 것이 근본 목적이라고 할 수 있다. 다같이 성불하여 부처를 이루자는 말이다.

그러면 부처님이란 무엇인가? 부처님이라는 용어는 원래 붓다라는 칭호에서 변한 말인데 붓다란 무엇인가? 우주의 본질을 완벽하게 깨달은 대스승을 붓다라고 하였다. 이 붓다라는 말은 인도에 부처님이 세상에 나기 이전부터 있어온 말이다. 인도의 여러 종파의 공통된 언어라고 할 수 있다.

참으로 대각을 이루었다고 인정되고 그에 따른 32상과 80종호를 갖추었으면 어느 사상, 어느 종교를 막론하고 인정하는 것이 붓다라는 공통된 칭호다. 석가모니 부처님이 세상에 나오셔서 '정각을 이루는 모습을 보이시고' 붓다라는 칭호를 사용하게 된다. 여타 다른 종교에서도 자기의 지도자를 붓다라고 칭하는 예도 있었다. 그러나 공인되지는 못했다. 결국 붓다라는 말은 형상적으로는 대각을 뜻하는 말이고 또 다른 뜻으로는 우주 근본 바탕을 말한다.

부처님 멸후, 큰 깨달음을 얻은 제자들도 붓다라는 칭호는 사용하지 않았다. 그대신 극히 높여서 아라한이나 존자라는 칭호를 사용했다. 중국에 와서는 대사, 아니면 한 종파를 창시한 분들은 조사라는 칭호를 사용하였다. 그 밖에 종사, 선사, 법사, 율사, 강사 등, 수행 특색에 따라서 구분하는 경어를 붙였다.

부처님 가르침의 중요한 두 갈래는 공과 인연의 두 갈래다. 공이란 비어서 없다는 말이 아니고 오고감이 없고 생과 사가 둘이 아닌 본래 밝고 밝은 우리의 근본 성품을 공이라는 대표적인 용어로 설명한 것이다. 여래장이니 열반이니, 또는 성품이니 반야니, 아니면 마음이니 하고 가지가지 말로 우주의 본질을 설명하고자 하는 용어가 많이 있다. 하나로 집약하면 대표적인 것이 공이라는 말이다.

마음을 바로 보아 깨달음에 들어가는 핵심적인 가르침들이 다 여기에 모여 있다. 공이라는 용어를 쓰는 경전의 숫자도 많고 방법도 다양하다.

그리고 다음으로 인연의 법이다. 형상으로 존재하든 형상으로 존재하지 않든 그 어떠한 것이라도 원인과 결과가 있기 마련이다. 그것의 원리를 설명하여 놓은 것이 인연법이다. 이 우주의 흥망성쇠와 그 외 모든 것을 원리적으로 설해 놓으신 것이다.

천상과 인간, 그리고 지옥에 이르기까지 번다할 정도로 설하셨다. 작기로는 요즘의 용어로 말하면 원자, 분자, 그리고 진공의 세계와 작은 균의 세계까지 설하였다. 뿐만 아니라 무량 아승지의 과거·현재와 수백만 분의 1초 세계까지 다 설하셨다. 또 인간계의 가지가지

사변 사를 몽땅 다 설하셨다. 심지어는 아이가 어머니의 태에 잉태해서 7일 단위로 성장하는 모양까지도 설하셨다.

이러한 가르침이 인연의 가르침이라 할 수 있다. 외관상으로는 반대되는 개념 같지만 근본으로는 인연과 공은 다 같은 말이다.

부처님의 가르침처럼 깊고 다양하지는 못하지만 다른 종교에서도 윤회를 이야기하고 공을 이야기한 가르침이 많이 있다. 그럼 불교는 무엇이 다른가? 핵심은 공과 인연법이 아니고 중도에 있다.

중도란 무엇인가? 중도는 언설이 미치지 않는 자리이며 절대성이 무너진 자리다. 어느 쪽으로든 치우침이 없다. 마음이니 뭐니, 모양이 있기 전의 자리다.

이 중도는 절대적인 균형을 이룰 때만이 가능하다. 어느 것도 특별히 취하거나 버리지 않는다. 우주의 본질이요 우리의 성품이 근본적으로 중도이기 때문에 따로 구하거나 헤매지를 않는다.

우선 형상적으로는 몸과 마음이 균형을 이루어야 한다. 적절함이 무엇인지, 생활의 균형을 이루는 것이 중도로 향하는 첫 거름이다. 천상과 지옥이 하나가 되고 생활과 수행이 하나가 되야 한다. 부처도 중생도 하나가 되고 신도 인간도 하나가 되는 것이다. 가지가지 종교 또는 세간의 모든 법이 하나가 되는 것이다.

중도를 깨달아야만 비로소 해탈한다. 부처님의 근본 가르침은 공도 아니요 인연도 아니며 진리도 선도 아니다. 오직 중도의 가르침이다. 이것이 다른 가르침과 다른 점이다. 부처님의 가르침은 외견상으로는 광대하지만 결국은 중도로 돌아간다.

또 하나 특징이 있으니 대자대비가 기본을 이루고 있다. 팔만대장경 어디를 보아도 그 저변에는 어떠한 편견도 종교적인 이기심도 없다. 시종 처음부터 끝까지 상상을 초월하는 자비를 실천하고 있다. 그것도 대지혜를 겸비하면서. 아무리 구제불능의 사악한 중생이라도 끝까지 지혜와 방편으로 구원을 한다. 적으로 간주하여 버리거나 벌주는 것은 개념조차도 없다. 다른 가르침들이 선과 악을 나누고 친구와 적을 가리는 것과는 대조적이다. 그러기에 참으로 불교의 성전은 후세인들이 감히 수정할 수 없는 성스러운 말씀이다. 물론 때로는 부처님의 가르침을 빙자하여 잡된 글들이 뒤섞이는 예도 있기는 하지만!

이것이 또한 다른 교전과는 차이가 난다. 다른 교전들은 간혹 그 시대에 안 맞으면 내용을 조금씩 고쳐서 사용하는 경우가 있다. 그 결과 교전이라는 것이 그 시대 사람들의 작품이 되고 만다.

(아무튼 부처님의 가르침이 워낙 중생들의 근기에 따라서 광범위하게 설해진 데다 오랜 세월에 걸쳐서 이 나라 저 나라에 들어가다 보니 부처님의 가르침을 배우고 신봉하는 방법도 사람 따라 달라질 수밖에 없게 되었다.)

각 종교마다 전문 서점이 있지만, 전문 서점이 아니라도 대형 서점에 가면 웬만한 책은 다 있다. 처음에, 바른 믿음이 무엇인가를 심사 숙고하고 알아본 연후에 열심히 가르침을 닦고 실천하는 것은 바람직하지만 무턱대고 종교를 멋모르고 의지하여 믿는다면 종교에 속박당하고 말 것이다. 불교를 믿더라도 그렇게 믿으면 안 된다는 말이다.

모든 종교가 지향하는 방향은 다 같다. 영원한 안식을 찾는 것이다. 이 목적을 달성할 수 있는 법도 있고 그렇지 못한 법도 있을 수 있겠으나 일단은 목적은 같다.

우리 나라는 다종교 사회다. 서로 선의의 경쟁을 하면서 신행 활동을 열심히 하고 있는 나라다. '우리 종교가 최고다' 하는 것보다는 바로 행하는 것이 더 중요하다.

종교는 개념적으로나마 바로 아는 것이 중요하다. 알았다면 일심으로 믿고 귀의해야 된다. 믿었다면 뛰어넘어 실천을 해야 되는 것이다."

경안은 스님의 자상한 말씀을 깊이 새기면서 처음으로 발심한 분들을 위해서 질문을 했다.

"스님, 처음 신심을 낸 재가 신자들이 계를 받게 됩니다. 그런데 간혹, '실천할 수 없는데 계를 무엇 하러 받겠는가' 하고 계를 받지 않는 사람들이 있습니다. 한 말씀 해주십시오."

"그것은 잘못된 생각이다. 얼굴이 깨끗하고 아름답다면 애써 화장할 필요가 있겠느냐? 또 몸에 때가 끼지 않는다면 목욕을 안 해도 될 것이다. 계는 앉아서 받고 일어나서 파하더라도 받아야 한다. 자주 받아 되새기면 더욱 좋다. 왜냐하면 최후에 나를 인도해 주는 씨앗이 되기 때문이다. 어느 땐가는 등불이 될 것이다. 못 지켜도 계를 받으면 좋다."

또 다른 세상

경안이 청진암에 온 지 어느덧 한 달이 흘러갔다. 돌고 도는 물레 방아 같이 멈추지 않고, 헤아려 볼 새도 없이 바쁘게 뛰어온 듯한 그런 나날이었다.

완연한 가을 날씨를 느낄 수 있었다. 뒷산의 나무들과 뜰앞의 느티나무도 노란 물이 들고 낙엽이 여기저기 뒹굴기 시작한다. 아침이면 쓸어내느라고 부산을 떨었다.

"경안아, 오늘은 미세한 세계로 여행을 떠나 보기로 하자."

스님께서는 조용히 말없이 앉아 계셨다.

경안도 무념·무상의 상태에서 그대로 앉아 있었다. 마음은 있는 그대로 흐르고 있었다. 어떠한 인위적인 조작도 없고 평상시의 마음과 별다를 것이 없었다. 다만 스님의 말씀에 귀를 기울이고 있을 따름이었다.

"너의 눈앞에 깨가 한 알 나타나도록 해라. 그 깨를 응시해라. 크다, 작다는 어떠한 마음도 일으키면 안 된다. 그대로 응시만 하고 있어야 된다."

경안이 한참을 응시하고 있을 때, 스님께서 도움을 주셨다.

경안의 오관은 더욱 면밀해지면서 하나의 세계를 열기 시작했다. 작은 깨는 두 배, 세 배로 커졌다. 시간이 처음에는 많이 걸리고 잘 안 되었다. 그러나 한참 후에는 밤톨 정도로 키졌다. 일부러 크게 보려고 하지 않았다. 스님의 인도에 따라서 다음에는 집채만하게 보였다. 그러나 더 이상 커지지 않았다.

스님은 다음과 같이 말씀하셨다.

"경안아, 너는 지금 깊은 잠재된 속에 한계를 스스로 설정하고 있다. 그 마음을 버리도록 해라. 눈에 보이는 것은 결국은 환이다. 그러면서도 실인 것이다. 오로지 마음 조작인데 너는 무슨 한계를 설정하고 있느냐?"

경안은 찾아보았다. 자신이 무슨 한계를 설정하고 있는지. 아무리 찾아도 찾을 수가 없었다. 또 한편으로 생각했다. 찾을 수 없는 마음이 어떻게 한계를 설정하겠는가! 할 수 없는 것이 아닌가? 알 수 없었다.

이때 스님의 은은하고 단호한 말씀이 귀를 때렸다. 경안의 마음은 홀연히 한쪽이 시원하게 작용하는 것 같았다. 깨의 크기는 점점 증가해서 산과 같아지고 더욱 커져서 지구만해졌다. 다음에는 한계를 초월하여 크기가 아예 없어졌다. 이때 스님은 축소하여 보라고 말씀을 하셨다. 커지게 할 때는 인위적인 것은 배제했으나 축소는 인위적으로 하는 것이다. 인위적이라도 일방적인 것은 아니고 단계를 쫓아서 조금씩 작게 축소를 하는 것이었다.

축소가 다 끝나자, 스님은 벽을 보라고 말씀하셨다.

경안은 벽을 보고 돌아앉았다. 스님은 벽을 한 배, 두 배, 세 배, 그리고 만 배 크기로 보라고 말씀하셨다. 만 배 크기로 보자, 벽은 형체를 잃고 수많은 그물과 같은 계곡으로 바뀌었다. 이번에는 십 만 배 크기로 확대해 보라고 하셨다. 벽은 허공 속에 서로 멀리 떨어져 얽혀 있었다. 무수한 생명체와 질서 있는 하나의 세상이 나타났다. 다시 80만 배로 확대하자, 우주의 별과 같이 허공이 되고, 더욱 확대를 하자, 완전히 모습이 사라졌다.

이번에는 경안 자신의 몸을 살펴보았다. 처음에는 다리의 털 하나를 두고 보았다. 다리의 털을 백 배로 확대하자 굵은 실만해지고, 천 배로 확대하자 털 속의 때가 다 보였다. 그리고 다시 만 배로 확대하자, 털 속에 사는 여러 중생들이 보였다. 30만 배로 확대하자, 털 속의 다양한 세계를 볼 수 있었다.

이 세계도 질서가 있고 높고 낮음이 있었다. 서로 맡은 일을 열심히 하고 있었다. 명령 체계가 서 있었다. 나라가 존재하는 것이다. 때로는 전쟁도 하고 때로는 오락도 했다. 간혹 외부 침략을 받을 때가 있다. 그러면 부숴지기 마련이다.

지휘자는 열심히 지휘를 해 보수를 한다. 그 지휘에 따라서 다른 중생들이 열심히 움직인다. 물건을 나르는 중생, 물건을 쌓는 중생, 정리하는 중생, 단단하도록 다지는 중생. 그 임무가 매우 다양했다. 그리고 배가 고프지 않도록 음식을 배달하는 중생도 있었다.

중생들이 어떤 때는 전체가 피로할 때도 있고 소수가 피로할 때도 있다. 게으름을 피우기도 하고 명령을 듣지 않는 중생도 있다. 반란을 일으키는 중생들도 있다. 그러면 체포하고 처벌하는 중생도 있다.

주어진 수명이 다하여 죽어가는 중생도 있고 생명을 얻어서 탄생하는 중생도 있었다.

하나의 털 속에도 여러 나라가 있고, 더 확대해 보면 하나의 나라 속에도 더 많은 나라가 있었다. 이 나라에서 저 나라로 여행하는데, 이곳의 시간으로는 꽤 많은 시간이 걸렸다. 더욱 확대해 보니 결국은 우주의 별처럼 한없이 멀리 떨어져 있었다. 다시 확대하자, 진공으로 화하여서 무엇이 본래 있었는지 알 수가 없었다.

경안은 스님의 말씀대로 그곳의 중생들과 대화를 나누었다. 그들을 설득해서 자신의 뜻대로 일도 시켜 보았다.

경안은 몸의 기능이 좋은 곳과 그렇지 못한 곳을 면밀히 관찰했다. 기능이 좋으면 왜 좋은지, 안 좋으면 왜 안 좋은지, 그것의 근본적인 요인은 무엇인지?

그 결과 이 몸은 하나의 우주라는 것을 알았다. 이 몸의 최고 통치자는 바로 나의 마음이었다. 내 마음 쓰기 나름이었다.

내가 통치하는 이 나라에 외적이 쳐들어오면 방비를 책임진 병사들이 바빠진다. 내가 잠이 들고 있는 도중에라도 아프게 하거나 가렵게 하기도 한다. 아니면 춥게 하거나 덥게 해서 열심히 신호를 보내 준다. 그것보다 더 일차적인 신호는 마음을 불안하게 한다든지 해서 경계 신호를 보내준다.

그렇지만 내가 다른 데 정신을 빼앗기거나 착각에 빠져 있을 때는 신호를 무시해 버릴 때가 종종 있게 된다. 그러면 외곽을 경비하는 성장들은 주어진 임무대로 움직인다. 적이 순식간에 중심부로 들어

오지 못하게 길을 폐쇄하고 다리를 끊기도 한다. 방비를 하는 것이다. 결국 내 몸은 어딘가 몸살이 나기도 하고 코가 막힌다든지 목소리가 잘 터지지 않는다. 또는 식욕이 떨어진다든지 온갖 증상이 나타난다.

온몸의 구석구석을 자세히 관찰해 보니 적과 아군이 따로 없었다. 모두가 화합하고 균형을 이룰 때는 저마다 적절한 역할을 수행하고 이 몸에 이익을 주는 것이다. 화합이 깨지면 내 몸의 중요한 인자도 방향을 바꾼다. 활동이 너무 지나치거나 정체되면 이 몸에 해를 끼친다. 각 기관의 톱니바퀴가 어긋나서 병이 들게 되는 것이다.

병원균은 항상 내 몸속에 있거나 수시로 몸 안팎을 드나든다. 그렇지만 평상시는 별 탈이 없다. 때로는 적도 되고 친구도 되지만, 근본적으로는 내 몸의 일부다.

내가 밝은 마음을 쓰지 않거나 운동을 하지 않으면 온 나라가 이완이 된다. 이때는 원활하게 나의 통치가 미치지 않게 된다. 어느 한쪽은 보급이 넘치고, 어느 한쪽은 부족한 현상이 벌어진다. 중생들의 원망이 대단하게 된다.

그렇게 되면 추위에 떠는 중생들도 있고 더워서 열이 나서 못살겠다고 아우성치는 중생들도 있다. 그러면 그들은 힘을 잃어서 열심히 일을 하지 않게 된다. 나의 몸은 한쪽은 너무 더워서 병이 나고 한쪽은 추워서 병이 난다. 그뿐만 아니라 살이 허벅지에 둥글게 쪄야 될 것인데, 엉뚱하게 아랫배에 찐다. 몸의 균형이 우습게 되는 것이었다. 뒤늦게 정신을 차려서 아랫배의 살은 빼고 허벅지 살을 좀 찌게 해라 해도 명령을 수행하지 않는다. 수행하고 싶어도 이미 길이 끊어지고 마차가 부숴져서 그렇게 할 수가 없을 때도 있다.

이 중생들이 마음놓고 살 수 있게 하려면 나의 마음이 밝아야 된다. 그러면 내 몸의 중생들도 다 마음이 밝아지고 화기애애해진다. 서로 협동을 잘하고 배반자가 없게 된다. 마음이 편안하므로 그들의 수명도 길어지고 힘이 넘친다.

특히 내가 마음과 몸으로 무리를 하지 않아야 된다. 무리를 하면 내 몸의 백성들이 최대한으로 열심히 움직인다. 맞추어 내긴 하지만 어느 한계가 지나면 모두 쓰러지고 마는 것이다.

나의 마음이 거칠면 내 중생들도 마음이 거칠어진다. 서로 싸우고 협동을 하지 않는다. 쓸데없는 에너지 낭비가 많아지고 저마다 고집을 부린다. 당연히 서로 주장을 한다. 이때는 개선이 안 된다.

내가 남을 미워하면 이들도 전쟁 준비를 하게 된다. 분주해지고 살벌해지는 것이다. 그러다 보면 자기들끼리도 툭하면 싸우게 된다. 그 와중에 자기가 살고 있는 처소를 파괴해 버린다. 내 몸에 갈등이 생겨서 병이 나는 것이다.

또 나의 마음이 게을러지고 착 가라앉아서 이완이 될 때가 있다. 그때는 내 몸의 모든 중생들이 힘을 잃고 만다. 어느 단계가 지나면 나의 명령도 안 듣고 제멋대로 행동을 하게 되니, 참 마음을 잘 써야겠다.

경안이 자신의 몸을 살펴볼 때, 거기도 하나의 우주가 있었다. 나름대로 인과가 있고 질서가 있었다. 정말로 이 우주는 중중무진으로 작기로도 끝이 없고 크기로도 끝이 없었다. 그러나 그것을 꿰뚫어 보면 깊은 바탕에는 하나로 회통되는 성품의 작용일 뿐이었다.

"경안아, 이번에는 저 밖의 인간계를 관찰해 보도록 하자. 우선 천상 33천부터 아수라와 인간 4대주, 그리고 축생계·아귀계·지옥계와 항수해·수미산을 보아라. 그러한 세계가 천 개 모인 것을 소천세계라고 했다. 너는 그러한 세계를 어느 정도 볼 수 있으며 선명도는 어떠냐? 텔레비전을 보는 정도의 상태를 100으로 기준 해라."

경안은 스님의 말씀대로 조용히 살펴보았다. 일천 세계는 족히 볼 수 있었다. 그리고 선명도가 50 정도는 되었다.

스님께서 증가법을 사용하자 경안의 마음은 더욱더 밝아지고 불꽃처럼 번득임이 일어났다. 다시 보니 일만 세계는 볼 수 있었다. 또 다시 증가법이 시행되었다. 보이는 숫자는 점점 증가해서 다시 그것의 열 배 숫자로 증가하였다. 그리고 다시 그 숫자의 열 배를 볼 수 있었다. 숫자뿐만 아니라 선명도도 점점 증가하여 눈앞에서 보듯이 느껴졌다.

스님께서 말씀하셨다.

"모든 세계는 마음의 작용임을 너는 잘 알 것이다. 너의 눈에 보이는 세계는 실제이면서도 허상의 세계이다. 마음의 조작인 것이다. 너는 그 원리를 잘 알고 있다. 몸의 기능을 극대화시켜서 경험하고 있는 것이다.

이제는 어느 한 세계가 생성부터 파괴되는 전 과정을 보아라. 그것을 동시에 느끼는 것이다. 시간이란 마음의 작용에 불과하다. 그렇기 때문에 그 전 과정을 동시에 떠올려서 볼 수도 있다."

스님의 말씀대로 전 과정을 순식간에 느낄 수 있었다. 그리고 한 차례뿐만 아니라 시작과 끝이 여러 차례 반복되는 것을 동시에 느꼈다. 필요하면 어느 한 지점만을 관찰할 수도 있었다. 거기서 더 세분하여 들어갈 수도 있었다.

"우리 인간계와 같은 세계 중에 십만 년 이상 과학이 앞선 세계가 있을 것이니 찾아보아라."

경안은 스님의 말씀대로 무한한 거리에 있는 한 세계를 찾았다. 그 거리는 일반적인 단위로는 표현할 수 없는 거리였다.

그 세계는 인간들의 수명이 5,000세 이상이었으며 남자나 여자들의 모습은 용모가 매우 인자하고 아름다웠다. 사람들의 얼굴에 악한 기운이라고는 전혀 찾아볼 수가 없었다.

집은 허공 중에 떠 있는 집도 있고 땅속에 있는 집도 있었다. 생긴 모습이 둥근 집, 세모난 집, 육각형의 집, 중세의 성채와 같은 모습의 집 등 참으로 다양했다. 한 장소에 고정되어 있지 않았고, 다른 곳으로 자유롭게 이동할 수도 있었다. 그리고 마치 보석과 같이 영롱하게 여러 가지 색상으로 눈부시게 빛을 발했다.

사람들은 다른 곳에 볼일이 있으면 탈 것을 타는데 손수 운전을 하지 않았다. 탈 것 자체가 손님의 마음을 읽어서 알아서 데려다 주었다.

어린아이들은 어머니의 태를 빌지 않고 태어났다. 부모가 될 사람의 유전자를 받아서 따로 생산이 되었다. 태를 빌려서 나지는 않았지만 엄연히 태생으로 부모가 분명했다. 부모는 정성을 기울여서 양육을 하는 것이었다. 그런데 양육하는 것이 어머니가 젖을 먹여서 하는 것이 아니었다. 양육실이 있어서 최적의 영양을 공급하고 병이 있으면 자동으로 진찰해서 치료를 했다.

교육은 아기의 지적 발달 프로그램이 알아서 교육을 했다. 그런데 특이한 것은 이 프로그램이 부모와 이웃, 그리고 각 분야 선생들의 마음과 연결이 돼 있었다. 또 몸의 느낌도 아이들의 마음에 작용을 하게 돼 있는 것이었다.

아이들은 항상 부모의 따뜻한 정을 느낀다. 이웃의 소중함도 알고 스승을 공경하면서 배우는 것이었다.

다같이 최고의 교육을 받지만 그래도 각자 교육의 우열이 생겼다. 잘못된 유전자는 사전에 교정이 되므로 모두가 튼튼하고 아름다웠다. 아무리 그래도 각자의 특성이 분명했다. 능력의 차이도 있고 마음 씀도 달랐다. 싫고 좋아하는 것도 제각기 달랐다.

여기 사람들은 마음을 닦는 방법이 특이했다. 특수한 약으로 마음의 문을 열거나 가우라는 기계 장치 속에 들어가서 하루에 한두 시간씩 마음을 닦았다. 순차적으로 마음을 열어 가는 것이었다.

약의 성질은 마음을 극도로 편하게 하고 몸의 모든 기혈을 관통시키는 역할을 한다. 고도로 맑게 하여서 각성시키는 것이다. 처음 약은 날뛰는 현재의식을 조절하여 잠재의식과 조화를 이루는 약이다. 점차 진행이 되어갈수록 약간씩 다른 약을 사용한다.

이 약을 사용할 때는 함부로 사용하지는 않는다. 스승의 지침에 따라서만 사용하는 것이었다. 지나치면 안 되기 때문이다. 그러나 깨달음을 얻을 때는 약으로는 안 되고 스승의 가르침에 따라서 최종의 깨달음을 얻게 된다.

가우라고 이름하는 기계는 정신을 각성시켜 가는 모든 과정이 프로그램 되어 있었다. 스승의 정신과도 연결이 되어 있어서 하루에 한두 시간씩만 꾸준히 사용을 하면 깨달음에 들어갈 수가 있다.

이 기계도 초보자들의 마음을 안정시키는 과정이 있다. 잠재의식을 개발하고 현재의식을 조절한다. 몸의 기혈을 관통한다. 마음이 근본으로 하나를 느끼도록 한다. 결국은 분별을 여의고 모든 인연 세계의 복잡한 구조를 깨닫게 하는 것이었다.

그러나 마지막 최종적인 깨달음은 스승의 직접적인 인도가 있어야만 된다. 사용하는 사람의 정신과 역량을 컴퓨터가 정밀하게 계산을 한다. 사용 시간과 진도를 설정해서 과다 사용을 엄격하게 통제한다.

이곳의 인간들은 세포를 특수하게 조작해서 몸으로 기계적인 역할을 할 수가 있다. 기계적인 신호를 몸으로 해석해서 통신을 할 수 있는 것이다. 저쪽의 컴퓨터와 몸으로 대화를 할 수 있다는 말이다. 물론 정신적으로도 대화를 할 수 있다.

정신의 역량을 자기 몸으로 극대화시켜서 막강한 힘을 발휘할 수 있다. 더 큰 힘이 필요할 때는 수미카라는 장치 속에 들어가서 생각을 하면 된다. 생각의 에너지가 극대화되어서 수천 리 밖의 물질도 이동하고 파괴할 수가 있다.

이들은 천리 만리라도 정신으로 이동할 수 있고, 또 사물을 볼 수도 있고 들을 수도 있다. 아주 먼 곳이나 땅속 깊은 곳의 그 무엇도 파괴하거나 모양을 변모시킬 수가 있다.

또 다른 종류의 사람들이 있었다. 이들은 합성되고 복제된 인간들이다. 모습이 일반 사람들과 다름이 없었다. 어떤 특수한 분야에서는 인간보다도 훨씬 능력이 뛰어났다. 각기 특징에 따라서 직업이 달랐다.

이들도 여느 사람들과 다름이 없이 대우를 받았다. 딱히 구분을 하지 않았다. 심지어는 일반 사람하고 결혼도 똑같이 했다. 특성이라면 매우 순종적이고 기억력이 뛰어난 것이었다. 그러나 창조력은 일반적인 태생의 사람보다는 못했다. 교육 자체가 조금 달라서 그런 모양이었다. 아마 이 사회의 구조적인 모순을 이들이 채워 주고 있는 것 같았고, 인구 조절을 하는 데 한 몫을 하는 것 같았다. 그 외에는 어떠한 차별도 없었다.

이들 중에서는 고위층에 있는 사람들도 있었고 중요한 직종에 종사하는 사람도 있었다. 뛰어난 스승들도 있었다. 또 제조된 사람들이 있다. 이들은 인간의 손발이 되도록 애초에 만들어진 사람들이다. 연구하여 만든 사람들의 뜻에 따라서 다르긴 하지만, 스스로 사고를 하고 능력이 대단했다. 이들만으로도 하나의 세계를 유지하고 있었다. 자기들 스스로도 하나의 세계를 창조할 수가 있다. 다만 지혜가 인간에 못 미치므로 통제를 받고 있었다.

이들이 하는 일은 국토의 기후를 조절하거나 공장에서 일을 하거나 또는 사무를 보는 등 하는 일이 광범위했다.

인간의 모습을 한 자, 기계적인 모습을 한 자, 자동차의 모습으로 손님을 실어 나르는 자, 사람들이 살 수 있도록 집 역할을 하는 자들도 있었다.

이 세계에서 이들은 코마라고 했다. 중앙 통제소의 코마는 지하에 깊이 상주하고 있다. 거대한 통안에 보호되고 있었다. 불이나 폭탄 어느 것으로도 파괴되지 않는다. 대자연의 기후를 조절하고 모든 다른 코마들을 통제하였다. 고장이 나거나 부품의 수명이 다하면 스스로 고치고 생산을 한다.

이 코마의 최상의 두뇌는 허공 중에 있으며 형체가 없다. 여러 코마들의 힘에 의해 허공 중에서 자기의 의무를 처리한다. 이들은 인간들의 모든 생활에 관여하고 있었다. 그리고 그 어떠한 특별한 개념적인 차별도 받지를 않았다. 인간과 동등한 생활을 영위하고 있었으며 때로는 인간과 결혼을 해도 주목의 대상이 되지 않았다.

이 코마들은 인간들의 마음의 소산이다. 다른 방법으로는 파괴가 안 되지만 인간들의 염력으로는 쉽게 파괴가 됐다.

이들은 인간들의 마음을 읽어서 종사한다. 인간들의 마음이 선하고 화합할 때는 어떠한 문제가 없지만, 그렇지 못할 때는 이들도 혼란을 일으킨다. 자연의 기후가 교란되거나 집이 추락하든지 하게 되는 것이다. 여기 사는 인간의 공덕이 다하고 마음이 사악해지면 이 문명도 종말을 고할 것이다.

이곳의 인간들은 물질을 비물질화하는 능력이 있다. 저 멀리 다른 곳으로 이동을 할 때는 몸과 우주선이 빛보다 수십 만 배 더 빠른 속도로 이동해 간다. 우주선 자체가 빨리 나는 것은 아니다. 우주선이든 사람이든 빛보다 수십 만 배 빠른 아우선이라는 비물질로 변해 이동해 간다. 그리고 도착하면 원래의 모습으로 돌아가는 것이다.

그러나 아주 먼 곳은 역시 이동해 갈 수가 없다. 우리가 살고 있는 인간계에는 이들의 능력으로도 아직 올 수 없다. 정신은 올 수 있지만 물질 자체로는 올 수가 없다는 말이다.

이곳의 사람들은 빛보다 수십 만 배 빠른 속도를 생활에 사용하고 있다. 실제로 빛보다 몇백 만 배 빠른 물질까지도 찾아내 가지고 있는 것이었다.

이 세계에서는 화석 연료는 사용하지 않았다. 주요 에너지원은 열뿐만이 아니라 추위 자체를 이용해서 에너지를 생산하고 밝음과 어둠으로도 에너지를 생산했다. 이 무슨 뜻인가 하면 대낮의 밝음 자체에서 에너지를 일으키고, 밤같이 어둠 그 자체를 이용해서 에너지를 얻는 것이다. 그리고 무한한 중력을 에너지로 이용하고 있었다. 에너지 부족이라든지 공해라든지 말조차도 없었다.

"경안아, 이번에는 상대적으로 과학하고는 상관없이 수명이 5,000세 이상 되는 인간계를 찾아보아라."

경안은 스님의 말씀대로 그러한 세계를 찾아보았다. 그 세계의 자연 환경은 춥지도 덥지도 않고 산천은 매우 아름다웠다. 구릉이나 가시 달린 나무나 독충, 그리고 사나운 짐승들이 없었다. 인간들과 같이 더불어서 사는 그런 짐승들만 있었다. 짐승들의 모습은 언뜻 보아도 순진하고 착하면서도 영리하게 생겼다. 보기 싫은 짐승들은 없었다.

새들은 울음소리가 매우 청량하고 깃털의 색상도 참으로 아름다웠다. 들에는 아름다운 꽃들이 만발하고 어디를 가나 곡식과 과일이 풍성했다. 먹고 사는 데 큰 노력을 할 일이 없었다. 거기다 음식은 조금만 섭취해도 되었다. 그리고 천재지변이 없어서 크게 대비할 일도 없었다.

이 사람들의 마음은 너무도 평화롭고 성스러워서 용모도 보기에 좋았다. 사람들은 도를 논하기를 좋아하고 마음이 잡다하지 않았다. 어딜 가나 좋은 스승들이 있어서 사람들을 깨달음으로 인도했다. 이 동을 하거나 할 때는 신통으로 이동을 했다. 그리고 필요한 것이 있으면 생각을 집중하면 얻을 수 있었다.

여기는 과학이라는 것은 없지만 생활의 편리는 동일했다. 기계적인 것과 정신적인 것이 차이가 날 뿐이다. 용모도 다같이 아름다웠다. 그러나 앞의 과학의 세계보다 여기가 더 평화로워 보였다.

여기서는 사람들이 과학을 사용하지 않는 대신 신통으로 모든 것을 해결했다. 전혀 과학을 발전시켜야 할 까닭이 없는 그런 사회였다. 저 과학의 세계는 몸으로보다는 기계적인 신통을 사용하는 것이었다. 이 세계나 저 세계나 마음을 닦으려고 하는 것은 같았다.

상념 전개

뜰앞의 느티나무에는 이제 낙엽이 얼마 붙어 있지 않았다. 하루하루가 언제 지나가는지 모르게 지나가고 있었다. 경안은 오늘도 스님과 마주 앉았다.

"오늘은 상념 전개에 대해 말하겠다."

"상념 전개가 무엇입니까?"

"어떤 대상을 두고 생각을 하는 것이 상념 전개다. 누구라도 생각이 존재하는 한 상념을 전개하고 있다고 보면 된다. 그 원리와 결과를 잘 모르고 있을 뿐이다. 지금도 그렇지만 앞으로는 여러 사람들이 이 방면의 연구를 할 것이다. 너도 인연의 법칙을 밝히는 일환으로 알아두도록 해라. 이것을 알면 명확하게 인과 발생의 원리를 알 수가 있다.

상념의 원리부터 이야기해 주겠다.

어떤 사람이 무념·무상의 마음을 가지고 있다면 그는 무아의 상념을 가지고 있다고 말할 수 있다. 전 우주에 무아의 상념을 전개하는 것이 된다. 그리고 어떤 사람이 밝고 자비로운 생각을 가지고 있다면 이 사람은 따뜻한 상념을 보내고 있는 것이다. 전체의 사람들을 생각하면 전체에게 보내는 것이고, 어느 한 사람을 마음에 두면 그 사람에게 자비의 상념을 보내는 것이 된다. 어떤 특정인을 두고 미워하는 마음을 내면 증오의 상념을 그에게 보내는 것이 된다. 그러면 상대는 마음이 편하지 않고 이쪽을 자동으로 미워하고 싫어하게 되는 현상이 일어나게 되는 것이다. 어머니가 자애로운 마음으로 아들이나 딸을 생각하면, 그의 아들딸들은 자연히 어머니를 생각할 때 걱정이 되거나 싫은 마음이 나지 않는다.

도를 닦는 스승이 제자를 무념·무상의 마음으로 관해 주면 제자는 더욱 공부의 힘이 붙는다. 그가 스승을 늘 생각하면 쉽게 선정의 힘을 얻을 수도 있다. 친구지간에도 어느 한쪽이 깊은 신뢰의 마음을 내면 상대도 이쪽을 믿고 싶고 더욱 가깝게 여겨진다. 다 상념 전개의 일종이다.

우주는 하나로 연결되어 있다. 그러므로 한 생각 한 생각을 신중히 해야 된다. 한 생각이 하나의 세계를 창조한다. 생각이 모여서 또 다른 세계가 합성되는 것이다. 주변 사람들을 미워하거나 안 좋은 감정을 가지는 것은 밑천 안 들이고 죄를 짓는 것이 된다.

경안아, 너의 주변에 너와 사이가 안 좋았던 사람을 떠올려 보아라. 그리고 그때의 불쾌한 감정을 가져 보아라."

경안은 스님의 말씀대로 이웃의 금아 아주머니를 떠올려 보았다. 그 아주머니는 거짓말을 잘하고 악담을 잘해서 전에 매우 싫어했었다.

스님은 경안에게 안 좋은 감정을 가져 보고 그 사람과의 미래를

보라고 하셨다. 그대로 해보니 미래에는 더욱 서로 싫어하게 되고
이쪽의 일이라면 쌍지팡이를 짚고 나섰다. 부정하고 방해를 하는 것
이었다. 이러다간 내생에는 아주 등질 일이었다.

이번에는 편안하고 좋게 보는 감정으로 임해 보았다. 친구와 같이
느끼는 가까운 그런 마음으로 대하였다. 그랬더니 나타나는 상이 미
래에는 아주 친해졌다. 이쪽의 말은 거역을 하지 않고 경청을 했다.
또 어디를 가도 이쪽의 칭찬을 했다.

스님께서 말씀하셨다.

"이 한 생각이 지금은 별거 아닐지 몰라도 미래를 만드는 것이다.
어느 한쪽의 생각이 계속 지속이 된다면 기필코 그 결과가 뻔해지게
된다."

어느 생각을 몇 번 해 보다가 안 한다면 현실화되지는 않겠지만,
계속하면 그 결과가 자명하다는 말씀이었다.

또 실험을 했다.

이번에는 밝은 근본의 마음을 보면서 그 결과를 보자, 또 다른 상
이 나타났다. 무엇인가 하면, 경안의 미래의 얼굴은 자신이 보아도
보기 좋은 자비로운 얼굴이 되었다. 수많은 사람들을 깨우치고 이익
을 주는 살림살이가 나타났다.

한 생각이 미래의 자신의 모습을 만드는 것이었다. 지금은 한 생
각이지만 생각이 생각을 낳고 또는 합해져서 또 다른 모습을 만든다.
때가 되면 연속적으로 그 결과가 다가오는 것이다.

과거의 수많은 생각과 행위는 오늘의 나를 있게 한다.

지금의 나의 생각과 행위들은 나의 미래를 만들고 있다.

한 생각이 모여서 습관이 되고 습관이 모이면 성격이 된다. 또 안으로는 본능이 된다. 새로운 운명이 창조되는 것이다.

스님께서 다시 말씀을 하셨다.

"지금까지 나의 이야기는 일반적인 상념 전개다. 다시 직접적인 선과 악의 상념 전개가 있다. 직접적으로 **의 정신을 이동시키는 상념 전개가 있다. 이때는 구체적으로 생각을 전개해서 상대의 마음을 초고도로 집중시킨다. 먼 곳에서 깨우쳐 주고 변화시키는 것이다.

그러나 가장 주의할 점은 악하거나 지나친 상념 전개는 절대로 하면 안 된다. 타인에게 안 좋은 상념 전개를 하면 자기의 병은 치료할 수 없게 되는 것이다.

마음이 밝고 건강한 자는 나쁜 상념 전개를 할 까닭도 없고 하지도 않을 것이다."

스님께서는 다른 정신이 엿보지 못하게 인을 치시고 경안에게 상념으로 정신 이동과 구체적인 상념 전개의 법을 전수하셨다. 그리고 실습을 하도록 하였다.

그 실습을 하는 동안 경안은 마음의 변화가 어디서 오고, 망념이 어떻게 환영을 만들어 내는지 소상하게 알 수 있었다. 스님이 그에게 실습을 시키는 까닭을 알 수 있었다. 거기에는 또 다른 까닭이 있었다.

"정신 이동을 할 때 대상의 정신이 곧 몸이라서 어떠한 생각을 해도 하나의 몸이 만들어진다. 그 몸은 보고 듣고 촉감을 느끼는데 조금도 실제와 다름이 없다. 마음의 맑기가 약할 때는 촉감이나 보고 듣는 것이 실제 느낌과 거리가 있다. 그리고 마음에 애쓰는 것이 조금이라도 있으면 마음으로나 실상으로 느끼는 눈앞의 전개는 다 헛된 상이다. 실제가 아닌 것이다.

상념 전개를 할 때는 절대로 사심과 욕심이 없어야 한다. **의 정신과 몸이 함께 움직이는가를 마음으로 살펴봐야 한다. 몸이 움직이는 것으로 보여도 다시 보면 몸은 따로 있기가 다반사다. 정신의 몸과 실상의 몸이 같이 움직이는 것 같이 보인다 하더라도 움직이는 속도가 빠르면 허상이다. 자기가 만든 헛된 상에 스스로 속는 것이다.

상념 전개의 기본은 상대의 위치가 서울이든 부산이든, 눈앞에 있든 없든, 거리와 과거·현재·미래를 초월한다. 상대의 좋아하고 싫어하는 것을 먼저 살펴야 된다. 그리고 집중시키는 것이다. 대상, 정신의 집중 정도가 80%를 넘어야 한다. 그리고 정신 이동을 할 때도 대상 정신의 이동 정도가 80%가 넘어야 된다. 공히 80% 이상이 되어야만 효과가 있다. 또한 지속적인 상념 전개는 확연한 효과를 나타낸다. 그러나 인연이 없으면 커다란 효과는 기대할 수가 없다.

상념 전개는 욕심이 많고 어리석은 사람과 주관이 확실하게 서 있지 않은 사람은 쉽다. 인연이 가까운 사람도 쉽다. 화두를 든다든지 염불을 하여 한 가지 생각으로 계속하는 경우에는 조금 더 어렵게 된다. 이 경우도 마음의 근본을 깨달은 사람은 상관이 할 수 있다. 상대가 누구라도 직접적인 상념 전개를 할 수 있다. 정신 이동도 시킬 수가 있게 된다."

이어 스님께서는 동일시하여 한 몸이 되는 법에 대해 말씀하셨다.

동일시하는 방법에는 부처님과 한마음 한 몸이 되는 방법이 있다. 전에 경안이 스님의 지도에 따라서 해본 적이 있었다. 부처님과 동일시하는 법은 내 몸이 부처님 몸인 것으로 구체적으로 관하는 것이다. 그러면 마음이 장엄하여지고 흔들림이 없어졌다.

또 관세음보살과 하나로 되는 것을 해본 적이 있었다. 남자 몸의 관세음보살을 관하여 한 몸을 이룰 때는 마음이 장엄하여지고 웅장함을 느꼈다. 여자 몸의 관세음보살과 하나가 되는 관을 하면 자상하고 따뜻한 기운을 느낄 수 있었다. 이러한 차이는 잠재의식 탓이지만 어쨌든 차이가 났다.

그리고 스님과 몸이 하나가 되는 것을 해본 적이 있었다. 스님의 허락을 받아서 한 것인데, 그렇지 않으면 절대로 되지 않기 때문이다. 그때는 스님의 마음을 내 마음같이 하나로 이해할 수 있었다. 이것은 그냥 관으로 해보는 것과는 달랐다. 스님 말씀을 듣지 않고도 서로 한 몸 같이 느낌으로 알 수 있었다. 잠깐이었지만 공부 길을 잡는 데 많은 이익이 있었다.

한 번은 스님이 산에서 다리를 다친 적이 있었다. 그런데 경안은 자신이 다리를 다친 듯이 매우 아프고 붓기까지 하였다. 쌍둥이들이 서로 통하는 이치를 알 것만 같았다. 스님은 경안이 그 방법을 터득하고 충분한 경험을 한 것을 보신 후에는 문을 닫아 버렸다. 그래서 그걸로 종료가 되었다.

또 다른 동일시하는 방법은 생각만 동일시하는 방법이 있다. 그러면 서로간의 마음이 하나같이 통했다. 이 방법을 사용하여 혼자 동일시하는 방법이 있다. 가령 내가 16살 여자아이가 된다든지 하는 것 등이다. 그러면 정말 나의 몸에는 여자로서 화학 반응이 일어나고 같은 또래의 남자를 보면 사랑하는 마음이 일어나는 것이었다. 실질적으로 여자의 마음이 되는 것이다.

만약 계속 여자의 마음을 유지하면 틀림없이 나의 몸은 여자의 특성이 점차 나타날 것 같았다. 여자의 입장에서도 남자의 마음으로 완전히 바뀌어 가지고 그러한 마음을 오래 가지면 확연히 남자의 특성이 나타날 것이다. 이런 일은 사회에 종종 있는 일이며 누구라도 어떤 한 생각에 몰두하면 자기도 모르게 변해 간다.

처음에는 스스로도 거부감이 있지만 자기도 모르게 달라져서 받아들인다. 생각에 생각을 일으키면 습이 되고 지나치면 결국 업이 된다.

몸이라는 것은 곧 마음이며 마음이 곧 몸이다. 둘이 아닌 이것은 우주와 더불어서 하나면서도 형상은 절대성이 없다. 미묘한 이것은 또한 변화가 무쌍하다.

스님께서는 마음의 작용을 더 상세하게 알게 하시려고 몸의 후광을 살펴보도록 했다. 경안은 몸의 후광이 어떻게 변하는가를 관찰해 보았다.

마음이 미세하게나마 작용을 하면 이미 시간과 공간이 만들어진다. 소리와 색깔도 존재하게 된다. 시간으로 보면 시간이 되고 공간으로 보면 공간이 된다. 그리고 소리로 보면 갖가지 소리가 들린다. 색깔로 보면 각종 색상이 된다.

중생들은 몸에 색을 띠고 있는데 다음과 같았다. 하늘 사람 중에는 몸에 나타나는 후광이 엷은 황금색이거나 밝은 흰색이 나타난다.

아수라는 밝은 흰색에 붉은색이 섞인다. 인간은 황금색·흰색·푸른색·붉은색·회색 그리고 무색까지 있다. 대체적으로는 사람들의 색상은 엷은 흰색에 회색이 섞인다. 축생은 약간 진한 회색이거나 노란색·붉은색이 겹친다. 아귀는 아주 진한 회색이 근본 색으로 붉거나 푸른색이 겹친다. 지옥 중생들은 순전히 검은색이다.

마음이 밝고 편안하고 욕심이 없으면 흰색이나 황금색이 되고, 마음이 무아의 상태가 되면 무색이 된다. 근심·걱정이 많고 욕심이 많으면 회색이 된다. 또한 성내거나 어리석으면 푸른색이나 노란색 또는 붉은색이 된다. 악으로 물들면 검은색이 몸의 후광으로 나타난다.

이러한 색상을 볼 수 있는 사람은 동일하게 볼 수가 있으나 이 또한 엄밀히 말하면 보는 사람의 의식에 의해서 보이는 현상으로 결정적인 것은 아니다. 그러나 생각을 색상으로 평가하고 느낄 수는 있는 것이다.

이 색상을 때로는 부처님의 후광과 같이 평범한 모든 사람들이 심안이 아닌 육안으로도 다 같이 볼 수 있을 때도 있다. 물론 그 인연을 만날 동일한 인연을 지어야 한다. 그래야 볼 수 있는 것이다.

죽음과 탄생

이제는 제법 아침 저녁으로는 싸늘해졌다. 가을이 막바지에 이른 것이다.

오늘 시내 회관에서 법회 후 49제가 있었다. 신도님 중에 한 분이 임종을 했기 때문이다. 스님께서는 망자를 위하여 오고감이 없는 지고의 밝은 이치를 설하셨다. 제에 참석한 일가 친척과 신도들은 다 같이 고요한 마음으로 제에 임했다.

제가 끝난 후에 스님은 차를 드시면서 여러 사람과 더불어서 말씀을 나누었다.

친척 중에 이 회관에 처음 와본 분이 스님에게 질문을 했다.

"어떻게 하면 제대로 된 제사를 지내는 것입니까?"

이에 스님이 대답을 하셨다.

"평상시에 밝고 즐거운 마음으로 우리의 천진 성품을 바로 사용하는 것입니다. 그게 돌아가신 조상이나 부모에게도 좋고 자기에게도 좋은 제가 됩니다.

우리는 평상시에 잘 살아야 합니다. 옳다 그르다를 떠나서 중도의 이치를 몸으로 체득하고 틈틈이 널리 이익을 베풀고 사는 것입니다. 널리 이익을 베푼다니까 거창하게 생각할 필요는 없습니다. 그저 넉넉한 마음으로 자기의 생각에 너무 집착하지 말고 맡은 도리를 다하는 것입니다. 있는 자리에서 남을 이익되게 하는 것입니다. 운명적으로 자기에게 주어진 세상과의 약속을 잘 이행하면서 살자는 말입니다.

가장으로서의 약속, 아내로서의 약속, 학생으로서의 약속, 군인으로서의 약속, 상인으로서의 약속, 통치자로의 약속, 저마다 주어진 임무와 약속을 지키면 되는 것입니다.

집착 없는 밝은 마음은 미래의 정토요, 시비 없이 베푸는 행은 미래의 공덕이 됩니다. 이것이 제대로 된 제가 됩니다.

누구나 살아 생전에 이렇게 법을 닦고 베푸는 행위를 하였으면 좋겠지만 그렇지 못했다면, 남은 가족이라도 그렇게 해야 됩니다. 그러면 일부나마 망자에게 이익을 주게 됩니다. 그나마도 못하고 오랜 세월이 흘렀다면 또 다른 방법이 있습니다.

지극히 법사를 청해서 법문을 듣고 경전을 독송하면 좋습니다. 또 망자를 대신해서 주변에 좋은 일을 하면 망자가 구원을 얻게 됩니다.

사람은 누구나 자기가 행한 그대로 다음 과보를 받게 됩니다. 아직 확정된 몸을 받지 않았을 때에 정성을 다하면 큰 이익을 얻게 할 수가 있습니다. 이미 몸을 받았다 하더라도 망자에게 이익이 돌아가게 됩니다.

이 몸이라는 것은 생각으로 만들어져 유지되고 있습니다. 생각 생각이 다 하나의 몸을 만들고 있는 것입니다. 이것이 함께 모여서 한 세상에서 사용할 몸을 만들어 냅니다. 이 말을 잘 이해해야 합니다.

철수라는 사람이 80세에 이 세상을 떠났다고 합시다. 철수가 다시 몸을 받아서 만석이라는 사람으로 살고 있다고 합시다. 지난 생의 철수의 가족들이 철수를 생각하면 철수라는 생각의 덩어리가 감응을 합니다. 그 생각의 덩어리는 철수의 몸으로 눈앞에 나타나는 것입니다. 철수의 생은 지워지지 않고 그대로 유지되고 있습니다. 유지되는 장소는 어디냐? 마음과 마음 속에 유지되고 있는 것입니다. 생각이 곧 몸이라고 했습니다. 철수의 몸이 형상화돼서 감응을 하기는 하지만, 다만 볼 수 있거나 없거나 할 뿐입니다. 이것은 흔히 귀신이라고 하는 것과는 사뭇 다릅니다.

천도를 하고 법을 베풀어서 회향을 하면 철수의 마음이 밝아지는 것입니다. 곧 만석이의 마음이 밝아지는 것과 동일합니다. 그래서 이것을 일러서 천도라고 합니다.

천도를 하면 자연히 다시 받은 몸의 이름인 만석이라는 사람에게도 실질적인 영향이 가게 됩니다. 마음이 편안해지고 나쁜 성격이 좋아진다든가 악운이 물러가는 것입니다.

전생의 철수뿐만 아니라 현세의 만석이가 아기로 있을 때를 생각하면 아깃적 만석이가 감응을 합니다. 과거의 생각 자체가 다 감응을 불러일으키는 것입니다. 이것도 실제적인 아깃적 만석이를 볼 수도 있고 못 볼 수도 있습니다.

이러한 이치를 모르더라도 어느 누가 지난날을 돌아보고 자기의 잘못을 뉘우치고 바른 길로 간다면 즉시 자기의 앞길에 영향을 미치는 것과 대동소이합니다. 이것도 일종의 천도라고 할 수 있을 것 같습니다. 제사 이야기는 이 정도로 하는 게 좋을 것 같습니다.”

경안이 스님에게 물었다.

"죽음에 대하여 말씀해 주십시오."

"우리 나라는 가족이 사망을 하면 큰 충격으로 받아들이고 슬퍼한다. 우리 나라와는 달리 그렇지 않는 나라도 많은데 오랜 관습이라고 할 수도 있고 대체적으로 종교적인 영향이 크다 하겠다. 그에 따라서 죽음을 보는 시각이 크게 다르다.

우리 나라는 조선 오백 년을 거치면서 죽음이라는 것은 다시는 만날 수 없는 마지막을 의미하게 되었다. 만난다 하더라도 귀신으로나 만나는 것이다. 망자는 특별히 어디에 안주할 수 있는 개체가 아닌 것이다. 그렇게 보는 시각이 잠재되어 있으므로 누군가 사망을 하면 큰 충격으로 받아들이게 된다. 서로 깊은 인연과 정 때문이기도 하겠지만 그것은 어느 나라 어느 세상이나 다 있는 것이다. 우리만 특별히 정이 많고 인연이 깊어서 그런 것은 아니다.

죽음을 받아들이고 생각하는 양상이 각 나라마다 종교마다 조금씩 다른 것 같다. 인도라든지 다른 동남 아시아의 불교 국가들은 죽음이나 탄생을 같이 생각한다. 죽음이라고 특별히 슬퍼하지도 않고 죽음을 새 생명의 시작으로 받아들인다. 이러한 마음은 윤회에 기본 바탕을 두고 있기 때문에 가능하다.

그래도 친한 사람이나 혹은 부모 형제와 헤어진다는 것이 매우 슬픈 일일 것이다. 다만 내생을 기약하는 것이기에 크게 절망하거나 슬퍼하지 않는다. 망자의 입장에서 볼 때도 크게 당황하거나 괴로워할 까닭이 없게 되는 것이다.

망자는 자기가 지은 대로 다음의 몸을 받는다고 굳게 믿고 평상시에 마음의 준비를 게을리 하지 않는다. 남은 가족들은 망자를 위하여 할 수 있는 도리를 다하는 것이다. 마음을 가다듬고 스님을 초빙하여 경전을 읽고 법문을 듣기도 하면서 망자의 명복을 빈다. 망자가 부처님의 나라에 왕생하도록 간절히 기원을 하는 것이다.

이와는 좀 다르게 생과 사의 이치를 요달하여 깨달은 사람은 생과 사가 본래 없는 줄 알기 때문에 죽고 사는 데 마음을 쓰지 않는다. 그들은 생과 사가 일상의 밥 먹고 잠자는 거나 별 다름이 없다.

예로부터 위대한 불교의 성자들은 인연이 다하고 할 일이 끝났을 때는 자유 자재로 몸을 버렸다. 몸을 버릴 때, 생사의 자유 자재함을 형상으로 보여 줄 때도 있었다. 신심을 발하게 하고 격려하기 위해서다.

부처님께서는 열반에 드신 후에도 도솔천의 어머님이 오시자 관에서 일어나셨다. 제자들이 장작에 불을 붙여서 다비를 하려고 하였으나 불이 타지를 않았다. 여러 날 후에 가섭 존자가 도착하여 부처님의 관에 예배를 들이자, 관 밖으로 발을 내밀어서 생사 없는 열반 묘심을 나타내었다. 그리고 스스로 몸에서 불을 일으켜서 저절로 다비가 되도록 하였다.

부처님을 전후해서 열반에 든 대제자들도 열반에 들 때에 여러 모습으로 화두를 남겨 놓았다. 예를 들자면, 마하가섭 존자는 부처님의 명으로 열반에 들지 않고 다음 오시는 미륵불에게 석가모니불의 가사를 전하려고 계족산에서 선정에 들었다. 아난 존자나 다른 대제자들은 열반에 들 때 허공 중에 떠올라 몸을 분신하기도 하고, 화광삼매에 들어서 자기 몸을 태웠다. 그리고 사리를 이 세상에 남겨 놓았다.

달마 대사는 인도 향지국의 셋째 왕자로 태어났다. 중국으로 건너와 선법을 혜가에게 전하고 열반에 들어서 중국의 웅이산에 묻었다. 그런데 달마대사가 입적한 후에 중국의 사신이 인도를 여행하고 돌아올 때 달마 대사를 만나게 되었다. 이때 달마 대사는 신 한짝을 메고 가는 중이었다. '중국과의 인연이 다하여 본국으로 돌아가노라'는 말을 남기고.

이에 사신이 돌아와 황제에게 달마 대사를 만난 것을 고하자 황제는 놀라서 그 무덤을 파보라고 하였다. 그러자 놀랍게도 시신은 온데간데없고 신 한짝만이 남아 있었다.

또 중국의 조사 스님들은 거꾸로 서서 열반에 들기도 하고 앉아서 열반에 들기도 하였다. 신라의 김교각 스님은 특별한 조치를 안 했는데도 시신이 온전하게 천년의 세월을 넘어서 지금도 중국의 구화산에 앉아 있다.

또 신라의 의상 대사는 법상에서 법문 후 열반에 들었다가, 제자들이 슬퍼하자, 다시 깨어나서 일주일 간 『화엄경』을 강설했다. 그 후 다시 열반에 들었다. 이러한 예는 수도 없이 많아서 다 열거할 수도 없다.

어리석은 사람은 이렇게 열반에 드는 성인들의 깊은 뜻을 알 수가 없다. 때문에 신비한 데 정신을 뺏기기도 한다. 그것이 도나 깨달음의 표식이라도 되는 줄 착각을 하는 것이다.

이에 성인들은 오히려 평범한 범부와 같은 열반의 모습을 보여 주기도 했다. 남처럼 끙끙 앓다가 열반에 들기도 한다. 의원의 신세를 지기도 하는가 하면, 중국의 덕산 선사 같은 이는 노망해서 똥을 벽에 바르는 모습을 보여 주기도 했다.

이처럼 옛 선지식의 기량은 참으로 다양하여 어리석은 범부의 경계를 멀리 벗어난다. 끝까지 자비심과 노파심으로 일체 중생을 구원하려는 성인들의 깊은 뜻이 들어 있고 그 외에도 참으로 격 밖에 도리가 들어 있으니 과연 무엇일까?"

"스님, 성인이나 범부가 다시 인간계에 몸을 받는 원인이 있다면 대충 무엇이겠습니까? 그리고 범부가 다른 데로 전도돼 버리는 까닭이 무엇입니까?"

"부처님이나 역대 큰스님들께서 다 말씀해 놓았지만 여기서 다시 언급해 보도록 하겠다.

모든 것은 지은 대로 태어난다는 것은 전에도 이미 말했다. 요약을 한다면, 큰 원력에 의해서 인간계에 오는 것이 있다. 대스승들이 이 인간계와 인연이 지중해서 깨우침을 주려고 오시는 것이다. 또 각종 원력을 성취하기 위해서 오시는 것이 있다. 해탈을 했거나 안 했거나 상관없이 인연이 있으면 오시는 것이다. 이런 경우는 밝음이 있어서 대체적으로 부모될 사람을 선택하여 태에 든다.

이와는 다르게 범부의 환생이 있다. 범부는 부모를 마음대로 선택할 수가 없다. 선정력이 없기 때문이다. 이때는 인연의 끌림에 의해서 인간계에 태어난다.

또 인간계에 해결해야 할 은원이 있을 때 태어난다. 자연히 업력의 끌림을 받아서 태에 들게 된다. 사랑과 미움, 원한, 또는 갚아야만 할 빚이 있을 때, 자기의 의지하고는 상관없이 태에 든다.

또 인간의 가장 기본적인 욕구인 오욕(五慾)·칠정(七情)에 의해 인간의 몸을 받는 것이 있다. 특별한 인간계에 대한 원력이나 아니면 은원 관계가 없는데도 단순히 인간의 근본 욕구에 의해 몸을 받는다. 식욕에 의한 것, 머무를 곳을 찾는 것, 성욕에 의한 것일 수도 있다.

인간의 몸으로 다시 태어날 인연을 지은 중음신은 본능적인 식욕 내지 거주욕 등으로 안주할 곳을 찾게 된다. 그러면 부모될 인연이 있는 사람의 태에 들게 된다.

성욕에 의한 것은 부모될 사람이 음욕을 행할 때에, 여자의 중음신은 남자를 상대로 애욕을 일으키며, 남자의 중음신은 여자를 상대로 애욕을 일으켜서 태에 들게 된다. 세 사람의 영이 일치하지 않으면 태에 들 수가 없다. 또 지중한 인연이 있어야 된다.

부모 형제의 인연은 전생에 수천 생의 인연이 있어야 한다. 부모 형제, 친구나 애인, 이웃 가운데 어떠한 깊은 인연을 지어 놓아야 된다. 그때 비로소 한 가정의 일원이 될 수가 있다.

한 세상 한 가족으로 살면서 사랑과 은혜의 인연을 짓기도 하고 미움의 인연을 쌓기도 한다. 이렇게 여러 생을 같이 만나고 헤어지다가 또다시 점점 멀어져 간다. 그리고 영영 남이 되기도 한다.

덧붙여서 부모의 인연에 대하여 말해 보겠다. 부모 형제는 인연이 지중하여서 정이 남다를 수밖에 없다. 그래서 미우나 고우나 서로 아끼고 사랑하는 것이다. 비추어 보건대 한없는 여러 생을 두고 본다면 내 부모 내 형제가 아닌 사람이 어디 있겠는가! 한 번쯤은 다 부모 형제로 맺어진 인연이 있었던 것이다.

내가 잘나고 못난 것이 혹자는 부모 탓으로 아는 사람들이 있다. 그렇지가 않다. 어디까지나 전생으로부터 내가 지어 내가 받은 것이다.

내가 이러한 말을 하면, '왜 부모 형제는 서로 닮는가?' 하고 의문을 제기하는 사람도 있을 것이다. 그것은 전생으로부터 생각과 습성이 같은 것을 익혀서 비슷하기 때문이다. 결코 어머니의 뱃속에서 나와서만이 닮는 것은 아니다. 그리고 좋은 부모 만나는 것도 내 탓이요, 그렇지 못한 부모 만나는 것도 내 탓이다. 전에 공덕에 대하여 이야기할 때 말했기에 재차 이야기 할 필요가 없을 것 같다."

"죽을 때의 마음의 변화와 태어날 때의 마음의 변화를 설명해 주십시오."

"사람이 죽게 되면 처음에는 그 생의 현재의식이 잠재의식 속으로 편입된다. 그 후에는 잠재의식이 활발하게 움직인다. 그러나 이때도 현재의식은 조금 활동한다. 그래서 살았을 때를 기억하고 그 습성이 상존한다. 죽기 전에 다리를 다쳤다면 다친 몸으로 움직인다. 본인의 입장에서 보면 자기의 몸이 있는 것처럼 보인다.

왕성한 잠재의식의 활동으로 영가의 정신 영역은 엄청나게 넓어진다. 정신이 맑은 자라면 멀고 먼 곳도 다 보고 들을 수 있다. 이때는 천리 만리라도 순식간에 이동할 수 있다. 뿐만 아니라 여러 곳으로 몸을 나눌 수도 있다.

사망 후, 자신의 몸은 순전히 생각이 만든 몸이지만 만지면 만져지고 꼬집으면 아프다. 그래서 급하게 사망하면 자기의 죽음을 처음에는 받아들이지 못한다.

영가는 잠재의식의 활동이 왕성하다. 자기의 전생이 눈앞에 다 나타난다. 잘했던 일, 아쉬웠던 일, 후회되는 일, 나쁜 행위 등이 다 나타난다. 밝은 정신을 가진 사람과 어두운 정신을 가진 사람은 큰 차

이가 난다. 나타나는 경계가 다르다. 한쪽은 아름답고 한쪽은 두렵
다.

마음이 어두운 쪽은 공포가 몰아쳐 잘못되기 쉽다. 이때 가족이나
법사가 마음을 평온하게 가지고 지성으로 영가를 인도해야 한다. 경
전을 읽고 마음을 닦거나 좋은 일을 하면 영가도 감응을 해서 산란
한 마음이 없어진다. 잘못되는 일이 없게 되는 것이다.

꼭 밤길을 홀로 가는데 누군가 같이 가 주는 것과 같다. 그러면 길
을 가는 사람은 두려움과 걱정이 없어진다. 안심하고 목적지에 당도
하게 될 것이다.

가족들은 애통한 마음을 접고 마음을 편안하고 슬기롭게 해야 한
다. 영가를 위해 법사를 모셔와 법문을 청해 듣거나 경전을 읽고 마
음을 닦아야 된다. 그리고 영가를 대신해서 복을 지어야 한다. 시주
를 하거나 주변에 선행을 하면 좋다.

죽은 후에라도 정성을 기울이면, 산 자나 죽은 자 모두에게 공덕
이 되어 돌아간다. 공덕을 지으면 영가에게 일부 돌아가고 나머지는
가족에게 돌아간다. 나를 낳아주고 평생 애를 쓴 부모에게 그 정도
는 해야 될 것이다

큰 공덕을 짓고 선정을 닦은 자가 죽음에 임하면 그 앞에는 한없
이 아름다운 세상이 전개된다. 문득 천상에 몸을 받게 되는 것이다.
그리고 지옥 업을 지은 자가 임종할 시는 지옥 경계가 그 앞에 바로
나타난다.

극악한 자는 아직 의식이 몸을 떠나지 않았어도 정신이 지옥에 드
는 예가 있다. 이를 생함지옥이라고 한다. 또 몸은 살아서 돌아다니

는데 정신이 지옥에 떨어져 고통을 받는 수가 있다. 옆에서 구원해 주지 않으면 결국은 죽고 만다. 이것도 생함지옥에 해당된다.

일반적으로 영가는 현재의식이 잠재의식으로 흡수되면서 육신을 버릴 때 저 깊은 경계가 나타난다. 흰빛, 붉은빛, 또는 검은 암흑이 나타난다. 여러 가지 현상이 혼란스럽게 나타난다. 깊은 의식이 움직여서 다른 무수한 경계를 만든다.”

“중음신이 다시 몸을 받는 시간은 얼마나 걸립니까?”

“대체적으로 49일이 되면 몸을 받는다고 하지만, 극히 선하거나 극히 악하면 쏜살같이 몸을 받게 된다. 인간으로 태어나게 되는 영가도 원하는 것이 확고하면 더 빨리 몸을 받게 된다. 특별한 인연이 없으면 오래 오래 몸을 받지 못하고 떠도는 일도 있게 된다. 그리고 자기가 죽은 줄 자각하지 못할 때도 오래 떠돌게 된다. 흔히 유령이라고 하는 것이 여기에 해당한다. 그러나 결국 다시 몸을 받게 된다.

인간으로 환생할 영가는 아까 말한 여러 가지 원인으로 인연 있는 태에 들게 된다. 그때쯤이면 전생의 현재의식은 완전히 잠재의식에 포함된다. 본능적인 업에 따라서 움직인다. 순수함으로 돌아간다. 그러나 선정력이 깊은 수행자는 태에 들 때도 전생의 현재의식을 그대로 유지한다. 그리고 태어나서도 현재의식(과거의 현재의식)을 유지하고 있는 예가 있다. 그러면 과거 전생의 일을 기억할 수 있는 것이다.

어머니 태에 든 영(靈)은 극도로 순수한 상태에서 어머니의 힘을 빌어서 세포를 확대해 간다. 형태도 없는 상태라도 잠재의식은 활동을 한다. 그런 중에서도 본능적으로 자기의 지은 업식대로 몸을 숙성시켜 나간다. 세포가 유전자 정보에 따라서 복제를 해 나가는 것이다. 결국은 업에 기록된 자기의 모양을 만들어간다.

비록 아직 인간의 형태가 완전히 만들어지지 않은 때라도 아이는 모든 것을 듣고 본다. 그리고 주변의 영향을 받게 된다. 가장 순수한 생명의 휴식기요 에너지를 축적하는 시간을 보낸다.

3개월이 지나면 이미 모양을 이루고 5개월이 되면 몸의 형체가 대부분 완성된다. 그때부터 새로운 현재의식이 싹트기 시작한다. 7~8개월이 되면 현재의식이 활동을 시작하고 적극적으로 주변의 모든 것을 받아들이기 시작한다. 그러나 현재의식은 매우 약하고 잠재의식의 활동에 따라서 본능적으로 움직인다.

열 달이 되어서 혼돈 끝에 태어나면 새로운 세상을 배운다. 아이는 손발도 잘 놀리지 못하고 말도 못하지만 금생의 새로운 현재의식이 발달하면서 몸의 기능을 향상시켜 나간다. 아이는 이때도 잠재의식은 매우 활발하다. 다 듣고 다 보고 다 알아차린다. 부모의 마음과 집안의 분위기까지 모르는 것이 없다. 어린아이라고 모르는 줄 알면 안 된다.

아이는 세 살이 지나면 현재의식(금생의 현재의식)이 잠재의식을 누르고 앞서기 시작한다. 새로운 세계에 완전히 적응을 하는 것이다.

그러나 아직은 너무도 순수하다. 그러나 어린아이의 순수한 마음은 닦는 사람의 힘있는 순수함과는 다르다.”

“스님, 죽음이 있으면 탄생이 있고 탄생이 있으면 아이가 있기 마련입니다. 태교에 대해서도 한 말씀 해 주십시오.”

“동양에서는 예로부터 태교에 대한 가르침이 많이 있었다. 부처님께서는 『불설포대경』에 잉태하는 과정과 그 태아가 자라고 생각하는 것을 자세하게 말씀해 놓으셨다. 또 원효 대사도 태교를 말씀하셨다.

태교는 서양에서도 있었고 지금도 많이 연구하고 있는 줄 안다. 그리고 태어난 후의 영재 교육도 요즘은 활발하게 하고 있는 줄 안다.

내가 지금까지 삼라 만상의 인연 이야기와 부모의 인연 이야기를 많이 했다. 비추어 보면 어떻게 해야 될 것인가 알 수 있을 것이다.

태교는 임신 전부터 시작해야 한다. 부부가 임신하기 전부터 몸과 마음을 다스려야 한다. 그리고 숭고한 원력을 가져야 된다. 지혜롭고 공덕이 있는 인연이 태에 들어서 세간의 등불이 돼 주기를 발원해야 한다. 왜냐하면 태에 드는 영은 부모와 행업이 일치돼야만 태에 들 수 있기 때문이다. 부모가 마음이 사악하고 몸이 부실하다면 거기에 해당하는 영이 들게 된다.

부모가 좋지 않은 업을 짓고 있는데도 훌륭한 자식이 태에 드는 예가 있기는 있다. 전생의 다른 특별한 연이 있으면 그렇다. 그러나 대다수는 부모와 비슷한 업을 가진 아이가 태에 들게 된다. 그래서 부모될 사람들은 몸과 마음을 건강하게 유지해야만 된다. 절대로 지나친 행동을 해서 몸에 무리가 되도록 하면 안 되고, 마음은 항상 긍정적이고 밝게 가져야 한다. 마음을 닦는 법을 배워서 실천하면 좋다.

미워하고 싫어하는 마음이나 다투는 마음일랑 멀리 버려야 한다. 그리고 근심 걱정은 절대로 하지 말아야 한다. 나아가 크게 웃으면서 다른 사람들에게 이익이 되는 행을 실천해야 매우 좋다. 그리고 욕심과 집착을 줄이면서 마음의 법을 배워야 한다. 주의할 점은 종교를 가지거나 마음을 닦는 공부를 할 때도 집착 없는 마음이 기본이 돼야 한다는 점이다. 공부한답시고 심각해지면 안 된다.

이러한 준비가 되었다면, 아이를 가지는 데 있어서 다음을 주의하여야 한다. 술과 담배를 하지 말거나 하여도 지나치면 안 되고, 술 먹고는 부부가 가까이 하지 말아야 한다. 이때 임신이 되면 지혜가 없거나 책임을 다하지 못하는 아이가 태에 들기 쉽다.

마음에 걱정이 많으면 부부가 멀리 해야 한다. 이때 아이가 태에 들면 박복한 아이가 태에 들기 쉽다. 몸이 피곤하고 병이 있거나 할 때 가까이 하면 부실하기가 쉽다. 그리고 집안에 우환이 있을 때도 가까이 하면 집안에 걱정을 일으키는 아이가 들기 쉽다. 천둥 번개가 친다든지 주변이 시끄러울 때도 가까이 하지 않는 것이 좋다. 산만하고 정신에 문제가 있는 아이가 태에 들기가 쉽다.

정리하자면 몸도 마음도 주변도 가장 편안하고 쾌청해야만 된다는 이야기다. 오로지 마음이 중요하다. 마음이 즐겁고 밝으면 문제가 없다. 초점이 여기에 있다. 마음이 즐겁고 밝으려면 몸과 마음이 지나치지 말아야 된다. 그리고 남에게 좋은 일을 많이 해서 보람을 느낀다면 밝아질 것이 아니겠는가?

또 성스러운 책을 독송하면 매우 좋다. 이때는 정독을 해야 한다.

내가 주의할 점을 이야기했지만 오히려 신경을 너무 쓰면 기대와는 정반대 현상이 생길 수도 있다. 이와 같이 노력은 하되, '좋은 자식이 들어도 인연, 나쁜 자식이 들어도 인연'으로 흔쾌히 마음을 써야 한다. 인연에 맡겨야 한다. 욕심이 지나치면 안 된다.

임신이 된 후에는 어떻게 할 것인가?

밝고 즐거운 마음을 잃지 않는다. 몸과 마음을 지나치게 하지 않는다. 남을 이해하고 이익을 주는 것을 보람으로 안다. 남의 흉을 보거나 성내거나 마음에 근심 걱정을 하지 않는다. 마음에 아이가 잘 되고 못되는 것에 너무 민감하지 않는다.

이것이면 훌륭한 태교가 되지만, 여기에 더하여서 부처님의 경전이나 인생의 지혜가 담긴 진리의 글이 있다면 스스로 읽고 녹음하여 들려준다. 아이를 잉태한 임부는 경전을 공부하면서 마음을 닦으면 훌륭한 태교가 되는 것이다. 이것은 매우 효과적이고 중요한 것이다. 그러면 아이는 용모가 아름다워지고 씩씩하고 건강할 것이다. 그리고 총명하여 어른이 되면 훌륭한 업적을 남길 것이다. 그러나 좋은 책만 읽으면 안 되고 간혹 일반적인 책도 읽어야 한다.

다음에는 좋은 음악을 들려주는 것이 있다. 어떤 것이 좋은 음악인가 하면, ‘낙천적이고 웅장한 음악’을 틀어 주면 되는 것이다. 이때도 간혹 슬픈 음악이나 시끄러운 음악도 틀어 주어야 한다. 왜냐하면 성품은 치우치면 안 되기 때문이다. 치우치면 넓게 받아들이지 못하게 된다. 좋은 것도 크게 취하지 않고 나쁜 것도 멀리 하지 않아야 된다.

집에 성스러운 기운을 풍기는 아름다운 사진이나 그림을 걸어 놓고 늘 바라보는 것도 좋은 방법이다. 부처님이나 관세음보살님, 다른 여타 성인의 얼굴 사진이나 그림은 더욱 좋다.

엄마가 되는 사람은 아이를 대신해서 사물을 본다고 생각하고 좋

은 것을 보나 나쁜 것을 보나 심각하게 생각하지 말아야 된다. 놀라
거나 두려워하거나 아니면 싫어하지를 말아야 한다는 말이다. 알고
보면 다 마음의 작용에 불과하기 때문이다.

옛날 교육에는 다음과 같은 이야기가 있다. '씨움하는 곳에 가지
를 마라. 사람 죽은 곳에 가지를 마라. 험한 꼴을 보지 마라.' 험한
것을 보게 되면 마음이 놀라는 일이 있기 마련이다. 태아에게 좋지
않은 영향을 줄까봐 그와 같이 교육을 한 것이다. 주의를 하는 것도
좋지만, 다 마음의 작용이니 마음을 평탄하고 견고하게 가지는 것이
더 중요하다.

특히 주의할 것이 있으니 '살아 있는 생명을 죽이지 말아야 한다'
는 것이다. 나라에서도 경사가 있으면 죄인을 사면하고 많은 사람들
을 기쁘게 하려고 예를 쓴다. 신성한 태아를 가진 몸이 살생을 하면
되겠는가! 몸속의 태아를 위해 오히려 복을 짓고 마음을 열어야 할
것을 거꾸로 행하는 것은 옳지 않다.

태아를 가진 임부는 남의 흉을 본다거나 악담을 하는 등, 악한 마
음을 쓰지 말아야 한다.

아이가 태어나고부터는 교육하는 하는 방법이 약간 다르게 된다.
움직이는 교육이 포함돼야만 된다. 보고 만지고 움직이는 여러 가지
가 교육에 포함돼야 된다.

진실한 태교는 무엇일까? 교육하려고 애쓰는 것일까? 보다 중요한
것은 부부가 마음을 넓게 쓰고 지혜와 한가로운 마음을 닦는 것이
진정한 태교가 된다.

곧 균형 있고 적절한 중도의 삶과 마음을 써야 한다. 그 마음의 이

치는 내가 지금까지 수차에 걸쳐서 말하였다. 이해가 안 된다면 분
발해서 터득하면 될 것이다.”

돈오돈수(頓悟頓修)

경안이 청진암에 온 지 석 달이 다 된 어느 날, 스님께서 부르셨다.

"경안아, 이제는 여기를 떠날 시간이 다가오는 것 같구나. 지금까지 익힌 것이 있다면 모조리 그대로 내버려 두고 다시는 염두에 두지를 말아라. 오고 감이 법 아닌 것이 없다. 따로 신령스러운 것은 없는 것이다. 신령스러움 그대로가 평범한 것이며 평범한 그대로가 신령한 것이다.

이 자리엔 참으로 말의 길이 끊어지고 장대를 세울 길이 없다. 수행자는 절박함과 온갖 고난, 그리고 불굴의 노력이 따르고 큰 스승의 인도를 받아서 대번에 두 쪽이 나야만 돈오돈수 할 수가 있다.

수행자에게 지난날 큰 시련과 절박한 노력, 그리고 대의문이 없었다면, 스승의 인도로 단번에 돈오를 했더라도 이때는 다시 보림을 해야 한다. 돈오점수의 과정이 필요하다는 말이다. 이때야말로 진정으로 수행 아닌 수행을 하는 것이다. 그 까닭은 물건이 익어서 언제 깨물어도 설지 않아야 하기 때문이다.

한 생각 깨닫기 전에 한없는 세월을 헤매면서 몸과 마음을 수고롭게 애쓰는 것을 우리가 수행이라고 말을 하나 진실한 수행은 못된다. 그러나 이러한 점수의 과정을 겪지 않으면 결코 스승을 만나도 단번에 돈오돈수의 길로 들어설 수가 없다.

그래서 옛 스승들이 법의 수레를 굴릴 때에 잠시 자비를 접고 제자를 혹독하게 시련에 빠뜨리기도 했던 것이다. 그러면 제자는 생사심을 여의게 된다. 이때 스승의 날카로운 법의 방망이에 단번에 돈오돈수 하여 다시는 머무르지 않게 되는 것이다. 이제 여기를 떠나서 운가 대선사님을 찾아뵈어라.”

“스님, 여기에 더 있으면 안 되는 것입니까?”

“그렇다. 이유는 묻지 마라. 가 보도록 해라.”

혜명 선사는 경안이 더 이상 말을 할 수 없게 단호하게 끊어 버리고 말씀이 없었다. 절벽과도 같았다. 어디 붙잡을 데가 없었다. 경안은 하는 수 없이 한동안 정든 청진암과 스님을 뒤로 하고 운가 대선사님이 계신 절로 떠났다.

운가 대선사님이 계신 절은 의외로 도심에 위치하고 있었다. 별로 크지는 않고 현대식 건물이었다.

그 절의 문을 들어서자 편안하고 성스러운 기운이 몸에 와 닿았다. 여기 저기 방안에서 정진을 하고 있는 사람들도 있고 밖에서 일을 하는 사람들도 있었다. 하나 같이 표정은 밝고 편안했다.

안내하는 분의 인도로 대선사님을 뵙게 되었다. 대선사님은 이제 육십이 약간 넘어 보였다. 기골이 장대하고 풍모가 웅장하게 생기셨는데 안면 가득 웃음을 머금고 있었다.

정면으로 대하자 방안의 분위기는 허공과 같았다. 그러면서도 말할 수 없이 부드러운 기운이 물밀 듯이 방안을 에워쌌다.

"어디서 왔느냐?"

운가 대선사님이 경안에게 질문을 하였다.

이에 경안은,

"혜명 선사님에게서 가르침을 받다가 왔노라"고 말씀드리자, 다 듣기도 전에 나가서 쉬라고 쫓아 버리는 것이었다.

차가운 기운이 몰려와서 경안을 밀어내는 것 같았다. 경안은 민망할 정도로 알 수 없는 기운에 밀려나오고 말았다. 경안은 막막했다.

그렇게 며칠을 지냈다.

운가 대선사님이 대중을 모아놓고 법문을 설하시는 가운데,

"산속 샛길에서는 잘 다니는 놈이 큰길에서는 자빠진다"는 말씀이 있었다. 이 이야기를 들은 경안은 천근의 짐을 내려놓은 것만 같았다.

그 날, 다시 찾아뵙고 절을 드렸다.

운가 대선사님은 불쑥 앞의 과일 그릇을 내밀면서

"한 쪽 들어라" 하시는 것이었다.

이에 경안이 다시 일어나 절을 하고 합장하고 서 있자, 운가 대선사님은 역정을 내시고는 경안을 내쫓아 버렸다.

"네놈이 옛 자취를 따르려느냐?" 하시면서.

운가 대선사님의 소리는 돌아서는 경안의 뒤통수를 사정없이 내리치는 것 같았다. 이때, 경안의 걸음이 멈춰지고 마음의 길이 끊어졌다.

이곳에 오기 전, 관을 한다, 또는 무엇을 관찰한다 하며 많은 과정을 겪었다. 그러는 동안 천상이나 지옥, 그 모든 것이 자기 마음의 조작으로 깊은 심층의 미세한 느낌이 모양을 만들어서 스스로 착각하고 속는 줄을 뼈저리게 느꼈다.

또 선이다·악이다, 또는 진리다 하는 그 무엇 하나도 진실로 얻을 수가 없으며, 있는 그대로가 법이며 성품인 줄을 이미 성찰했으나 아직도 약간의 의심과 스님의 느낌을 벗어나지 못했는데 오늘 비로소 영원의 길로 들어선 것이다.

그는 혜명 선사의 배려와 운가 대선사님의 자비에 힘입어 결국 미세한 짐까지도 내려놓은 것이다.

아! 스승의 은혜는 끝이 없어라.

그후, 경안은 정식으로 구족계를 수지하고 출가를 하여 수많은 사람들을 해탈로 인도하게 된다. 종교나 사상을 초월하여 모든 사람들을 차별 없이 깨달음으로 인도하였다.

2000년 10월 28일 초판발행
2006년   6월   5일 초판 3쇄

지은이   벽공(碧空)
펴낸이   박인출(慧潭至常)
펴낸곳   불광출판사
등록번호 제1-183호(1979. 10. 10)

138-844 서울시 송파구 석촌동 160-1
대표전화 (02) 420-3200
편 집 부 (02) 420-3300
팩스밀리 (02) 420-3400

ISBN 89-7479-908-1
www.bulkwang.org

값 9,000원

잘못된 책은 본사나 구입한 서점에서 바꾸어 드립니다.